실재론의 부상

실재론의 부상
The Rise of Realism

지은이	마누엘 데란다 · 그레이엄 하먼
옮긴이	김효진
펴낸이	조정환
책임운영	신은주
편집	김정연
디자인	조문영
홍보	김하은
프리뷰	김진환 · 박미영 · 이윤하
초판 인쇄	2025년 1월 20일
초판 발행	2025년 1월 25일
종이	타라유통
인쇄	예원프린팅
라미네이팅	금성산업
제본	바다제책
ISBN	978-89-6195-373-3 93100
도서분류	1. 실재론 2. 신유물론 3. 객체지향 존재론 4. 사변적 실재론 5. 현대철학
값	22,000원
펴낸곳	도서출판 갈무리
등록일	1994. 3. 3.
등록번호	제17-0161호
주소	서울 마포구 동교로18길 9-13 2층
전화	02-325-1485
팩스	070-4275-0674
웹사이트	www.galmuri.co.kr
이메일	galmuri94@gmail.com

Copyright © Manuel DeLanda and Graham Harman, 2017.
This edition is published by arrangement with Polity Press Ltd., Cambridge.

일러두기

1. 이 책은 Manuel DeLanda and Graham Harman, *The Rise of Realism*, UK : Polity Press, 2017을 완역한 것이다.
2. 외국 인명과 지명은 원어 발음에 가깝게 표기하려고 하였으며, 널리 쓰이는 인명과 지명은 그에 따라 표기하였다.
3. 인명, 지명, 책 제목, 논문 제목 등 고유명사의 원어는 맥락을 이해하는 데 원어가 꼭 필요하다고 생각되는 경우를 제외하고는 본문에 병기하지 않았으며 찾아보기에 수록하였다.
4. 영어판에서 이탤릭체로 강조된 것은 고딕체로 표기하였다. 단, 영어판에서 영어가 아니라서 이탤릭으로 강조한 것은 한국어판에서 강조하지 않았다.
5. 단행본과 정기간행물에는 겹낫표(『 』)를, 논문에는 홑낫표(「 」)를 사용하였다.
6. 글쓴이 주석과 옮긴이 주석은 같은 일련번호를 가지며, 옮긴이 주석에는 *라고 표시했다.
7. 원서의 대괄호는 ( )를 사용하였고, 옮긴이가 덧붙인 내용은 [ ] 속에 넣었다.
8. 각 텍스트의 본문 속 인용문 중 기존 번역이 있는 경우 가능한 한 기존 번역을 참고하였으나 전후 맥락에 따라 번역을 수정했다.
9. 한국어판 지은이 서문으로 옮긴이의 서문을 갈음한다는 옮긴이의 뜻에 따라 별도의 옮긴이 후기는 싣지 않는다.

차례

실재론의 부상
THE RISE OF
REALISM

5   그레이엄 하먼의 한국어판 서문

13   1부 · 실재론과 유물론
61   2부 · 실재론과 반실재론
103   3부 · 실재론적 존재론
183   4부 · 인지와 경험
239   5부 · 시간, 공간, 그리고 과학

296   참고문헌
307   인명 찾아보기
312   용어 찾아보기

:: 그레이엄 하먼의 한국어판 서문

지금까지 지성사에서는 두 명 이상의 사람이 서로의 노력을 알지 못한 채로 어떤 유사한 관념을 동시에 품는 사례가 종종 있었습니다. 제가 멕시코인 철학자 마누엘 데란다와 맺은 관계가 그런 일례입니다. 데란다는 경력의 대부분을 뉴욕에서 보냈고, 최근에 은퇴하여 자신의 고국으로 돌아갔습니다. 영화 제작자로서 경력을 시작한 데란다는 그를 먼저 분석철학으로 이끈 다음에 대륙철학으로 이끈 이례적인 길을 따라갔습니다. 그는 대륙철학 사상가 중에서 질 들뢰즈와 펠릭스 과타리의 공동 저작에 특별한 관심을 기울이게 되었는데, 그들은 결국 그의 사유에 결정적인 영향을 미쳤습니다. 그런 상황 자체는 이례적이지 않습니다. 지난 수십 년에 걸쳐 수만 명의 독자가 들뢰즈와 과타리에게 열정적인 애착을 갖게 되었습니다. 그 시기에 그들은 세계에서 가장 영향력이 큰 철학자였을 것입니다. 들뢰즈와 과타리에 대한 데란다의 해석을 독특하게 만든 것은 그가 들뢰즈와 과타리를 마음 바깥에 있는 세계의 현존에 전념한 **실재론** 철학자들로 해석하는 경향이었습니다. 분석철학자들 사이에서 실재론은 언제나 선택할 수 있는 한 가지 입장이었지만, 20세기 전체에 걸쳐서 대륙철학자들은 실재론에 많은 관심을 기울인 적이 전혀 없었습니다. 많은 대륙철학자는 명시적으로 반反실재론적 입장들을 채택함으로써 언어 또는 사회적 권력이 세계에 대한 우리의 접근권을 구성하는 방식에 주의를 기울였습니다. 기껏해야, 에드문트 후설과 마르틴 하이데거를 추종한 사람들은 실재에 대하여 얼마간 불가지론적인 입장을 취하면서 마음 바깥에 있는 세계에 관한 문제를 "사이비 문제"로 일축하였습니다. 2007년에 출간된 『이 세계라는 것』이라는 책에서 리 브레이버는 반실재론이 대륙철학의 바로 그 본질이라는 설득력 있는 논증을 제시했습니다.

말할 필요도 없이, 모든 규칙에는 예외가 있습니다. 하이데거와 동시대인이었던 니콜라이 하르트만은 어떤 세밀한 실재론적 존재론을 전개했지만, 그것은 대체로 하이데거의 고유한 명성에 가려지게 되었습니다. 1990년대 초에 토리노의 이탈리아인 철학자 마우리치오 페라리스는 자신의 스승들인 자크 데리다와 지안니 바티모에게 대립적인 실재론으로 갑자기 전회하였습니다. 그런데 여러 가지 점에서 대륙 실재론이 출현하기 위한 핵심적인 계기가 된 해는 2002년이었습니다. 그해에 데란다는 『강도의 과학과 잠재성의 철학』을 출판했는데, 그 책에서는 비선형 동역학과 끌개attractor 수학의 견지에서 이루어진 들뢰즈와 과타리에 대한 놀라운 해석이 제시되었습니다. 데란다는 그 책으로 자신이 설정한 과제를 분명히 완수해 내었고, 게다가 그의 명쾌한 문체는 그 책을 읽은 모든 사람에게 깊은 인상을 남겼습니다. 데란다가 들뢰즈 공동체에서 어떤 종류의 지배력을 지니고 있다고 말할 수는 없지만, 그가 들뢰즈 공동체로 대표되는 하위문화에서 존중받는 인물 중 한 사람임은 틀림없습니다. 그 뒤에 출판된 저서들에서 데란다는 자신의 독특한 해석을 계속해서 전개했습니다.

또한 같은 해인 2002년에 공교롭게도 저는 『도구-존재』라는 저의 첫 번째 책을 출판했습니다. 어쩌면 이 책은 마르틴 하이데거를 어떤 실재론적 존재론의 저자로 당당히 해석한 최초의 저서일 것입니다. 저는, 『존재와 시간』에서 제시된 그 유명한 도구-분석을 하이데거 철학 전체의 핵심으로 간주함으로써, 도구-분석을 이론과 실천 사이의 대립에 관한 예측 가능한 사색으로 해석하지 않고 오히려 객체들이 인간 현존재^{Dasein}로부터 물러서 있을 뿐만 아니라 서로로부터도 물러서 있는 방식에 관한 하나의 대담한 사변적 이론으로 해석했습니다. 이 해석은 주류 하이데거 연구에 거의 영향을 미치지 않았지만 저의 책 『도구-존재』는 하이데거에 관한 책 중에서 두 번째로 많이 인용된 것으로 나타납니다. 그 책은 분석철학적 하이데거 연구에서 바이블로 여겨지는 휴버트 드레이퍼스의 『세계-내-존재』라는 책에 뒤질 뿐입니다. 게다가, 더 중요한 사실은 『도구-존재』는 현재 어쩌면 세계에서 가장 영향력이 있는 학제적 철학일 객체지향 존재론에 대한 근거를 설정하는 데 도움이 되었다는 것입니다. 데란다가 실재론적 들뢰즈와 과타리를 구상할 수 있게 했다면, 『도구-존재』는 하이데거 연구의 대륙철학적 갈래에 대하여 마찬가지 역할을 수행했습니다.

저는 데란다에게 언제 하이데거에 관한 저의 책을 처음 접하게 되었는지 물어본 적은 전혀 없었지만, 그가 그 책을 그다지 빨리 접하지는 않았으리라 생각합니다. 왜냐하면 그는 이미 독자적인 철학의 경로를 추구하고 있었고, 그 경로는 하이데거의 영향권을 전혀 지나가지 않았기 때문입니다. 저 역시 정확히 언제 데란다의 2002년 책 『강도의 과학과 잠재성의 철학』에 관해 처음 듣게 되었는지 기억하지 못합니다. 그 책이 출판된 지 이삼 년이 지난 어느 때였을 것입니다. 2006년 봄에 스코틀랜드의 글래스고Glasgow에서 비행기 환승을 기다리는 동안 저는 도심의 어느 한 책방에 들러 『강도의 과학과 잠재성의 철학』을 구매하게 되었습니다. 그러나 그 책을 바로 읽을 상황은 아니었습니다. 제가 비로소 그 책을 읽게 된 것은 처음으로 인도를 여행하면서 그것을 여행 중의 유일한 읽을거리로 선택한 2006년 여름이었습니다. 뭄바이Mumbai의 저렴한 호텔 방에서 약한 냉방의 조건 아래 저는 데란다가 들뢰즈-과타리주의적 우주를 이해한 매혹적인 방식과 최초로 직면하게 되었습니다.

데란다의 그 책을 읽는 동안 저는 사방에서 새로운 창이 열리고 있는 것 같은 느낌을 받았습니다. 당시에 제가 살며 일하고 있었던 이집트로 돌아온 직후에 저는 서로 겹치는 지인으로부터 간신히 데란다의 이메일 주소를 입수했습니다. 저는 그에게 메시지를 보냈습니다. 그에 대한 답신에서 데란다는 또 다른 대륙 실재론자를 알게 되어 안도하는 것처럼 보였습니다. 그는 이 세계에서는 실재론자들이 거의 아동 성추행자처럼 여겨진다는 것, 용인할 수 없을 정도로 대륙철학의 정통에서 벗어난 일탈자로 간주된다는 것을 올바르게 지적했습니다. 이렇게 주고받은 이메일을 계기로 후속 소통이 이루어졌고, 마침내 2011년 허리케인 샌디가 뉴욕시를 마비시키기 며칠 전에 우리는 그 도시에서 첫 번째 개인적인 만남을 갖게 되었습니다. 데란다는 저에게 엠파이어 스테이트 빌딩에서 멀리 떨어지지 않은 그의 작지만 아늑한, 임대료 규제 아파트를 보여주었습니다. 그는 근처에 있는 스테이크 전문점에서 논의를 이어가자고 제안했고, 저는 채식주의자임에도 그 초대를 받아들였습니다. 데란다가 스테이크를 먹는 동안 저는 구운 감자를 먹었던 것 같습니다. 그런데 그 대화 자체는 중요한 것이었습니다. 그리고 그 대화가 끝난 후에 저는 우리 사이에 철학적 차이점이 많이 있음에도 정말로 한 명의 동지를 만났다는 느낌을 간직하게 되었습니다.

어쩌면 우리 사이의 가장 큰 차이점은, 데란다의 경우에는 자연과학이 여전히 실재계에 대한 특별히 중요한 접근 수단이라는 것입니다. 저의 객체지향 존재론은 과학을, 인지의 더 넓은 생태, 즉 예술, 문학, 그리고 심지어 유머와 수사학이 중요한 역할을 수행하는 생태 속에 자리하게 하고자 합니다. 사실상 이것이 뜻하는 바는 다음과 같습니다. 데란다는 그가 과학을 아주 능숙하게 다루지 않고 있다고 생각하는 저자들을 일축하는 경향이 더 있는 반면에 저에게는 그것이 그다지 유감스럽지 않은 면모라는 것입니다. 이것에 관한 두 가지 실례는 지금 독자 앞에 놓인 책에서 찾아볼 수 있습니다. 주요 사례는 저의 오랜 친구이자 스승이었던 고故 브뤼노 라투르인데, 주지하다시피 그는 과학을 다양한 행위자를 하나의 네트워크로 회집하는 한 가지 방식에 지나지 않는 것으로 간주했습니다. 데란다에게 이것은 과학적 반실재론의 정취를 품고 있는 생각입니다. 이런 까닭에 실재론을 견지하는 데란다는 라투르의 과학관을 단적으로 수용할 수 없었을 것입니다. 이 책 『실재론의 부상』에서 찾아볼 수 있는 또 하나의 실례는 『우주와 중간에서 만나기』라는 영향력 있는 책의 저자인 캐런 버라드의 사례입니다. 저는 버라드의 상당히 체계적인 이론서에 깊은 인상을 받았지만, 데란다는 양자역학에 대한 코펜하겐 해석을 사용하는 버라드의 방식에 관하여 상당히 우려했기에 버라드의 작업을 단지 부정적인 견지에서 간주할 수 있을 뿐이었습니다.

그런데 다른 대다수의 주제에 관해서 데란다와 저는 우리가 동일한 언어로 말하고 있다는 것을 깨달았습니다. 그리고 이전에는 실재론적 철학을 대륙철학적 어휘로 전개하고자 하는 상당히 고립된 노력이었던 것을 추구하면서 우리는 서로를 고무시킬 수 있었습니다. 우리가 한 번에 한 통씩 이메일로 소통하면서 이 책을 함께 저술할 것을 먼저 제안한 사람은 데란다였습니다. 이런 공동 작업은 일찍이 2014년에 절정에 이르렀습니다. 그런데 그해 말에 저는 12개월 동안 너무 많은 강연을 행하고 너무 많은 글을 쓴 후에 단기적인 소진 증상을 겪었습니다. 그 결과, 이 책의 저술은 오랫동안, 대략 일이 년 동안 중단되었습니다. 마침내 제가 재개할 준비가 되었을 때 데란다는 관대했지만, 그는 제가 이번에는 그 책을 끝낼 수 있다고 확신하지 않는다면 차라리 시작하지 않기를 바랐습니다. 제가 데란다에게 그런 확신을 심어주었을 때 우리는 어떤 중단도 전혀 없었던 것처럼 재개했습니다.

나이와 국적의 차이에도 불구하고 저와 데란다 사이에는 또 다른 연결고리가 있습니다. 여러 해 동안 데란다는 주로 몇몇 명문 아이비리그 대학교의 건축학교들에서 가르쳤습니다. 그 결과, 몇 년 후에 제가 독립적으로 건축계에 진입했을 때 제가 만난 건축가 중 대다수는 이미 개인적으로 데란다를 알고 있었습니다. 가장 저명한 대륙철학 실재론자 중 두 사람이 대

류철학 학과들에서 대체로 무시당하고 있었지만, 건축가들과 건축학도들에 의해 열심히 읽혔으며, 게다가 건축학교들의 교수진에 합류하도록 고용되었습니다. 시간이 흐름에 따라 우리는 이런 일이 일어난 이유에 대한 더 나은 관점을 얻을 수 있을 것입니다. 한편, 저는 독자가 『실재론의 부상』이라는 제목으로 출판된 이 대담에서 생각할 거리를 많이 찾아내기를 바랍니다.

2025년 1월 1일
튀르키예 앙카라에서
그레이엄 하먼

1부
실재론과 유물론

하면 우리가 이 대담을 나누는 이유는 둘 다 대륙철학이라는 분야, 즉 지금까지 실재론에 절대 공감하지 않은 철학의 한 하위분야에서 연구하고 있는 실재론 철학자이기 때문입니다. 이 전통에서 일반적인 방식은 에드문트 후설과 마르틴 하이데거의 발자취를 좇아서 실재론을 사이비 문제로 간주하는 것입니다. 마음 앞에 현시되는 어떤 객체를 지향하는 단순한 행위 속에서 "언제나 이미 우리 자신이 세계의 외부에 있게 된다"라고들 합니다. 게다가 현상학자는 어떤 한 주어진 현상이 실제로 현존하는지 여부에 관한 물음을 "괄호에 넣"기에 가공의 객체들을 다룰 때도 우리는 이미 세계의 외부에 있습니다. 여러 해 동안 저는 스스로 현상학에 경도되었고, 따라서 이 훌륭한 학파가 현상적인 것과 실재적인 것이 어떻게 달라야 하는지에 관한 물음을 회피하는 데 사용하는 다양한 자기기만 수법을 잘 알고 있습니다. 최근에 저는 우리 세대의 현상학 문지기인 단 자하비가 발표한 한 편의 반反실재론적 논문에서 또다시 이런 수법을 목격했습니다.[1]

꽤 최근까지도 대륙철학 분야에서 훈련받은 철학자 중에서 실재론적 입장에 가치 있는 것이 있다고 여긴 사람은 거의 없었습니다. 사실상, 우리가 몇 년 전에 주고받은 최초의 이메

---

[1]. Dan Zahavi, "The End of What? Phenomenology vs. Speculative Realism."

일에서 당신은 "수십 년 동안 자신이 실재론자라고 인정하는 것은 자신이 아동 성추행자라고 인정하는 것과 마찬가지였다"라고 정확히 진술했습니다.[2] 지금까지 분석철학에서 나타난 상황은 언제나 달랐습니다. 분석철학은 어느 정도는 F. H. 브래들리와 그 밖의 철학자들의 신新헤겔주의적 영국 관념론에 맞선 실재론적 대응책으로서 G. E. 무어와 버트런드 러셀에 의해 개시되었음이 분명합니다.[3] 반실재론적 분석철학자도 당연히 많이 있지만 제 논점은 다음과 같습니다. 지금까지 분석철학자들은 대륙철학자들이 일반적으로 여전히 하지 않는 방식으로 실재론을 언제나 진지하게 여겼다는 것입니다.

그런데 저는, 당신이 프로그래밍 언어를 체계적으로 이해하기를 원한다는 것을 스스로 깨달았을 때 사실상 분석철학을 거쳐 컴퓨터 분야에서 철학으로 진입했음을 알고 있습니다. 그렇지만 당신은 결국 한 대륙철학자, 즉 질 들뢰즈에게서 주된 영향을 받았으며, 그리고 당신 글의 정확성과 명료함에도 불구하고 당신은 분석철학자들보다 대륙철학자들에게 더 잘 알려져 있습니다. 저 자신의 경력 역시 비전형적일지라도 당신의 경력보다는 더 정통적이었습니다. 저는 철학에서 꽤 대륙적인

---

2. 마누엘 데란다와의 개인 소통, 2007년 1월 30일.

3. Scott Soames, *The Analytic Tradition in Philosophy*.

두 가지 대학원 과정을 이수했습니다. 그리고 저의 박사학위 논문에서 저는, 하이데거는 그를 급진적으로 실재론적인 어떤 방향으로 밀어붙일 때만 이해될 수 있을 뿐이라는 점을 간파함으로써 실재론적 입장으로 견인되었습니다. 그 박사학위 논문은 『도구-존재』라는 저의 첫 번째 책이 되었습니다.[4] 놀랄 만한 우연의 일치로 그 해는 당신이 들뢰즈에 대한 획기적인 실재론적 해석을 발표한 해와 같은 2002년입니다 ─ 비록 당신의 열렬한 애호가들은 종종 당신의 실재론만 빼고 다 수용하지만 말입니다.[5] 현재 저는 당신의 이전 책들 역시 실재론을 명시적으로 표명했었는지 아닌지는 기억할 수 없습니다.[6] 그런데 최소한 우리에게는 다양한 방향에서 비롯되는 대륙철학의 두드러진 실재론적 흐름이 개시된 2002년이라는 특정한 해가 있습니다. 2007년 무렵에는 저와 세 명의 동료 철학자가 중요한 역할을 수행한 사변적 실재론 운동이 있었습니다만, 그 네 명의 주역은 개인적이고 철학적인 의견 불일치로 인해 이 년 후에 결별했습니다.[7] 2011년에는 [이탈리아] 토리노의 마우리치오 페라

---

4. Graham Harman, *Tool-Being*.
5. Manuel DeLanda, *Intensive Science and Virtual Philosophy*. [마누엘 데란다, 『강도의 과학과 잠재성의 철학』.]
6. Manuel DeLanda, *War in the Age of Intelligent Machines* [마누엘 데란다, 『지능기계 시대의 전쟁』]. 마누엘 데란다와의 개인 소통, 2007년 1월 30일.
7. Ray Brassier, Iain Hamilton Grant, Graham Harman, and Quentin Meil-

리스[8]와 [독일] 본의 마르쿠스 가브리엘[9] 같은 저자들의 신新실재론 집단이 등장했습니다. 그 이후로 저는 페라리스가 일찍이 1991년에 실재론 시류에 편승했음을 알게 되었는데, 그로 인해 페라리스는 자신의 스승이자 최근 수십 년 동안 가장 목소리를 높인 대륙적 반실재론자 중 한 사람인 지안니 바티모[10]와 즉각 결별하게 되었습니다.

데란다 당신이 요약한 역사적 상황에 몇 가지 점을 덧붙이겠습니다. 전쟁에 관한 저의 책[11]이 출판된 1991년 이후로 저는 당당한 실재론자였습니다. 전장戰場이라는 공간에는, 그것은 문화적 공간임이 명백하지만, 금속 발사체, 파편, 충격파, 그리고 불이 존재합니다. 그런 치명적인 객체들은 모두 인간 병사들에게 영향을 미치는데, 요컨대 병사들이 그 객체들의 현존을 믿고 있는지 여부와 무관하게 시체들과 훼손된 신체들을 남깁니다. 그리고 비슷한 이유로 물질 및 에너지 흐름, 기근과 유행병에 초점을 맞춘 천 년의 역사에 관한 저의 책[12] 역시

---

lassoux, "Speculative Realism."

8. Maurizio Ferraris, *Introduction to New Realism*.
9. Markus Gabriel, *Fields of Sense*.
10. Gianni Vattimo, *The End of Modernity*. [지안니 바티모, 『근대성의 종말』.]
11. * DeLanda, *War in the Age of Intelligent Machines*. [데란다, 『지능기계 시대의 전쟁』.]

명확히 실재론적이었습니다. 단지 하나의 예를 들어 보자면, 박테리아와 바이러스는 우리가 그것들에 대한 어떤 믿음을 형성하기 수 세기 전에 객관적으로 우리 신체에 영향을 미치고 있었습니다. 다른 한편으로, 그 책들에서 저는 모든 정합적인 유물론이 실재론의 형식이어야 한다는 견해를 옹호하는 주장을 개진하지는 않았습니다. 단지 저는, 무기와 전쟁, 백신과 검역, 산업과 무역에서의 물질 및 에너지 흐름의 물질적 문화가 인간의 역사에 매우 심대한 영향을 미쳤다면 마음과 독립적인 세계에 대한 믿음이 논리적으로 뒤따른다는 것을 당연시했을 뿐입니다.

하먼 그리하여 현재 국면은 이렇습니다. 한편으로는 강렬히 실재론적인 동시에 강렬히 유물론적인 당신의 철학이 있습니다. 그다음에 유물론은 그것이 과학적/맑스주의적 형태를 취하는지 또는 사회구성주의적 형태를 취하는지에 따라 아래로의 환원주의 또는 위로의 환원주의의 한 형태라고 거부하면서도 강렬히 실재론적인 저 자신의 입장이 있습니다.[13] 그런데 또한 때때로 당신의 철학과 저의 철학 둘 다와 혼동되는 제3의

---

12. * Manuel DeLanda, *Thousand Years of Nonlinear History*.
13. Graham Harman, "I Am Also of the Opinion that Materialism Must Be Destroyed."

입장이 있습니다. 이것은 '실재론 없는 유물론'으로 서술될 수 있을 것입니다. 여기서 객체의 실재는 그것이 마음과 갖는 상호작용들로 이루어져 있을 따름이라는 주장도 개진하는 유물론자인 캐런 버라드가 떠오릅니다. 버라드는 이 주장의 근거를 양자론에 대한 닐스 보어의 코펜하겐 해석에 둡니다.[14] 버라드는 자신의 철학을 "행위적 실재론"으로 일컫지만, 그것과 관련하여 실재론적인 것은 전혀 없습니다. 왜냐하면 버라드는 실재에 인간의 마음으로부터의 자율성을, 또는 최소한 인간의 실천으로부터의 자율성을 부여하지 않기 때문입니다.

버라드의 철학과 더불어 또 하나의, 어쩌면 훨씬 더 두드러진 형태의 실재론 없는 유물론이 떠오릅니다. 이것은 오늘날 살아 있는 두 명의 가장 영향력 있는 대륙철학자 알랭 바디우와 슬라보예 지젝에게서 찾아볼 수 있습니다. 그들의 차이점들에도 불구하고 바디우와 지젝은 가까운 동지이며, 그리고 그 이유는 알기 쉽습니다. 첫째, 둘 다 칸트주의적 물자체를 제거한 독일 관념론의 구상에 공감합니다. 그리고 둘째, 둘 다 의식의 내재적 분열로서의 무의식을 지지하여 감춰진 정신력으로서의 프로이트주의적 무의식을 제거한 라캉의 구상에 공감합니다. 라캉의 구상에는 언어 자체의 간극으로서의 말실수, 상

---

14. Karen Barad, *Meeting the Universe Halfway*.

징화에 저항하는 정신적 외상의 핵심과의 마주침 등이 있습니다. 독일 관념론적 조치와 라캉주의적 조치는 명실공히 반실재론적임이 명백하며, 그리고 이것이 바로 오늘날 대다수 대륙철학자가 처해 있는 상황입니다. 심지어 지젝은 이렇게까지 언명합니다. "유물론의 진정한 신조는 어떤 본체적 실재가 그것을 왜곡하는 우리의 지각 너머에 존재한다는 것이 아닙니다. 단 하나의 일관성 있는 유물론적 견해는 세계는 존재하지 않는다는 것입니다."[15]

당신께 두 가지 질문을 드리겠습니다. 첫째, 실재론의 현재 상태에 관하여 제가 말씀드린 것 중에 이의를 제기하거나 덧붙이고 싶은 것이 있습니까? 그리고 둘째, 실재론에 대한 유물론의 관계와 관련하여 바디우와 지젝이 철학을 잘못된 방향으로 이끌고 있다는 의견에 동의하십니까?

데란다 지금까지 제가 '실재론'이라는 용어와 '유물론'이라는 용어를 이들 용어가 호환될 수 없는 경우에 호환될 수 있는 것처럼 사용하고 있다는 당신의 지적은 옳습니다. 모든 (정합적인) 유물론자는 실재론자여야 하지만, 모든 실재론자가 유물론자여야 하는 것은 아닙니다. 독실한 그리스도교도는 천

---

15. Slavoj Žižek and Glyn Daly, *Conversations with Žižek*, 97.

국과 지옥에 대하여 실재론자임이 확실합니다. 왜냐하면 그는 그런 초월적 공간들에 대한 저의 불신이 어쨌든 그것들의 실제적 현존에 영향을 미친다는 점을 받아들이지 않을 것이기 때문입니다. 그런데 그런 그리스도교적 실재론자는 명백히 유물론자가 아닐 것입니다. '유물론'에 대한 저의 정의는, 그것이 물질적 세계를 초월하는 모든 존재자를 거부하는 일종의 실재론이라는 것입니다. 『강도의 과학과 잠재성의 철학』에서 제가 '실재론'이라는 용어를 사용한 이유는 그것이 '유물론'보다 훨씬 더 '당당한' 용어라는 점 때문이었으며, 그리고 유물론이라는 용어가 지난 수십 년 동안에 알아볼 수 없을 정도로 저급해졌기 때문이었습니다. (비슷한 이유로 또한 저는 '신新유물론'이라는 용어를 사용합니다.) 그런데 저는 '실재론'과 '유물론'이라는 용어를 마치 그것들이 동의어인 것처럼 사용하는 것을 그만두어야 할 것 같습니다.

이제 '유물론'이라는 용어의 저급화 문제를 검토합시다. 지젝 같은 사람들이 지닌 문제점은 그들이 이 용어를 '변증법적 유물론' 또는 '역사유물론'의 약어로 사용한다는 것입니다. 그리하여 당신이 방금 인용한 언표는 "단 하나의 일관성 있는 맑스주의적 견해는 세계는 존재하지 않는다는 것입니다"라는 언표로 환언될 수 있습니다. 이런 수정된 언표 역시 거짓임이 분명합니다. 그것에 동의하지 않을 현대의 맑스주의자는 충분히 많이 있으며, '자연변증법'의 엥겔스는 그 언표를 순전한 부르주아 이데올로기라고 비난할 것임이 확실합니다. 그런데 그 언표는 최소한 의미가 있는데, 왜냐하면 그것은 포스트구조주의(이것에 대한 대다수 옹호자는 반실재론자였습니다) 이후에 맑스주의 자체가 포스트구조주의 사상가들이 제기한 새로운 관념들을 흡수하기 위해 변해야만 했다는 지젝의 믿음을 가리킬 것이기 때문입니다. 저에게 이 모든 것은 (오랫동안 제가 주장했듯이) 맑스주의 자체가 소진되었다는 것과 신유물론적 관념들에 바탕을 두고서 신형의 좌파 정치경제학을 만들어내어야 한다는 것을 함축하고 있습니다. 당신은 지젝의 전략에 대하여 더 미묘한 견해를 갖고 있습니다. 그것을 말씀해 주시겠습니까?

하먼 저에게 지젝은 매혹적이지만 때때로 불만스러운 인물입니다. 엔터테이너로서 지젝은 철학의 역사상 거의 유례가 없습니다. 조르다노 브루노가 필경 지젝만큼 재미있는 가장 최근의 철학자이었을 것이고, 그 이전에는 어쩌면 견유학파의 디오게네스가 그러했을 것입니다. 주지하다시피 지젝이 재미있는 인물임을 결코 알아채지 못하는 사람들도 있습니다. 일부 독자들에게는 모든 성적 농담이 견디기 어려운 것이 되며, 그리고 가끔 지젝은 품위 있는 행동의 선을 넘습니다(『시차적 관점』의 서두 부분에서 아동 포르노를 언급하는 행위는 어쩌면 최악의 사례일 것입니다). 그런데도 저는 회피적이고 안절부절못하는 포스트모더니즘 선구자들과 달리 솔직한 주장을 개진하고 위험을 자초하는 지젝의 경향과 그의 넘치는 기운을 좋아합니다. 또한 저는 지젝이 필시 철학자로서 과소평가되고 있다고 생각합니다. 물론 저는, 이제 우리가 유물론자가 되려면 관념론자가 되어야 한다는 그의 주장은 터무니없다는 의견에 전적으로 동의하지만 말입니다. 앞서 저는 지젝이 불만스러운 인물일 수 있다고 언급했는데, 요컨대 저에게 가장 불만스러운 점은 그가 우리가 바로 지금 논의하고 있는 중대한 쟁점, 즉 실재론과 반실재론에 관하여 시간을 거의 소요하지 않는다는 것입니다. 지젝은 헤겔이 물자체에 관한 물음과 관련하여 칸트를 때려눕혔다는 것을 그야말로 당연시할 뿐만 아니라, 라캉('실재계'가 실재성이 전혀 없고 주로 인간에 대하여 정신적 외상으로 기능한다고 구상하는 극단적인 관념론자)이 관념론에 대한 자신의 확신을 단적으로 강화했다는 것도 당연시할 따름입니다. 저는 지젝이 정말로 실재론에 관한 논쟁을 독자적으로 온전히 해결했다는 생각이 들지 않습니다. 무엇보다도 그는 실재론적 선택지에 짜증이 나 있는 것처럼 보일 따름이며, 일반적으로 이 주제와 관련하여 단지 헤겔-라캉의 주장들을 반복할 뿐입니다.

데란다 엔터테이너로서의 지젝, 또는 어쩌면 더 정확히 사회적 논평가로서의 지젝은 우리에게 제시할 것이 있습니다. (유럽 국가들에 걸쳐 나타나는 화장실의 상이한 모양들처럼) 너무나 사소하거나 또는 너무나 복잡하고 부실하게 이해되어서 사회학자들이나 인류학자들이 다룰 수 없는 사회 현상이 많이 있습니다. 이런 경우들에 있어 재치 있는 사회적 논평은 어쩌면 우리가 진지한 이론적 고찰이 등장하기를 기다리면서 가질 수 있는 최선일 것입니다.

하먼 한 가지 관련된 논점, 즉 지젝이 알프레드 존-레텔[16]에 관한 자신의 논의와 관련하여 스스로 제기하는 논점[17]은 최근에 사람들이 맑스를 활용하여 시도한, '유물론적'이지만 명확히 반실재론적인 또 다른 용법과 관련되어 있습니다. 제가 객체는 그것이 연루된 다양한 네트워크 및 사회 체계와는 독립적인 실재가 있다는 실재론적 주장을 제기할 때마다 몇몇 사람은 틀림없이 '상품 물신주의'를 이유로 저를 비난합니다. 그런데 이것은 맑스에 대한 전혀 뜻밖의 꽤 기초적인 오독인 것처럼 보입니다. '상품 물신주의'는 『자본』에서 논의되는 첫 번째

---

16. Alfred Sohn-Rethel, *Intellectual and Manual Labour*.
17. Slavoj Žižek, *The Sublime Object of Ideology*. [슬라보예 지젝, 『이데올로기의 숭고한 대상』.]

주제이며, 그 책에서 그것은 **존재론**이 아니라 **가치론**임이 분명합니다. 달리 말씀드리자면, 맑스는 후추나 셔츠가 그것들을 생산하는 데 투입된 노동과 별개로 독자적인 가치를 지니고 있다고 생각하는 사람들에 대해 불평하고 있습니다. 당연히 그럴 법합니다. 그런데 맑스는 아무것도 노동과 독립적으로 존재하지 않는다는 반실재론적 주장을 제기하고 있는 것은 아닙니다. 사실상 맑스는 **경제적 재화**인데도 상품은 아닌 것에 대한 최소한 세 가지 사례 – 모든 사람이 공짜로 사용하는 공기와 물, 부족적 체계에서 물물 교환되는 품목들, 그리고 심지어 봉건 영주에게 바치는 소작 곡물 – 를 제시합니다.[18] 그런데 현재 우리에게 주어진 것은 맑스를 반실재론적 문화 형이상학자로 잘못 해석하는 앤드루 콜[19]과 알렉산더 갤러웨이[20] 같은 사이비 맑스주의자들입니다.

데란다 무슨 말씀인지 알겠습니다. 유감스럽게도 한때 저는 갤러웨이와 의견을 교환한 적이 있었는데, 그는 보르헤스를 인용하는 푸코를 단순히 인용함으로써 어떤 과학적 분류들(예를 들면, 원소의 주기율표)의 객관성을 일축했습니다. 그

---

18. Karl Marx, *Capital, Volume 1*. [카를 마르크스, 『자본론 1 상·하』.]
19. Andrew Cole, "Those Obscure Objects of Desire."
20. Alexander Galloway, "The Poverty of Philosophy."

소설가[보르헤스]는 경이롭지만 터무니없는 분류법을 고안했으며, 푸코는 그 분류법을 분류법들이 얼마나 자의적일 수 있는지에 대한 본보기로 사용했습니다. 그런데 푸코는 결코 어떤 실제적인 과학 분야에 대해서도 저술하지 않았습니다. 정신의학, 초기 임상의학, 문법, 초기 경제학, 범죄학 등은 모두 지식을 믿음직하게 생산하는 분야가 아니라 한낱 **담론**에 불과합니다. 더욱이 그것들의 주제는 인간이며, 그리하여 그것들은 담론을 더한층 왜곡하는, 통제에 관한 제도적 규범들과 실천들이 생겨나게 합니다. 그런데 저는 소설가의 진술을 객관성에 반대하는 논증으로 사용할 수 있는 사람들을 경멸할 뿐만 아니라 버라드처럼 과학의 더 나쁜 부분들에 호소하는 사람들은 훨씬 더 경멸합니다. 관찰자의 의식이 어떤 한 전자의 현행 상태를 결정한다는 관념은 하나의 신화입니다. 그것은 과학자 집단에서 (폰 노이만에 의해서였나요?) 비전문가들에게 불확정성 원리의 정취를 전달하기 위한 재미있는 착상으로서 떠돌았지만, 슈뢰딩거의 고양이와 마찬가지로 어떤 실험과학적 근거도 없습니다. 사실상, 소수의 어리석은 양자 물리학자를 제외하고, 과학 공동체에서 그 신화를 믿는 사람은 아무도 없습니다. 그러므로 인문학 학과들이 강단에서 그 신화가 번성한 유일한 영역이며, 당연하게도 이 학과들은 관념론적 교수들로 가득 차 있습니다.

그런데 이 순간 저의 흥미를 끄는 것은 당신의 고유한 견해입니다. 당신은 사회구성주의를 유물론을 받아들이지 않기 위한 한 가지 이유로서 언급했지만, 사회구성주의자들은 모두 언어적 관념론자입니다. 맑스주의자들은 유물론자이지만(또는 유물론자였지만), 그들의 유물론은 선험적 종합(부정의 부정) 도식들이 그들의 견해의 핵심을 형성하는 어떤 특수한 종류였습니다. 그렇게 해서 맑스주의는 나쁜 형태의 유물론이 됩니다. 그러므로 [사회구성주의와 맑스주의에 맞서는] 당신의 주장은 유물론적 견해 그 자체에 맞서는 주장으로 여겨지지 않음이 확실합니다. 마지막으로, 당신은 과학자들을 거론하면서 그들에게 유물론은 환원주의를 의미한다고 주장합니다. 이것 역시 잘못된 것입니다. 우선, 대다수 과학자는 유물론자가 아니라 경험론자입니다. 즉, 그들은 직접 지각될 수 있는 객체와 사건의 마음–독립적인 현존을 믿고 있습니다(그 밖의 모든 것은 한낱 이론적 상정물에 불과합니다). 그러므로 그들에게 인과적 관계는 그것을 관찰하는 누군가가 있든 없든 간에 **한 사건이 다른 한 사건을 산출하는** 객관적 관계가 아니라, 오히려 두 사건의 관찰된 일정한 연접입니다. 앞서 당신이 언급한 러셀은, 콰인, 굿맨, 그리고 반 프라센 같은 분석철학의 최고 명사 중 많은 사람이 그렇듯이, 실재론자가 아니라 경험론자였습니다. 둘째, 과학에서 유일한 참된 환원주의자들은 물리학자들입니다.

화학자들은 화합물(예컨대, 물)이 그것의 성분들(산소와 수소)로 환원될 수 없다는 점을 언제나 알고 있었습니다. 산소와 수소는 불을 일으키는 연료이고, 물은 불을 끕니다. 화합물은 그 성분들의 특성들에 비해 새로운 특성들을 갖추고 있기에 그것들로 환원될 수 없다는 것은 18세기 초부터 이미 화학 교과서에서 코드화된 합의의 일부입니다. 그리고 물론 물질에 관한 진짜 전문가는 물리학자들이 아니라 화학자들입니다.

하먼 저에게도 러셀은 실재론자가 되기에 충분하지 않습니다. 저는 러셀이 오히려 경험론자라는 의견에 동의하지만, 당신(또는 로이 바스카)만큼 실재론과 경험론을 구분하는 것이 중요하다고 생각하는 사람은 그리 많지 않습니다.[21] 어쨌든 분석철학에서는 러셀을 무어에 못지않게 영국 관념론에 대한 **실재론적** 반응의 일부로 해석하는 사람이 많이 있습니다.

유물론에 대한 과학자들과 사회구성주의자들의 반응에 관해서는 제가 그것을 바라보는 방식은 이렇습니다. 원초적 형태의 '유물론'은 어떤 궁극적인 물리적 원소 또는 입자에 의거하여 사물을 해명하는 환원을 뜻했습니다. 소크라테스 이전 철학자들, 많은 계몽주의 사상가, 그리고 심지어 원자를 단단

---

21. Roy Bhaskar, *A Realist Theory of Science*.

한 적색 당구공으로 구상하는 것을 인정한 어니스트 러더퍼드 같은 20세기 과학자들의 경우에도 사정은 마찬가지였습니다.

그런데 사물을 환원하는 또 하나의 방식, 즉 아래로 환원하기보다는 오히려 위로 환원하는 방식이 있습니다. 이것은 관념론자들과 사회구성주의자들이 소여의 배후에 감춰진 것은 전혀 없다고 언명함으로써 행하는 것입니다. 저는 당신의 경험론자들 역시 이 진영에 자리하게 할 것입니다. 그런데 도대체 왜 누군가는 이 두 번째 집단을 '유물론자' 집단이라고 일컬을까요? 저에게 묻지 마십시오. 아무튼 그들 중 많은 사람이 유물론자로 자칭합니다. 저는 이미 버라드와 지젝의 사례를 제시했는데, 그들은 조금도 유물론자인 것처럼 보이지 않지만 그 용어의 좌파/계몽주의적인 정치적 특권과 연계되기를 바라는 것으로 추정됩니다. 둘 다 인간 주체에 코스모스의 50퍼센트를 구성하는 거대한 역할을 부여한다는 사실에도 불구하고 말입니다. 이것은 인간 역시 궁극적으로 또 하나의 물질 조각에 지나지 않는다고 간주하는 전통적 유물론이 절대 반대하는 것인 반면에, 버라드는 관찰자에게 우주를 공共-창조하는 거의 마법적인 역능을 부여하고, 지젝은 사유하는 주체가 매우 중요하고 독특하여서 어떤 종류의 '존재론적 파국'을 통해서 창조되어야 했었다고 주장합니다.

레비 브라이언트는 저만큼이나 이런 두 번째 진영의 유물론에 대한 권리 주장에 당혹감을 느낍니다. 브라이언트의 멋진 서술을 인용하겠습니다. "유물론은 물질적인 것과 전혀 관련이 없는 예술 용어가 되어 버렸다. 유물론은 단지 무언가가 역사적이고, 사회적으로 구성되고, 문화적 실천을 수반하며, 그리고 우연적임을 뜻하게 되었다 … 유물론 속 어디에 유물론이 있는지 의아하다."[22]

데란다 저도 같은 생각입니다만, 앞서 제가 말씀드렸듯이, 이것은 (마치 맑스주의자들이 유물론적 관념들에 대한 독점권을 지닌 것처럼) '유물론'과 '맑스주의'를 혼동하는 데서 비롯됩니다. 요컨대, '맑스주의'에는 향상된 판본의 상품 물신주의와 부르주아 이데올로기라는 (현상학에서 비롯된) 사회적으로 구성된 부분이 있습니다. 이 시점에 구좌파의 처지는 제가 보기에 창피할 정도입니다. 그러므로 점점 더 부적절해지는 그런 전통과의 단절을 나타내기 위해 '신유물론' 같은 명칭들이 필요합니다.

하먼 그런데 저는 유물론을 대변하는 당신의 고유한 이유에 관해 당신을 다그치고 싶습니다. 실재론의 약점은 그것이,

---

22. Levi R. Bryant, *Onto-Cartography*, 2. [레비 R. 브라이언트, 『존재의 지도』.]

예컨대, 독실한 그리스도교도들로 하여금 천당과 지옥에 대한 실재론자일 수 있게 한다는 것이고, 한편으로 유물론은 그런 선택지를 차단할 것이라고 당신은 진술했습니다. 좋습니다. 그런데 천국과 지옥에 대한 믿음을 거부하기 위해 모든 비물질적인 것에 대한 믿음을 정말로 거부해야 할까요? 저는 내세를 거부하기 위해서는 단순히 다음과 같이 말하는 것이 더 그럴듯하다고 생각합니다. "지금까지 천국이나 지옥에 관한 믿음직한 소식을 갖고서 돌아온 사람은 결코 없었고, 그리하여 저는 전능한 존재자가 현존하더라도 ― 그런데 제가 왜 애초에 이것을 믿어야 합니까? ― 이 신이 유치원 교사의 방식대로 영혼에 상을 주거나 벌을 줄 것이라는 생각은 터무니없다고 생각합니다." 이것이 내세를 거부하기 위한 더 분별 있는 이유가 아닐까요? 그렇게 해서 당신은 여전히 비물질적 존재자들의 가능성을 열어 놓을 수 있을 것입니다. 예를 들면, 유령이나 정령이 어떤 형태로 현존하는 것은 전적으로 불가능할까요? 윌리엄 제임스는 그것이 충분히 가능하다고 생각했으며, 그것에 대한 판단을 보류했습니다. 우리의 차원과 평행한 다른 차원에서 살고 있는 비물질적 존재자들은 어떻습니까? 주지하다시피 그런 존재자들에 대한 설득력 있는 증거는 전혀 없지만, 한편으로 타이어와 같이 현존하기 위해 물질을 필요로 하지만 특정한 물질적 요소들을 쉽게 버릴 수 있는, 그래서 물질과 어떤 종류의 느슨

한 관계를 맺는 형태로 가장 잘 생각되는 일상적 객체들은 어떻습니까? 또한 샤를 보바리 또는 안나 카레니나처럼 어떤 진정한 의미에서도 물질적이지 않은, 소설가들의 허구적 창조물들이 있습니다.

요컨대, 무엇이든 물리적 물질로 구성된 것들 이외에는 아무것도 현존하지 않는다는 상당히 포괄적인 이론에 의지함으로써 종교적 존재자들과 그 밖의 초자연적 존재자들에 대한 회의주의를 정당화해야만 할까요? 저는 이것이 존재론적 견지에서 미심쩍은 제안이라고 생각합니다. 게다가 역사적으로 말해서 지금까지 유물론은 종종 무엇이 실재적인 것으로 여겨져야 하는지 그리고 여겨지지 말아야 하는지에 대한 조급한 결정을 초래했습니다.

데란다 글쎄요. 우선, '유물론'이라는 용어는 물질의 마음-독립적인 현존을 함축할 뿐만 아니라 에너지와 물리적 정보(물질적 패턴과 형태)의 마음-독립적인 현존도 함축해야 합니다. 이들 세 가지 항목을 모두 포함하는 어떤 용어, 즉 물질-에너지-정보론이 매우 거추장스러울 것이라는 사실은 안타까운 일입니다. 그런데 물론 우리는 그 개념을 지칭하는 이름은 단적으로 개의치 않고 그 개념에 대한 정의에만 집중할 수 있습니다. 유령과 탈신체화된 정령은 별개의 주제이며, 그리고 단연코 저는 그것들의 비물질적 실체가 함축할 데카르트주의적 이원론을 믿지 않습니다. 저의 주관적인 관찰자들은 언제나 신체를 갖추고 있고 언제나 어떤 상황에 처해 있습니다. 다른 한편으로, 저의 존재론에서 매우 중요한 한 가지 개념은 자신의 부분들 사이에서 진행 중인 상호작용들에 의해 산출되는 전체의 특성을 가리키는 **창발적 특성**이라는 개념입니다. 창발적 특성은 상당히 미묘할 수 있습니다. 예를 들면, 이런 특성들은 프로그래밍 언어의 층위 위에 현존하는 컴퓨터 시뮬레이션에서 출현할 수 있습니다(이를테면, 세포 자동자 시뮬레이션에서 나타나는 글라이더가 있습니다). 여기서 프로그래밍 언어의 층위 역시 컴퓨터 하드웨어의 층위 위에 현존합니다. 엄밀히 말하자면 하드웨어의 층위만이 '물질적'일 뿐이고, 그다음 층위는 기호들과 구문으로 이루어져 있으며, 최상의 층위는 서로 **패턴이나 형태로서 상호작용하는 패턴들 또는 형태들**로 구성되어 있습니다. 자신의 컴퓨터에서 돌아가고 있는 소프트웨어를 비물질적인 무언가로 간주할 사람은 거의 없기에 저는 종종 그 비유를 사용하여 수학에 어떤 물질적 지위를 부여합니다. 왜냐하면 수학 역시 기계적 절차(함수)와 데이터 구조에 관련된 것이기 때문입니다. 마찬가지 방식으로 시뮬레이션의 비유는 소설과 그 등장인물들에게 덜 불가사의한 지위를 부여할 수 있습니다.

이제 당신께 다음과 같이 질문하겠습니다. 신유물론은 패턴을 갖춘 물질-에너지의 세계를 초월하는 존재자들에 대한 거부를 포함합니다. 그런데 이런 존재자들에는 천사와 악마, 유령과 정령이 포함될 뿐만 아니라 아리스토텔레스주의적 본질도 포함됩니다. 이것에 관한 당신의 견해는 무엇입니까?

하먼 저는 아리스토텔레스를 당신보다 훨씬 더 좋아하고, 따라서 이것은 본질에 관한 우리의 상이한 견해들과 어떤 관계가 있는 것처럼 보입니다. 본질은 당신 자신이 선호하는 용어가 아닙니다. 오히려 현재 유행에 뒤떨어지지만 제가 선호하는 용어 중 하나임이 분명합니다. 예를 들면, 저는 당신이 어떻게 해서 동일한 화학 원소의 두 원자를 분별하는 것이 어떤 항성의 핵심에서 이루어진 각각의 상이한 생성인지에 관하여 적은 한 구절을 기억합니다.

데란다 글쎄요. 실재론자들은 모두 아리스토텔레스를 존중함이 틀림없습니다. 결국 아리스토텔레스는 2,500년 동안 세계에서 가장 영향력이 있는 실재론 철학자였습니다. 그런데 저의 존재론의 정당한 구성원들인 마음-독립적인 존재자들은 모두 역사적입니다. 그것들은 (확정될 수 없더라도) 생성일과 (잠재적일지라도) 소멸일이 있어야 합니다. 원자들은 그 조건을 충족합니다. 그것들은 어떤 항성에서 핵융합을 통해서 생겨나며, 명확한 반감기(그것들의 존속을 위해 주어진 최대의 지속 시간)가 있습니다. 아리스토텔레스주의적 본질은 정의상 비역사적이고, 아리스토텔레스가 말하곤 했듯이, 부패하지도 않고 쇠퇴하지도 않습니다.

하먼 저는 당신이 아리스토텔레스를 너무 심하게 대하고 있다고 생각합니다. 플라톤과 달리 아리스토텔레스는 개별적 사물들을 제일 실체로 간주하며, 그리고 그의 경우에 이런 개별적 사물들은 일반적으로 파괴될 수 있습니다. 사실상 아리스토텔레스는 (제가 아는 한에서) 실체적인 것을 파괴될 수 없는 것과 동일시하지 않은 최초의 서양 철학자입니다. 이것은 명확한 진전입니다. 제가 보기에는 우리가 아리스토텔레스주의적 본질을 종차^{種差}와 동일시할 때에만 그것에 문제가 있으며, 그리고 저는 최소한 『형이상학』에서는 그것이 그런 식으로 해석될 수 있다고 생각하지 않습니다.

데란다 제 생각은 다릅니다. 아리스토텔레스의 실재론적 존재론은 특이한 개별자^{individual}들을 포함할 뿐만 아니라 (한 사물의 바로 그 본성, 즉 본질을 구성하는) 유^類와 종차도 포함합니다. 그러므로 코리스코스는 형이상학적으로 그의 동물성(유), 그의 합리성(종차), 그리고 그의 음악적임(개별자)에 의해 특징지어집니다. 그런데 아리스토텔레스는 첫 번째 두 가지만이 필연적이고, 세 번째 것은 우유적偶有的이며, 그리고 하나의 학문으로서의 형이상학은 오직 필연적인 것에 관여할 수 있을 뿐이라고 분명히 언명합니다. 그러므로 구체적인 역사적 개별자들이 아리스토텔레스 존재론의 일부일지라도 그것들은 우리가 철학적으로 고찰할 수 있는 그런 종류의 사물이 아닙니다. 왜냐하면 우리는 오직 유와 종차에 관한 선험적 지식을 보유할 수 있을 뿐이기 때문입니다. 개인적으로 저의 경우에 선험적 지식은 전혀 쓸모가 없습니다.

하먼 또한 아리스토텔레스는 『형이상학』에서 어떤 개별자도 정의될 수 없다고 진술합니다. 왜냐하면 정의는 보편자들로 구성되는 반면에 개별자는 언제나 구체적이기 때문입니다. 일견 이것은 당신의 주장을 뒷받침하는 것처럼 보입니다. 왜냐하면 그것은 정의가 오직 초超개별자에 대하여 주어질 수 있을 뿐이라고 시사한다고 여겨질 수 있을 것이기에 철학은 개별자의 영역에서 작동할 수 없을 것이기 때문입니다. 그런데 저는 이 구절을 다르게 해석합니다. 코리스코스와 소크라테스는 동일한 개별자가 아니며, 그리고 그들 사이의 차이는 한낱 우유적인 것에 불과하지 않음이 명백합니다. 아리스토텔레스는 실체란 다른 시점에 다른 성질을 유지할 수 있는 것이라고 진술합니다. 소크라테스는 기쁘거나 슬플 수 있지만, 두 경우에 모두 여전히 소크라테스입니다. 그 사람이 코리스코스이거나 아니면 소크라테스일 수 있지만, 두 경우에 모두 여전히 한 인간이라고 말하는 것은 그다지 아리스토텔레스적이지 않을 것입니다. 그것은 오히려 플라톤처럼 들릴 것입니다. 왜냐하면 '인간'은 확실히 하나의 플라톤주의적 형상^{form}일 수 있을 것이지만, '인간'을 아리스토텔레스주의적 일차 실체로 일컫는 것은 확대 해석일 것이기 때문입니다. 그 이유는 일차 실체는 개별적으로 코리스코스이거나 아니면 소크라테스여야 할 것이기 때문입니다. 그러므로 코리스코스와 소크라테스는 각자 어떤 본질을, 어떤 불변의 고유한 특질을 갖추고 있어야만 합니다. 왜냐하면 둘 다 '기쁨' 또는 '슬픔' 같은 변화하는 우유적인 것들을 공연할 수 있기 때문입니다.

데란다 어쩌면 그럴지도 모르지만, 저는 코리스코스와 소크라테스 사이의 차이는 **철학적으로 접근할 수 있는 주제**일 것이라는 의견에 아리스토텔레스가 동의할 것이라고 생각하지 않습니다. 왜냐하면 소크라테스가 소크라테스임과 코리스코스가 코리스코스임 사이에는 소크라테스와 합리적 동물임 사이에 존재하는 것과 동일한 방식으로 어떤 필연적인 연관성이

1부 실재론과 유물론 37

없기 때문입니다.

하먼 다른 쟁점을 살펴봅시다. 당신은 마음-독립적인 존재자가 "그것을 창출한 역사적 과정들에 의해 규정된다"라고 진술합니다. 제 질문은 이러할 것입니다. 어떤 역사적 과정들인가요? 그것들 모두인가요? 당신은 어떤 존재자에 일어나는 모든 것이 절대적으로 그것을 규정한다고 주장할 수 없음이 명백합니다. 왜냐하면 그렇다면 당신의 존재자는 고유한 관계들에 의해 완전히 규정될 것이기 때문인데, 이것은 당신이 거부하는 관념입니다. 어떤 한 존재자에 일어나는 모든 것이 그것에 흔적을 남기는 것은 아닙니다. 왜냐하면 존재자는 단지 어떤 영향들을 등록할 수 있을 뿐이고 그 밖의 영향들은 등록할 수 없기 때문입니다. 우리가 나방, 박쥐, 또는 개의 감각 기관들을 갖추고 있지 않다는 단순한 이유로 인해 우리가 놓치는 주변의 모든 환경 정보에 관하여 생각합시다. 항성의 내부에서 형성된 원자들의 경우에도 사정은 마찬가지임이 확실합니다. 그런데 이것은 어떤 존재자를 규정하는 것이 그것의 형태생성의 총체가 아니라는 사실을 뜻합니다. 게다가, 어떤 존재자가 일단 생성되면 그것은 독자적인 나름의 삶을 시작하게 됩니다.

데란다 어떤 특정한 존재자의 출현을 초래하는 과정들이 완전히 규정되지 않는다면 우리는 그것의 역사적 기원에 어떤 설명적 가치도 부여하지 못한다는 당신의 의견은 옳습니다. 이것은, 개별적 존재자들은 환원 불가능한 특성들을 지니고 있지만 이런 특성들의 창발은 설명될 수 없고 하나의 외면할 수 없는 사실로 수용되어야 한다(그것들은 타고난 신앙심으로 수용되어야 한다)고 믿었던 첫 번째 세대의 창발론적 철학자들 – 예를 들면, 새뮤얼 알렉산더[23] – 과 관련된 문제였습니다. 그런데 우리가 이것을 거부하면, 우리가 창발의 메커니즘들을 (가설적이더라도) 찾아내고자 노력한다면 역사적 과정의 세부는 규정될 수 있고, 그리하여 어떤 한 존재자의 생성에서 차이를 만들어내는 요인들(유의미한 요인들)은 무의미한 요인들과 분리될 수 있습니다. 그런데 저는 당신이 방금 표명한 진술에서 또 하나의 이의를 감지합니다. 우리는 둘 다 객체에 역사적 기원이 있어야 한다는 점에는 동의하고, 따라서 유일한 의견 불일치는 객체의 생성이 그것의 정체성에 얼마나 많은 흔적을 남겼는지에 대한 논점에 자리하고 있습니다. 물론 객체의 종류에 따라 사정은 다릅니다. 원자는 항성에서 생성되지만, 우리는 그것의 현재 본성에서 그 흔적을 거의 또는 전혀 찾아

---

23. Samuel Alexander, *Space, Time, and Deity*.

볼 수 없습니다. 인간(그리고 그 밖의 동물들)은 자신의 역사(탄생과 경험)에 대한 흔적을 간직하고 이런 기억(그리고 상흔)은 오늘날 자신의 정체성에 영향을 미침이 확실합니다. 대다수 다른 사물은 그 중간 어딘가에 있습니다. 틀림없이 종들은 자신의 진화적 과거의 흔적을, 종들 사이의 계통적 연결 관계들을 추적하는 데 사용될 수 있는 자신의 유전체에 남겨진 흔적을 간직합니다. 그런데 심지어 비非유기적 객체들도 자신의 기원을 여실히 말해줍니다. 단일한 우라늄 원자는 자신의 과거에 관한 정보를 담고 있지 않을 것이지만, 우라늄 덩어리는 그것이 함유하는 동위원소들의 통계적 분포 — 매우 독특하여 우리가 실제 우라늄 표본을 추적해서 그것이 처음 생산된 원자로를 밝혀낼 수 있는 징표 — 의 형태로 그 정보를 담고 있습니다.

하먼 저는 우라늄 원자와 우라늄 덩어리 사이의 이런 구분이 마음에 듭니다. 하지만 또한 저는 선험적 지식에 관한 당신의 강한 언표에 대하여 의구심이 있습니다. 당신이 순전히 연역적인 지식을 뜻한다면 확실히 저는 동의합니다. 제가 퀑탱 메이야수[24]에게 제기한 이의 중 하나는 그가 모든 철학적 진리는 순전히 합리적인 수단에 의해 연역될 수 있어야 한다고 생각

---

24. Quentin Meillassoux, *After Finitude*. [퀑탱 메이야수, 『유한성 이후』.]

하는 경향과 관련이 있습니다. 그런데 또한 제가 보기에는 지금까지 철학에서 이루어진 거대한 진전이 후험적이지 않았고 오히려 선험적 분석에서 비롯되었습니다. 예를 들면, 시간과 공간에 대한 라이프니츠의 관계적 해석은 안락의자에서 구상되었습니다. 아인슈타인은 마침내 물리학의 조각들을 맞추었지만, 아인슈타인조차도 물리적 실험이 아니라 사고 실험을 통해서 그 일을 해냈었습니다. 하이데거의 도구-분석은 20세기 철학에서 이루어진 획기적인 진전이었지만, 그것은 어떤 종류의 실험 활동에서도 비롯되지 않고 오히려 후설이 수행하고 있다고 주장한 사유에 주도면밀한 주의를 기울인 지적 활동에서 기인합니다.

데란다 그렇습니다. 철학과 과학 모두에서 사고 실험(데닛이 "직관펌프"라고 일컫는 것)은 중요하며, 그리고 그것은 강력한 통찰의 발전으로 이어질 수 있습니다. (쌍둥이 지구 종류의) 사고 실험들과 관련하여 되풀이되는 한 가지 문제는 중대한 지점에서 상황이 **불충분하게 서술된다**는 것인데, 이것은 그런 실험들에서 비롯될 수 있을 통찰을 약화시키는 문제입니다.[25]

---

25. Daniel C. Dennett, *Intuition Pumps and Othe Tools for Thinking*. [대니얼 C. 데닛, 『직관펌프, 생각을 열다』.]

컴퓨터 시뮬레이션에서는 이것이 문제가 되지 않습니다. 그 이유는 당신이 방법론적으로 매개변수들을 바꿔가면서 상이한 결과들의 통계를 기록함으로써 시뮬레이션을 몇 번이고 되풀이할 수 있기 때문입니다. 사고 실험의 경우에는 도저히 그렇게 할 수가 없습니다. 그런데 이 점을 무시하더라도, 사고 실험으로 생성된 가설은 우리가 그것을 증거로 뒷받침할 수 있도록 궁극적으로 시험을 거쳐야 합니다. 라이프니츠는 선험적으로 관계적 공간에 관한 구상에 이르렀을 것이지만, 우리는 여전히 그것이 정말로 공간의 실제 본성인지 입증해야 합니다. 증거가 결코 결정적이지 않을 수도 있고 설득력 있는 동의를 이끌어내지 못할 수도 있습니다. 그런데도 저에게 그것은 필요 불가결한 것입니다. 저는 비슷한 논증 노선을 따라서 선험적 지식을 거부합니다. "모든 총각은 결혼하지 않은 남성이다"와 같은 선험적 분석 명제들은 입증할 필요 없이 참이지만, 이들 명제는 사소하거나 무의미합니다. 주지하다시피 칸트는 선험적 종합을 도입함으로써 이 상황을 교정하려고 시도했습니다. 문제는 선험적 종합에 대한 칸트의 세 가지 사례(유클리드 기하학, 아리스토텔레스 논리학, 그리고 뉴턴 물리학)가 모두 백 년 후에 (일단 그 밖의 많은 기하학, 논리학, 그리고 물리 이론이 도입되면) 후험적인 것으로 판명되었다는 것입니다. 하지만 그 모든 일에도 불구하고 후설은 계속해서 선험적 종합을 믿었으며, 심지어 이런 종류의 지식에 포함된 정확한 본질을 파악할 특별한 (형상적eidetic) 직관을 가정했습니다. 그런데 저는 모든 종류의 선험적인 것을 거부함으로써 철학자들 사이에서 그다지 인기가 없게 되었습니다. 사실상, 들뢰즈에 관한 저의 책을 비판하는 사람 중 다수는 제가 들뢰즈의 관념들을 옹호하기 위해 과학에 너무 많이 의존한다는 이유로 불평을 제기합니다.

하먼 저는 당신이 철학과 과학 사이의 차이가 무엇이라고 생각하는지에 관해 이야기를 더 듣고 싶습니다. 당신이 언급한 비판자들과 달리 저는 『강도의 과학과 잠재성의 철학』에 담긴 과학적 정취를 좋아했습니다. 그런데 당신은 정말로, 모든 철학이 이런 식으로 진전해야 한다고 생각하십니까?

데란다 저는 철학과 과학이 공생 관계를 맺고 있다고 생각합니다. 과학자들은 다양한 종류의 모형(수학 방정식들, 화학 공식들)을 만들어내는 데 능숙할 뿐만 아니라 실험실 현상을 산출하여 그 특성과 성향을 측정하기 위해 현실에의 인과적 개입을 수행하는 데에도 능숙합니다. 하지만 그들의 결과들을 엮어서 어떤 정합적인 존재론으로 만들어내는 것에 관해서라면 과학자들은 물리학을 모든 과학적 실천의 모범을 제공하는 것으로 간주하는 경향과 과도한 전문화로 인해 길을 잃게 됩니다. 인식론적 물음의 경우에도 그들은 부족함을 드러내는 경향이 있는데, 예컨대 과학이 서술적인지 아니면 설명적인지 결정할 수 없습니다. 최종 결과는 결국 다음과 같은 수사적 단언들에 기반을 둔 세계관이 물리학자들에게 남게 된다는 것입니다. "과학은 편향되지 않은 관찰을 통해서 영원하고 불변적인 법칙들을 발견하는 것이다." 반면에, 철학은 종합적 역할을 수행할 수 있습니다. 요컨대, 철학은 실재론적 존재론에 엄밀성을, 인식론에 명료성을 가져다주는데, 단지 물리학과 그것의 영원한 법칙들의 수사에 대한 철학자들의 오랜 심취는 제쳐두는 한에서 말입니다. 전문화된 과학자들과 달리 유물론 철학자들은 가능한 한 다양한 과학적 분야의 모든 인지적 생산물(개념들, 언표들, 문제들, 설명들, 분류들)을 고려하면서 어떤 정합적인 종합을 제시해야 합니다.

그런데 저의 철학과 과학, 특히 수학 사이에는 또 다른 접촉점이 있습니다. 앞서 저는 저의 존재론이 독특한 역사적 존재자들만 포함하고 있을 뿐이라고 말했습니다. 저는 이 존재자들을 가리키기 위해 '개별자'라는 용어를 사용하지만, 이 점을 명확히 할 필요가 있습니다. 오늘날 '개별자'라는 용어와 '개인'이라는 용어는 동의어로 사용되지만, '개별자'는 그 밖의 다양한 존재자를 한정하는 데에도 사용될 수 있습니다. 우리는 그것을 유기체에 대하여 사용하지만(개별적 식물과 동물), 또한 그것은 공동체, 조직체, 도시, 그리고 나라를 한정하는 데 사용될 수 있습니다. 모든 경우에 그것은 (현재 역사를 비롯하여) 자체의 역사에 의해 규정되는 하나의 존재자를 나타냅니다. 그런데 누군가는 이런 존재론이 개별적 존재자들 사이에 유사성이 존재하는 이유를 설명하지 않은 채로 남겨 둔다는 이의를 제기할 수 있습니다. 예를 들면, 개별적 수소 원자들은 왜 서로 유사한 한편, 헬륨 원자와는 다를까요? 이것은 단순히 역사에 의해 설명될 수 없고 어떤 역사적 과정들이 유사한 생산물들을 **규칙적으로** 산출하는 이유에 관한 설명으로 보완되어야 합니다. 여기서, 어느 과학철학자가 말하곤 했듯이, 규칙성에 대한 이유는 그런 과정들이 자연법칙을 따른다는 것입니다. 하지만 제가 알기에는 영원한 불변의 법칙을 존재론에 도입하는 것은 일반적 본질을 그것에 편입하는 것과 전적으로 동등합니다. 그렇다면 우리는 그 밖에 무엇을 할 수 있을까요?

레온하르트 오일러가 변분법(미분방정식에서 **특이점** 또는 특별한 점을 찾아내는 알고리즘)을 고안한 18세기 이후로 물리학자들은 고전 물리학으로 연구된 체계들이 어떤 특이점에 의해 규정되는 상태, 전형적으로, "물은 가장 낮은 곳을 찾는다"와 같은 표현들에서 그렇듯이, 어떤 특성의 **최솟값**에 의해 특징지어지는 상태에 있는 경향을 나타낸다는 것을 파악했습니다. (더 일반적으로, 모든 고전적 체계는 [한 점에서 다른 한 점으로 이동할 때] 운동 에너지와 퍼텐셜 에너지의 차이[의 시간 적분]이 최소가 되는 경로를 찾습니다.)[26] 고전 물리학으로 연구된 현상들에서 나타나는 규칙성은 최소 또는 최대 유형의 특이점의 현존에 의해 설명될 수 있습니다. 오일러 자신은 특이점이 원인의 설명적 가치를 보완하는 설명적 가치를 가진다고 간주했습니다. 요컨대 특이점은 개별적 존재자를 생산하는 과정의 장기적 경향을 설명하는 것입니다. 오일러는 이것을 물리적 현상을 설명하는 데 있어서 작용인과 목적인 둘 다를 사용할 필요성으로 표현했습니다. 오일러의 시대 이후로 다른 수학자들(예를 들면, 앙리 푸앵카레)은 최초의 특이점들보다 더 다양한 특이점들을 찾아내었지만, 그것들 역시 정상 상태(예를 들면, 항상성)에 있거나, 주기적으로 진동하거나(예를 들면, 물질대사 순환), 또는 더 복잡한 행동을 보여주려는 장기적 경향을 설명합니다. 그러므로 저의 존재론은 작용인뿐만 아니라 목적인도 포함합니다. 비록 목적인은 단지 절대적 필연성이 없는 국소적 목적론을 포함할 뿐이라고 여겨져야 하지만 말입니다. 어떤 특정한 과정은 도달할 수 있는 여러 가지의 특이점이 있을 수 있고, 따라서 현재 어느 특이점이 그 과정의 거동을 관장하

---

26. * 물리학에서 이것은 '최소 작용의 원리'(principle of least action)라고 일컬어지며, 여기서 운동 에너지(T)와 퍼텐셜 에너지(U)의 차이는 '라그랑지안'(Lagrangian, L)이라고 일컬어진다(L = T−U).

는지는 우연적 사실입니다. 반면에, 당신의 존재론은 작용인과 형상인을 포함합니다. 이 점에 관해 더 자세히 설명해 주시겠습니까?

하먼 우선 제가 형상인에 끌리는 이유는 물질의 현존에 대한 저의 의구심 때문입니다. 이 물질은 어디에 자리하고 있는 것으로 추정됩니까? 우리는 도대체 어디에서 형태(형상) 없는 물질(질료)을 찾아낼 수 있습니까? 그런 것은 전혀 없기에 우리는 형태에 주목해야 합니다. 『새로운 사회철학』에서 당신 자신이 언급하신 대로 회집체는 자신의 성분이 변화함에도 놀랍도록 탄탄하게 유지되며, 저는 더 일반적으로 형태의 경우에도 사정은 마찬가지라고 말할 것입니다. 누군가가 어떤 상황 또는 지적 문제의 '물질성'에 호소할 때마다 그것은 언제나 형태와 관련이 있는 것으로 판명됩니다. 일부 독자에게는 이것이 의아하게 들릴 것입니다. 왜냐하면 최근의 경향은 형태를 상황의 구체적 세부를 고려하지 못하는 추상적인 지적 모형과 연계하는 것이었기 때문입니다. 그런데 제가 사용하는 '형태'의 용법은 조직적이고 구조를 갖추고 있으며 직접 인식될 수 없는 중세의 실체적 형상에 준거를 두고 있습니다.

물론 그런 실체적 형상은 데카르트에 의해 근절되었습니다. 왜냐하면 데카르트는 물리적 실재를 오로지 위치와 움직임 같은 감지할 수 있는 특성들에 의거하여 다루기를 원했기 때문입니다. 그런데 이들 실체적 형상은 사물의 배경 조건이 사물의 명시적으로 가시적인 내용보다 더 중요하다고 간주하는 그 이후 사상가들의 작업에서 새롭게 부활하게 됩니다. 하이데거가 명백한 일례이며, 마셜 매클루언의 매체 이론이 또 다른 일례일 것입니다.[27]

또다시 저는 물질 개념의 결함을 언급하겠습니다. 이 개념에는 실제적 사물과 가상적 사물 사이의 차이에 대한 허약한 설명으로서의 용도 외에 어떤 효용이 있습니까? 본질과 현존 사이의 차이에 필적하는 이런 차이가 사전에 구상된 본질을 현존에 부여하는 창조주로서의 신이라는 관념에 신학적 기원을 두고 있다는 사실은 잘 알려져 있습니다. 제가 생각하기에, 칸트의 사례를 사용하면, 100개의 실제적 왕관과 100개의 가상적 왕관의 **형태들** 사이에 어떤 차이가 있다고 가정하는 것이 더 나은 접근법일 것입니다.

데란다 글쎄요. 저기에 형태 없이 존재하는 물질은 전혀 없다는 당신의 견해가 어쩌면 옳을지도 모르지만, 정반대의 주

---

[27]. Marshall McLuhan and Eric McLuhan, *Laws of Media*; Graham Harman, "The Revenge of the Surface."

장 역시 참입니다. 우리는 어디에서 물질 없는 형태를 찾아낼 수 있습니까? 저는 일단 우리가 물리적 정보(즉, 의미론적 내용이 없는 패턴)를 유물론에 도입하면 이 문제가 사라지리라 믿고 있습니다. 그런데 한 특정한 물질 조각이 어떤 형태를 취하게 되는지는 우연적인 문제입니다. 예를 들면, 오늘날 우리가 이해하는 대로의 원자는 어떤 기하학적 특성도 없는 파동 같은 존재자입니다. 물론 파동은 형태가 있지만, 이 형태는 빛, 전자기, 그리고 전통적으로 비물질적이거나 또는 최소한 무형의 것으로 여겨진 다른 현상들과 공유됩니다. 반면에, 두 개의 원자가 하나의 분자를 형성할 때는 기하학적 형태(결합들 사이의 각도, 결합들의 길이)가 창발합니다. 비록 분자는 여전히 격렬히 진동하고 공-막대 모형ball-and-stick model을 닮지 않았지만 말입니다. 정반대의 방향으로 나아가면, 매우 고온에서 기체는 플라스마가 되고, 그리하여 그 원자들은 정체성을 상실하여 거의 형태 없는 물질이 됩니다. 요컨대, (물리적 정보에 의해 규정되는) 형태는 언제나 존재할 수 있지만 이 형태가 얼마나 잘 규정되는지를 선험적으로 알 수는 없습니다.

관련된 한 가지 논점을 덧붙이겠습니다. 제가 가정하는 목적인(예를 들면, 경향을 규정하는 특이점)은 어떤 특정한 형태를 안정화함으로써 작용합니다. 특이점은 특정한 조건에서 '선호되는' 상태에 해당하기 때문에 객체가 소음과 변동에 시달릴 때도 자리하고자 하는 경향이 있을 상태를 규정합니다. 그러므로 식탁용 소금의 결정이 입방체의 형태를 취하는 이유는 이것이 그 특정한 성분들(나트륨, 염소)의 결합 에너지를 최소화하는 형태이기 때문입니다. (소금 결정이 생성될 때마다) 입방체가 창발하여 시간이 지나도 유지됩니다. 왜냐하면 그 특이점은 가장 안정한 상태를 표상하기 때문입니다. 저의 견해처럼 모든 객체가 역사적이라고 간주하는 견해에서는 안정성과 내구성이 핵심입니다. 많은 안정적인 객체가 생성된 다음에 빠르게 사라질 수 있고, 따라서 지속하는 정체성의 결여로 인해 그것들은 인간에게 보이지 않게 될 뿐만 아니라 그 밖의 객체들에도, 적어도 상호작용을 완결하는 데 얼마간의 시간 — 객체의 불안정성으로 인해 충족되지 못하는 필수 지속 시간 — 이 필요한 그런 객체들에도 '보이지 않'게 됩니다. 이런 식으로 저에게는 목적인이 형태의 생성에 어떻게 관계하는지에 관한 설명이 있습니다. 이제 당신께 여쭙겠습니다. 형상인은 물질에 형태를 부여하기 위해 어떻게 작용한다고 추정됩니까? 형태 없는 물질은 전혀 없기에 형상인의 작용은 처음부터 존재했음이 틀림없습니다. 그런데 정확히 어떻게 작용합니까?

하먼 제가 이 물음에 답변할 때의 문제점은, 저는 형태 없는 물질에 관한 어떤 개념도 수용하지 않고 오히려 물질 없는 형태를 수용한다는 것입니다. 한 가지 분명한 사례는 명확한 형태를 갖추고 있지만 결코 물질로 이루어져 있지 않은 존재자들로 가득 차 있는 소설 작품입니다. 물론 소설이 인쇄되는 종이는 물질로 이루어져 있다거나, 또는 작가의 뇌는 물질로 이루어져 있다고 이의를 제기하는 사람이 언제나 있을 수 있습니다. 그런데 이런 이의에 대한 저의 첫 번째 응답은 우리는 소설의 성분들이나 인과적 선행자들에 관해 이야기하고 있는 것이 아니라 소설 자체에 관해 이야기하고 있다는 언명일 것입니다. 그리고 소설 자체는 하나의 비물질적 형태임이 분명합니다. 저의 두 번째 응답은 다음과 같을 것입니다. 우리가 소설의 기체基體들을 살펴보기로 동의하더라도 물질은 이들 기체 속 어디에 있습니까? 종이는 그저 소크라테스 이전 철학자들의 아페이론apeiron이나 무정형의 덩어리에 불과하지 않고 오히려 명확한 형태적 구조를 갖추고 있습니다. 그리고 종이 속 분자들과 원자들의 경우에도, 또한 작가의 뇌의 경우에도 사정은 마찬가지입니다.

데란다 소설의 경우에 저는 종이가 그 물질적 기체라고 간주하지 않을 것이라는 의견을 곧바로 말씀드리겠습니다. 등장인물들은 그 위의 다양한 창발의 층위에서 현존합니다. 이런 특별한 사례에서 해야만 하는 일은 먼저 물질적 기체가 우리의 혀와 입천장으로 형성된 공기의 맥동이거나 물리적 기입인 언어에 관한 유물론적 이론을 제시하는 것입니다. (어떤 비언어적 실천들과 더불어 이미 지시를 나타낼 수 있는) 이런 기본적 층위 위에 또 하나의 층위가, 의미론적 내용의 층위가 (재조합할 수 없는) 단순한 단일체적 낱말들의 점진적인 분화를 통해서 전개됩니다. 이 층위 위에 (분화된 낱말들을 재조합할 수 있게 됨에 따라) 구문론의 층위가 창발합니다. 저는 『철학과 시뮬레이션』의 한 장에서 이것을 꽤 자세히 설명했습니다.[28] 일단 이런 창발적 층위들이 정립되면, 우리는 그것들을 사용하여 또 다른 층위를, (서사적 관행뿐만 아니라) 구문론과 의미론을 사용하여 규정되는 정체성을 갖춘 등장인물들이 등장하는 실화 또는 소설 같은 이야기의 층위를 창출할 수 있습니다.

하면 좋습니다. 그런데 어느 지점에서 물질이라고 일컬어지는 것에 이르게 됩니까? 저는 그것을 우리가 현재 고찰하고 있는 형태 아래 우연히 자리하고 있는 형태를 상대적으로 가리키는 용어에 지나지 않는 것으로 간주합니다. 방금 당신은 다소 잘 규정된 형태들의 학문에서 비롯된 몇 가지 탁월한 사례

---

28. Manuel DeLanda, *Philosophy and Simulation*.

를 제시했습니다만, 제가 보기에는 그다지 잘 규정되지 않은 형태들도 여전히 형태를 갖추고 있습니다. 예컨대 당신은 이렇게 진술했습니다. "매우 고온에서 기체는 플라스마가 되고, 그리하여 그 원자들은 정체성을 상실하여 거의 형태 없는 물질이 됩니다." 왜 "전적으로 형태 없는 물질"이 아니라 "거의 형태 없는 물질"입니까? 저는 그 이유가 당신이 형태 없는 물질 같은 것은 전혀 없다는 저의 의견에 이미 동의하지만 더 안정적인 형태와 덜 안정적인 형태뿐만 아니라 더 조직적인 형태와 덜 조직적인 형태를 구분할 수 있는 것에 여전히 관심이 있기 때문이라고 생각합니다. 저는 모든 형태가 동등하게 조직적이거나 안정적인 것은 아니라는 당신의 의견에 동의할 것이고, 따라서 단지 어느 정도의 형태가 언제나 존재해야 한다고 주장할 것입니다. 그런데 다음과 같은 질문을 드리겠습니다. 당신은 도대체 왜 '물질적'이라는 용어와 '유물론자'라는 용어를 유지할 필요성을 느끼십니까? 저는 그 이유가 물질성이, 당신이 앞서 제시한 천당과 지옥의 사례에서 그랬듯이, 실재적인 것에 대한 당신의 궁극적인 원리이기 때문이 아닐까 추측합니다. 당신은 천당과 지옥이 물질 없는 형태(즉, 현존하지 않는다)라고 말하기를 원하지만, 또한 당신은, 예를 들면, 석탄 광산은 물질에 새겨진 형태(즉, 현존한다)라고 말하기를 원합니다. 그런데 모든 실재적 사물과 비실재적 사물은 형태를 갖추고 있다고 말하는 것은 올바를지라도, 저는 왜 우리가 실재적 사물은 물질을 갖추고 있고 비실재적 사물은 물질을 갖추고 있지 않다고 말해야 하는지 모르겠습니다. 왜냐하면 저는 이런 물질이 무엇이어야 하는지 여전히 확신하지 못하기 때문입니다.

데란다 당신은 이렇게 물었습니다. "어느 지점에서 물질이라고 일컬어지는 것에 이르게 됩니까?" 문제는, 물질임은 물리적 규모에 객관적으로 의존하기에 이 물음에 대한 직접적인 해답이 존재하지 않는다는 것입니다. 세계는 마음-독립적일 수 있지만 **규모-독립적**이지는 않습니다. 잘 규정된 지리적 경계를 갖춘 어느 호수를 예로 듭시다. 그런데 이 호수에 서식하는 두 가지 상이한 규모의 유기체들에는 전적으로 다른 실재가 **현시될** 수 있습니다. 물의 점성과 관련하여 무시할 만한 무게를 지닌 작은 박테리아에는 그것이 자신의 모터(편모)를 갖추고 있기만 한다면 돌아다닐 수 있게 하는 매질이 현시될 것입니다. 반면에, 큰 물고기는 자신의 훨씬 더 큰 무게를 이리저리 던질 수 있고, 따라서 추진과 활주 조작을 사용하여 헤엄칠 수 있습니다. 이것을 더 주관적인 견지에서 서술하면 다음과 같습니다. 동일한 객체, 호수가 한 유기체에는 점성이 대단히 높은 것처럼 나타날 것이고 다른 한 유기체에는 점성이 그다지 높지 않은 것처럼 나타날 것입니다. 덜 주관적으로 서술하면, 동일한 호수가 상이한 규모의 유기체들에 상이한 이동 기회를 제공할 것입니다. 이로부터 얻게 되는 교훈은, 일단 당신이 관찰자를 신체화하여 어떤 상황에 처하게 하면 그에게 어떤 규모를 부여하게 된다는 것과 그리하여 그에게 실재가 객관적으로 어떻게 현시될지를 부분적으로 결정한다는 것입니다.

이제 당신의 질문을 다시 살펴봅시다. 인간의 규모에서 물질은 어떤 유리병에 담긴 황산 같은 화학물질들의 거시-양들에 의해 예화됩니다. 이것은 부싯돌에서 청동에 이르기까지, 그리고 나트륨염에서 칼륨염에 이르기까지 인간이 수천 년 동안 상호작용한 '물질'입니다. 저는 창발적 특성의 환원 불가능성을 믿고 있습니다. 그렇기 때문에 저는 우리가 원자와 분자에 관해 알게 된 후에 이들 거시-물질은 한낱 외양에 불과한 것이 되어버렸다고 생각하지 않습니다. 이들 거시-물질의 인과적 역능은 그것들을 구성하는 원자들이나 분자들의 인과적 역능과 상이합니다. 단일한 황산 분자는 화상을 입히지 못합니다. 황산 분자의 거대한 개체군은 화상을 입힙니다. 그러므로 물질은 "우리가 현재 고찰하고 있는 형태 아래 우연히 자리하고 있는 형태"를 가리키지 않습니다.

그리하여, 당신의 표현을 사용하면, 나의 "실재적인 것에 관한 원리"는 작용적 인과율이라는 점이 당연히 도출됩니다. 저에게 이 유리병에 담긴 황산이 (어떤 별개 유형의 물질적 객체로서) 현존하는 이유는 제가 지각하는 형태(또는 심지어 다양한 각도에서 그 유리병을 바라봄으로써 제가 추출하는 형태)에서 기인하는 것이 아니라 오히려 화상을 입힐 수 있는 그 산의 인과적 역능에 대한 경험(실제적이든 가상적이든 간에)에서 기인합니다. 그런데 누군가가 물질의 존재를 믿지 않는다면 인과적 관계를 맺는 존재자들은 정확히 무엇입니까? 물질적 기체 없는 형태에 인과적 역능을 귀속시킬 수 있을까요? 그리고 과학자들이 물질적 및 에너지적 체계들에 귀속시키는 모든 특성과 성향의 경우는 어떨까요? 온도나 압력은 형태의 특성입니까? 또는 과학에서 사용되는 모든 특성이 우리의 존재론에 부합하지 않는다는 이유로 우리는 기꺼이 그것들을 단적으로 일축할 것입니까?

그래서 요컨대, 저는 특이점들에 의해 표상되는 그런 종류의 국소적 목적인들을 비롯하여 패턴을 갖춘 물질-에너지에 내재적인 존재자들의 존재를 믿을 따름이며, 그것을 초월하는 어떤 것의 존재도 믿지 않습니다. ('초월적'이란 용어와 '내재적'이라는 용어는 존재론에 의존하기에 주의 깊게 사용되어야 합니다. 관념론자의 경우에 '내재적'이라는 용어는 주관적 경험을 넘어서지 않는다는 것을 뜻하는 한편, '초월적'이라는 용어는 그것을 넘어서는 것을 뜻합니다.) 그런데 창발이라는 개념 덕분에 오로지 물질-에너지에 전념하는 것은 물질-에너지가 지탱할 수 있는 다양한 형태를 제약하지 않으며, 그리고 이들 형태의 규칙성은 오직 작용인과 목적인(특이점)만을 사용함으로써 내재적으로 설명될 수 있습니다. 당신이 옹호하는 형상인은 어떻게 작동합니까? 형상인은 어떤 방식으로 물질에 형태를 부여합니까?

하먼 제 답변은 이렇습니다. 저는 형상인이 물질에 형태를 부여한다고 생각하지 않습니다. 왜냐하면 저는 물질이 현존한다고 생각하지 않기 때문입니다. 오로지 형태가 현존할 뿐입니다. 그런데 저에게 형태는 두 가지 변양태로, 실재적인 것(독자적으로 현존하는 것)과 감각적인 것(그것과 마주치는 어떤 실재적 존재자의 상관물로서만 현존할 뿐인 것)으로 현존합니다.

그래서 저는 어떤 두 개의 실재적 사물도 그것들의 상호 물러섬으로 인해 직접 접촉할 수 없다는 점을 참작하여 그 문제를 형태가 물질을 형성하는 방식에 관한 것이 아니라 오히려 한 실재적 형태가 다른 한 실재적 형태에 영향을 미칠 수 있는 방식에 관한 것으로 다시 서술할 것입니다. 그리고 OOO(객체지향 존재론의 일반적인 약어로, '트리플 오'로 발음됩니다)의 해법은 그것들(즉, 실재적 사물들)이 단지 그것들 사이의 매개자인 어떤 감각적 형태를 통해서 간접적으로 접촉할 뿐이라는 것입니다. 마찬가지의 취지로, 두 개의 감각적 형태 역시 직접 접촉할 수 없기에 그것들의 매개자로서 어떤 실재적 형태를 필요로 합니다. 한 가지 훌륭한 비유는 자석들일 것인데, 여기서 동일한 종류의 두 극은 밀치는 반면에 정반대 종류의 두 극은 즉시 달라붙습니다.

데란다 알겠습니다만, 형상인의 작동에 대한 당신의 해법(두 개의 실재적 형태를 매개하는 어떤 감각적 형태)은 훨씬 더 다듬어져야 합니다. 왜냐하면 '감각적 형태'에 관한 어떤 이해에 따르면 이것은 인과적으로 상호작용하는 두 개의 실재적 형태를 매개하는 데 인간에 의해 지각된 형태가 필요하다는 점을 함축하는 것처럼 보일 것이고, 그리하여 당신의 견해는 관념론으로 환원될 것이기 때문입니다. 그러므로 '감각적 형태'라는 용어는 우리 인간이 지각하는 것을 가리킬 뿐만 아니라 그 밖의 모든 비인간 존재자들이 서로에 대하여 '지각할' 수 있는 것도 가리켜야 합니다. 이것은 '감각적 형태'라는 용어가 무엇을 가리키는지에 대한 매우 특이한 구상 방식이기에 충분한 배경이 소개될 때까지 논의를 연기합시다.

하먼 당신은 제대로 이해하고 있습니다. 저는 관념론자가 아니고 오히려 비인간 존재자들 역시 상호작용함에 있어서 감각적 형태에 의해 매개된다고 주장합니다. 그것은 본체적인 것에 관한 칸트의 학설과 비교될 수 있습니다. (칸트가 그랬듯이) 본체적인 것을 인간의 유한성에서 비롯된 슬픈 부산물에 한정하지 않은 채로 말입니다. 어떤 두 개의 실재적 객체 사이에도, 어떤 두 개의 감각적 객체 사이에도 직접적인 접촉은 전혀 가능하지 않습니다.

데란다 신유물론과 OOO 사이의 차이점을 계속해서 도출하기 전에 우리가 공유하고 있는 것, 즉 반실재론을 거부하는 공통된 입장을 집중적으로 논의해 봅시다.

2부

실재론과 반실재론

데란다 몇 년 전에 당신은 리 브레이버가 2007년에 출간한 책 『이 세계라는 것 : 대륙적 반실재론의 역사』에 대한 비판적 서평을 발표했습니다.[1] 실재론 철학자로서 당신은 그 책의 내용에 대한 명백한 이견을 표명했지만, 또한 당신은 그 책이 학술서이고, 철저히 연구되었으며, 반실재론적 입장을 소수의 테제로 요약해냄으로써 그 문제에 대한 실재론적 평가와 그것에 대한 적절한 반응을 촉발한다는 이유로 실재론자에게 도움이 된다고 간주했습니다.

하먼 그것은 철두철미하게 쓰여진 책으로, 주류 대륙 사상의 반실재론에 대하여 신선할 정도로 솔직합니다. 그 이유는 특히 (앞서 말씀드렸듯이) 대다수 대륙 사상가가 실재론에 관한 쟁점을 그냥 회피하면서 그것을 "사이비 문제"라고 일컫기 때문입니다. 그 책은 칸트로 시작하여 헤겔, 니체, 초기 하이데거와 후기 하이데거(비록 저는 브레이버처럼 그 두 시기를 분별하지 않을 것이지만 말입니다)를 비롯하여 수많은 핵심 인물을 거쳐 푸코와 데리다에게까지 이릅니다. 브레이버의 데리다를 살펴본 다음에는 우리가 어떻게 더 앞으로 나아갈 수 있을지 알기 어렵습니다. 왜냐하면 브레이버가 데리다를 대단히

---

1. Graham Harman, "A Festival of Anti-Realism."

철저한 반실재론적 성취를 이룬 인물로 찬양하기에 그를 뛰어넘기는 어려울 것이기 때문입니다. 그리고 그것이 브레이버의 책과 관련된 주요 문제입니다. 브레이버는 대륙철학에서의 진보적인 움직임을 꽤 직접적인 점진적 과정으로 간주합니다. 요컨대, 그는 그 움직임을 선행자들에게서 원죄를 조금 더 씻어낸 다음에 더 젊고 더 급진적인 반실재론적 후계자들에게 자리를 내어주는 과정으로 간주합니다. 당연히 당신도 저도 그런 과정을 받아들이지 않을 것입니다.

그런데 저는 브레이버의 서사가 표방하는 정신 - 그 이후로 그가 완화하고자 노력한 정신[2] - 에는 동의하지 않지만 그 책의 기술적 장치는 좋아합니다. 이것은 누군가가 옹호할 실재론 및 반실재론 신조들의 다양한 변양태에 관한 브레이버의 인식에서 비롯됩니다. 그는 이것들을 여섯 개의 쌍으로 나열합니다. 그는 실재론적 테제들에 대해서는 R1에서 R6까지 간략히 표기하고 반실재론적 테제들에 대해서는 A1에서 A6까지 간략히 표기합니다. 그것들은 대략 다음과 같습니다.

R1/A1   세계는 마음에 의존하지 않는다/의존한다.
R2/A2   진리는 대응이다/대응이 아니다.

---

2. Lee Braver, "On Not Settling the Issue of Realism."

R3/A3   세계가 어떠한지에 관한 하나의 참된 완전한 서술이 존재한다/존재하지 않는다.

R4/A4   모든 언표는 반드시 참 아니면 거짓이다/반드시 그런 것은 아니다.

R5/A5   지식은 그것이 알고 있는 것에 대하여 수동적이다/수동적이지 않다.

R6/A6   인간 주체는 어떤 고정된 특질을 지니고 있다/있지 않다.

데란다 저는 반실재론의 역사를 소수의 잘 규정된 테제로 요약하는 것이 우리에게 소중한 편익을 제공한다는 당신의 의견에 동의합니다. 요컨대 그것은 우리의 실재론적 공격의 목표를 분명히 할 뿐만 아니라 낡은 형태들의 소박한 실재론이 지닌 문제점도 요약합니다. 그런데 그 주제를 살펴보기 전에, 또한 당신은 반실재론 자체의 역사에 대하여, 특히 하이데거의 입장에 대하여 브레이버와 다른 견해를 제시했습니다. 당신은 브레이버의 단점이 일곱 번째 테제/안티테제를 무시하는 것으로 요약된다고 주장했습니다.

R7/A7   철학의 경우에 인간 주체가 세계와 맺은 관계는 특권적인 관계가 아니다/관계이다.

하면 맞습니다. 저에게 이것이 떠오른 이유는 실재론에 대한 칸트의 불분명한 입장 때문이었습니다. 칸트는 언제나 '초험적 관념론자'로 일컬어지지만, 우리가 물자체라는 그의 개념을 진지하게 여기면 그는 일종의 실재론자입니다. 물자체는 마음의 외부에 현존할 뿐만 아니라 또한 마음과 완전히 통약 불가능할 정도로 마음의 외부에 현존합니다. 그런데도 칸트는 관념론자처럼 느껴짐이 확실합니다. 왜 그럴까요? 저는 그것이 칸트 철학의 두 번째 주요한 양태, 즉 사유-세계 관계가 그 밖의 모든 관계의 근거라는 사실 때문이라고 생각합니다. 칸트의 세계에서 우리는, 예컨대, 충돌하는 두 개의 당구공을 논의할 수 없고 오히려 충돌하는 두 개의 당구공에 대한 인간의 경험만을 논의할 수 있을 뿐입니다. 칸트의 경우에 인간의 경험은 언제나 시간, 공간, 그리고 오성의 열두 가지 범주에 의해 매개됩니다.

마음의 외부에 있는 세계에 관한 R1 실재론자이면서도 동시에 인간을 포함하지 않는 어떤 관계도 논의할 수 없다고 간주하는 A7 반실재론자가 되는 것은 전적으로 가능합니다. 저는 이미 칸트를 이런 식으로 묘사했습니다만, 더 최근의 철학자들 사이에서는 하이데거가 분명한 사례입니다. 하이데거는 존재^{Sein}와 현존재^{Dasein}가 언제나 짝을 이루어 나타나는 A7 사상가임이 명백합니다. 그런데 저는 (상당한 반대에 직면하더라도) 하이데거 역시 존재가 언제나 인간 사유의 외부에 있는 R1 실재론자라고 주장할 것입니다. 비록 하이데거에게 존재는 오직 그 사유의 상관물로서 부분적으로 현시될 뿐이지만 말입니다.

그 반대의 조합 역시 가능합니다. 누군가는 외부 세계에 관한 A1 반실재론자이면서도 동시에 모든 인간 및 비인간 관계의 존재론적 평등에 관한 R7 실재론자가 될 수 있습니다. 여기서는 니체가 필시 최고의 사례일 것입니다. 그는 대단한 관점주의자perspectivist이기에 그를 소박한 실재론자라고 일컫기는 분명히 어려울 것입니다. 그런데 또한 니체의 '힘에의 의지'는 단지 인간에게만 적용되지 않고 오히려 현존하는 모든 것에 절대적으로 적용되는 신조임이 분명합니다. 돌 또는 새의 힘에의 의지는 훨씬 더 미약할지라도 우리 자신의 힘에의 의지와 존재론적으로 동등합니다.

데란다 당신은 이 이야기 속 모든 철학자가 여섯 가지 R 테제의 한 가지 이상의 변양태를 승인한다는 점을 참작하면 그들의 모든 작업을 꿰어서 엮는 유일한 실질적인 실은 A7이고, 그리하여 그들의 초점은 결코 본체와 본체 사이의 간극이 아니라 언제나 현상과 본체 사이의 간극에 집중된다는 결론을 내립니다. 저는 이것이 매우 중요한 주장이라고, 특히 인과율과 관련하여 매우 중요한 주장이라고 생각합니다. 여기서 존재론적 평등은 원인과 그 결과에 관한 매우 특정한 구상을 요구합니다. 칸트의 경우에, 인과율은 오성의 개념적 조건이었습니다. 흄의 경우에, 앞서 제가 말씀드린 대로, 인과율은 두 사건(예를 들면, "두 개의 당구공 사이의 충돌" 사건과 "당구공의 운동 상태의 변화" 사건) 사이에서 관측된 일정한 연접이었습니다. 많은 실재론자의 경우에, 인과율은 한 사건에 의한 다른 한 사건의 객관적 산출입니다. 충돌은 운동 상태의 변화를 산출하는데, 그것을 이해하거나 관찰하는 인간이 존재하든 그렇지 않든 간에 말입니다. A7은 관계들 사이의 일반적인 비대칭성을 표현하지만, 저는 그것의 중요성이 원인과 그 결과 사이 관계의 경우에 특히 분명하다고 생각합니다. 또한, 관계의 존재론적 지위에 관한 물음은 실재론적 입장과 반실재론적 입장 사이의 중요한 차이점들을 제기합니다. 이것들은 우리가 또 다른 한 쌍의 테제와 안티테제를 덧붙이면 논의에 편입될 수 있습니다.

R8/A8 세계는 그 속에서 모든 것이 밀접하게 관련되어 있는 전체론적 존재자가 아니다/존재자이다.

희유^{稀有}한 현대 대륙적 실재론자의 일례인 들뢰즈는 다음과 같은 견지에서 A8을 거부합니다. 그는 내부성의 관계와 외부성의 관계를 구분하는데, 내부성의 관계들은 어떤 관계항의 바로 그 정체성을 구성하는 한편으로 외부성의 관계들은 그 관계항들이 자율성을 유지하면서도 그것들의 관계가 독자적인 특성을 갖출 수 있는 상황을 가리킵니다. 저는 이런 구분이 무언가 공간적인 것(내부/외부)을 가리킨다고 혼동할 위험을 피하고자 그 구분을 본질적/비본질적이라는 용어들로 지칭하고 싶습니다만, 우리는 전통적인 용어들을 고수할 수 있을 것입니다. 그런데 A8을 수용하는 것 ― 즉, 주체들과 객체들이 하나의 매끈한 전체를 형성함을 수용하는 것 ― 은 반실재론에서 중요한 역할을 수행함이 분명합니다. 그 서평에서 당신은 이것에 관한 몇 가지 사례를 언급합니다. 하이데거가 R1의 마음-독립성을 상호 의존성으로 변환한 사태, 그리하여 존재와 인간이 오직 상관적으로 현존할 뿐이기에 A7을 유지하는 사태를 언급합니다.

이런 점에서 저는 당신이 '관계주의'라는 낱말을 반실재론을 함축하는 것으로 사용하는 용법이 약간 혼란스럽다고 느낍니다. 이것은 우리가 자신이 관계하는 것이 지닌 본연의 정체성을 결정하는 본질적 관계를 수용한다면 참일 것이지만, 우리가 단지 비본질적 관계를 수용할 뿐이라면 참이 아닐 것입니다. 그래서 우리는 관계가 비본질적인지 또는 본질적인지 특정하지 않은 채로 '관계적'이라는 낱말과 '비非관계적'이라는 낱말을 사용할 때 주의해야 합니다.

하면 '관계주의'를 언급할 때 저는 한 존재자의 관계들이 그것의 구성에 본질적이라고 간주하는 모든 철학을 가리키고 있습니다. 일례는 화이트헤드인데[3], 그는 무엇이든 어떤 현실적 존재자를 이해하려면 그것을 그것의 파악들(관계들)로 분석해야 한다고 말합니다. 또 다른 일례는 라투르인데[4], 그는 행위자가 무엇이든 그것이 변형하거나 수정하거나 교란하거나 생성하는 것에 지나지 않는다고 말합니다. 그리고 또 다른 일례는 버라드인데, 그는 관계항들이 그것들의 관계들에 선행하지 않는다고 말합니다. 이것들은 모두 극단적인 존재론적 입장이며, 그것들이 모두 나름의 장점을 갖추고 있더라고 옹호될 수 없는 것들입니다. 사람들은 언제나 내가 그런 입장들을 과장하고 있다고 주장합니다. 결국 화이트헤드, 라투르, 그리고 버라드는 제가 주장하듯이 한쪽으로 치우칠 만큼 어리석을 수는 없다면서 말입니다. 그런데 이런 이의는 철학자와 그의 철학을 혼동하는 것입니다. 관건은 화이트헤드가 ('주체적 지향'

---

3. Alfred North Whitehead, *Process and Reality*. [알프레드 노스 화이트헤드, 『과정과 실재』.]
4. Bruno Latour, *Pandora's Hope*, 122. [브뤼노 라투르, 『판도라의 희망』.]

이라는 그의 개념의 경우에서처럼) 전면적인 관계주의의 결과를 회피해야 한다는 점을 깨달았는지에 관한 의문이 아닙니다. 문제는 화이트헤드, 라투르, 또는 버라드가 모든 것을 조화시키는 작업을 수행하려고 **시도했는지** 여부가 아니라(모든 철학자는 모든 가능한 극단적인 입장의 조화로운 종합을 달성했다고 주장합니다), 오히려 그들이 성공했는지 여부입니다. 비본질적 관계에 대하여 말씀드리자면, 물론 그것들은 생겨나지만, 저에게 그것들은 그 관계항들에 속하지 않습니다. 오히려 그것들은 하나의 새로운 객체로 여겨지는 관계에 속합니다.

데란다 솔직히 말씀드려서 저는 화이트헤드의 작업에 대해서는 당신만큼 잘 알지 못하지만, 라투르의 경우에는 과학, 기술, 그리고 사회가 하나의 매끈한 전체를 형성한다는 관념이 그의 반실재론적 방법론에 중대한 것처럼 보입니다. 그런데 저는 테제와 안티테제의 또 다른 한 쌍을 덧붙이고 싶습니다.

R9/A9 주관적 경험은 언어적으로 구성되지 않는다/구성된다.

브레이버에 대한 서평에서 당신은, 실재론적 내용(역사적인 개념적 틀들의 실재)을 제거하는 최근의 시도에서 데리다의 조치는 우리의 경험이 언어적으로 매개되기에 어떤 지시대상이 텍스트의 외부에 현존함을 부인하는 것이었다고 특별히 언급했습니다. 이것은 A9를 승인함이 분명합니다. 더 일반적으로, 우리가 언어가 연속적인 체험을 분절하여 각각의 단편에 의미를 부여한다고 믿는다면, 언어와 세계 사이의 연계 관계가 임의적이고 문화마다 다르다는 주지의 사실을 고려할 때, 각각의 문화는 독자적인 세계 속에서 살아간다는 것과 우리가 모두 공유하는 하나의 실재적 세계는 존재하지 않는다는 것이 당연히 도출됩니다. 이것에 관한 저의 견해는 다음과 같습니다.

의식적 경험은 사실상 어떤 주체에 대하여 유의미함이 틀림없습니다. 그런데 '유의미한'이라는 낱말은 '유의미한 언표'와 '유의미한 삶'이라는 구절로 예시되듯이 두 가지 상이한 의미가 있습니다. 첫 번째 경우에는 의미작용(의미론적 내용)이 다루어지고 두 번째 경우에는 의의(적절성, 중요성)가 다루어지고 있습니다. 의미작용이 없는 것은 무의미합니다. 의의가 없는 것은 사소합니다. 저는 비인간 동물의 주관적 경험도 포함하여 주관적 경험이 의의를 지니고 있음이 틀림없다고 믿고 있으며, 환경이 제공하는 기회와 위험의 중요성이 동물에 의해 파악되어야 한다고도 믿고 있습니다. 그리고 동물에 차이를 만들어내는 것은 하나의 형상figure으로 부각되어야 하는 반면에 그 나머지 부분은 사소한 것으로서 배경으로 밀쳐져야 한다고도 믿고 있습니다. 그러므로 동물 경험이 유의미한 이유는 그것이

의미작용을 갖추고 있기 때문이 아니라 그것의 내용이 지닌 의의 (또는 의의의 결여) 때문입니다. 이것에 관한 당신의 견해는 어떠합니까?

하먼 의미작용과 의의 사이의 구분은 R9/A9 쌍과 마찬가지로 좋은 구분인 것처럼 보입니다. 이와 관련해서 말씀드리자면, 시간이 감에 따라 저는 데리다를 하이데거주의자라기보다는 오히려 후설주의자로 간주하게 됩니다. 하이데거의 경우에 객체-객체 관계의 역할은 전혀 없는 채로 A7 존재/현존재 관계가 철학의 중심에 자리하고 있는 것은 사실입니다. 그런데 하이데거의 경우에도 칸트의 경우와 마찬가지로 R1 마음-독립적인 실재가 존재합니다. 하이데거에게 존재는 언제나 표상으로부터 물러서 있는 것입니다. 적어도 잠재적으로나마 어떤 심적 행위의 상관물이 아닐 물자체에 관해 사유하는 것을 터무니없는 일이라고 일컫는 후설의 경우와는 사정이 다릅니다. 『그라마톨로지』에서 하이데거에 관하여 정말로 오도된 몇 가지 주장을 제기하는 데리다를 떠올려 보십시오. 예컨대 그 책에서 그는 하이데거의 경우에는 존재가 인간에 대한 그것의 특정한 역사적 표현들의 외부에 존재하지 않는다는 주장을 제기합니다.[5] 이것은 하이데거 철학의 일부가 아니라 한낱 데리다 자신의 소망에 불과합니다. 즉자in-itself를 경멸한다는 점에서 데리다는 하이데거보다 후설주의적 현상학에 훨씬 더 가깝습니다.

데란다 후설이 인간에 대한 관계의 외부에 있는 본체에 관해 사유하는 것은 터무니없는 일이라고 생각할 때, 이것은 단적으로 A8에 대한 옹호의 표현이 아니겠습니까? 인식하는 주체와 인식되는 객체 사이의 관계가 내부성의 관계라면, 주체와 객체 둘 다가 그것들의 관계에 의해 구성된다면, 그것들은 그것의 '양상들'만이 식별될 수 있을 뿐인 하나의 매끈한 전체로 융합된다는 점이 당연히 도출됩니다. 이것이 올바르다면 A8은 반실재론의 핵심에 자리하고 있으며, 그리하여 철학자들은 존재론적 의문과 인식론적 의문을 융합할 수밖에 없게 됩니다. 반면에, R8을 승인함으로써 우리는 주체와 객체를 계속해서 분리할 수 있게 됩니다. 비록 우리는 여전히 주체의 인식할 수 있는 역량과 객체의 인식될 수 있는 역량을 설명해야 하지만 말입니다.

하먼 후설이 하이데거가 행하지 않는 방식으로 객체를 의식에 의존하게 하는 것은 사실임이 확실하고, 그런 의미에서

---

5. Jaques Derrida, *Of Grammatology*, 22. [자크 데리다, 『그라마톨로지』.]

후설은 우리에게 인식하는 주체와 인식되는 객체 사이의 본질적 관계를 제공합니다. 그렇다 하더라도 오히려 저는 (이상하게도 브레이버의 책에서 다루어지지 않는) 후설을 R8 반(反)전체론자이지만 A1 마음-의존적인 반실재론자로 지칭하는 경향이 있습니다. 제가 후설을 전체론자라고 일컫고 싶지 않은 이유는, 구조주의자들과 심지어 데리다에게서도 나타나듯이, 이 용어가 (주체/객체 상호의존성을 넘어서) 후설의 현상들이 모두 아무튼 마음과 얽혀 있을 뿐만 아니라 그에 못지않게 서로 얽혀 있다는 점을 함축할 것이기 때문입니다.

그런데 후설의 관념론은 기묘한 관념론입니다. 후설의 객체(언제나 지향적 객체이지 실재적 객체는 아닙니다)는 그 속에서 그것이 나타나게 되는 어떤 맥락보다도 더 심층적이라는 의미에서 말입니다. 각각의 현상의 본질은 근본적으로 비맥락적입니다. 왜냐하면 그것은 수많은 상이한 맥락에 처하면서도 여전히 동일한 현상적 객체일 수 있기 때문입니다. 우리가 언제나 어떤 특정한 각도와 거리에서, 어떤 특정한 기분으로, 어느 특정한 시점에, 그리고 다른 객체들과 어떤 특정한 관계를 맺은 채로 어떤 우편함을 본다는 것은 사실입니다. 그런데 놀랄 만한 일은, 후설의 경우에 그 우편함은 그것이 마음과 관련되어 있어야 한다는 사실을 제외하고 맥락과의 어떤 본질적 관계도 없다는 것입니다. 결국 현상학적 분석의 핵심은 우리가 현상의 진정한 형상eidos에 도달할 때까지 형상적 변이를 거치는 우유적인 '음영들'을 제거하는 것입니다. 데리다와 달리 후설은 객체의 본질과 우유적인 것을 명확히 분리합니다. 그리하여 후설은 근본적인 관념론자가 아니라 오히려 아리스토텔레스와 상당히 유사한 것처럼 보이게 될 것입니다.

데란다 저는 외양의 현존을 진지하게 여깁니다. 예를 들면, 주관적으로 경험된 색깔은 빛의 객관적 특성(파장), 빛을 반사하는 채색된 표면의 객관적 특성(반사율), 그리고 빛이 통과하는 매질의 객관적 특성과는 다른 존재자입니다. 이들 객관적 특성은 경험에 기여하지만(멀리 떨어진 객체는 그 사이의 공기에 의한 효과로 인해 더 파랗게 보입니다), 색깔은 그것들로 환원될 수 없습니다. 그런데 철학자들은 외양의 탐구에 관여하는 활동을 지칭할 때 '내성'內省이라는 낱말을 사용하는데, 이는 우리 내면의 심적 생활의 내부로 빛을 비추도록 정향되는 일종의 스포트라이트를 가리킵니다. (그러므로 형언할 수 없는 사적인 것으로서의 감각질이라는 관념이 제시됩니다.) 제가 '내성'이라는 낱말의 용도를 이해하는 경우는, 예를 들면, 어떤 행위를 수행하기 위해 당신이 자인한 동기가 사실상 당신이 그렇다고 생각하는 것인지 알아내기 위해 당신 자신의 내부를 꼼꼼히 살필 때입니다. 그렇지만 이런 경우와 달리 외양에 관한 연구는 안쪽이 아니라 바깥쪽으로 바라보면서 **특별히 주목하는 행위**를 포함합니다. 우리는 (대다수 사람이 그렇듯이) 현시되는 객체에 대한 외양을 넘어서기보다는 오히려 우리의 주의를 외양 자체에 정향합니다. 제가 사각형 탁자의 주위를 걸어 다니면서 그것을 바라볼 때 제게 그것의 모양은 (원근법으로 인해) 변화하는 사다리꼴로 현시되지만, 대체로 저는 사다리꼴이 아니라 오히려 (우리의 뇌가 망막으로 투영되는 가변적인 모양들로부터 불변적인 형태를 추출하는 대로의) 직사각형을 봅니다.

후설의 괄호-안에-집어넣기 방법이 어떠해야 하는지 저에게 설명해 주시겠습니까? 직관적으로 파악하자면, 그 방법을 거쳐 당신은 의식의 모든 객관적(그의 용어에 따르면, 초월적) 내용을 비울 수 있게 되고, 그리하여 단지 (그의 용어로) 내재적 내용, 즉 주체에 주어진 대로의 세계를 넘어서지 않는 것이 남게 될 뿐이라는 생각이 듭니다. 저에게 이것은 외양을 가리키는 것처럼 보입니다. 그 탁자의 실제 정사각형 모양이 아니라 사다리꼴 모양 말입니다. 왜냐하면 정사각형 모양은 당신에게 직접 주어진 것을 초월한다고 가정되기 때문입니다.

하먼 그것은 우리가 현재 그 탁자가 사각형이라기보다는 오히려 사다리꼴로 현시된다는 것을 알고 있다는 점을 필요로 함이 확실합니다. 하지만 이것은 한낱 하나의 객체로서의 탁자가 현시하는 하나의 '음영'에 불과합니다. 그 탁자는 우리가 그것을 바라보는 지점에 따라 다양한 모양을 현시할 수 있으며, 어떤 특정한 감각적 모양에도 얽매여 있지 않습니다. 음영들은 감각으로 인식되지만, 무엇이든 어떤 한 주어진 지향적 객체의 형상은 감각이 아니라 오직 지성으로 인식될 수 있을 뿐입니다. 그런데 사실상, 괄호-안에-집어넣기라는 기본 착상은 외재적 현존에 관한 어떤 물음보다도 내재적 내용에 전적으로 집중하는 것입니다. 왜냐하면 후설은 적어도 원칙적으로 의식에 내재적일 수 없을 실재를 구상하는 것이 완전히 터무니없다고 생각하기 때문입니다. 제가 '원칙적으로'라고 말하는 이유는 후설이 버클리처럼 모든 것이 현존하기 위해서는 이 순간에 적극적으로 목격당해야 한다고 생각하지 않기 때문입니다. 그런데도 후설에게는 두 가지 종류의 내용이 있습니다. 첫째, 우유적이면서 객체 자체가 그 정체성을 바꾸지 않은 채로 다양하게 변화할 수 있는 지각적 음영들(바로 이 순간에 우리가 바라보는 대로의 사과 또는 커피잔 또는 사다리꼴 탁자)이 있습니다. 여기서 후설은, 표상이 모든 지향성의 근원이라고 잘못 가정하는 브렌타노[6]에게 이르기까지 줄곧 공개적으로 또는 암묵적으로 유지된, 지각적 경험에 관한 흄의 '성질들의 다발' 이론을 폐

---

6. Franz Brentano, *Psychology from an Empirical Standpoint*.

기하게 됩니다. 올바르게도 후설은 자기 스승의 그런 가정을 기각합니다. 왜냐하면 객체는 쉽게 수정 가능한 그것의 모든 표상과 독립적인 것으로 주어지기 때문입니다. 정원의 까마귀는 그것이 어떤 각도에서 현시되든 어떤 거리에서 현시되든 간에 동일한 까마귀입니다.

후설은 사실상 순전히 내재적인 사상가이지만, 이런 내재성의 내부에서 우리는 내재적 객체와 우유적이면서 대체로 유동적인 그것의 현기증 나는 음영들을 구분해야 합니다. 당신이 진술한 대로, 후설은 먼저 우리에게 사각형 탁자에 관한 우리의 일상적인 선입견을 버리고 그것의 사다리꼴 음영들에 세심한 주의를 기울이라고 요청할 것입니다. 하지만 사다리꼴 모양들은 그 탁자의 **본질적** 면모들로 이루어진 내재적 탁자-객체에의 관점들로서만 현존할 뿐입니다. 그러므로 후설은 여전히 내재성의 내부에 머무르는 한편으로, 내재적 감각작용(사다리꼴들은 명확히 그곳에 있습니다)에서 내재적 지성작용(이 사다리꼴들은 감각의 세계에 속하기에 그것들을 거부해야 할 것입니다)으로 이행하고자 합니다.

데란다 제가 나중에 설명드릴 것처럼, 체험에 관한 물음으로 되돌아가면, 저는 변화하는 음영들이 하나의 체험된 객체로 변환하는 사태를 뇌가 외양들로부터 불변자들을 추출하는 메커니즘으로 해명합니다. 예를 들면, 모든 사다리꼴 표상 '아래에' 놓여 있는 직사각형 모양을 추출합니다. 그리고 색깔의 경우에도 사정은 마찬가지입니다. 제 앞에 있는 빨간색 탁자가 부분적으로 햇빛을 받아서 빛난다면 그 음영은 두 가지 상이한 색깔(어두운 빨간색과 밝은 빨간색)을 띠는 표면(탁자의 윗면)의 음영입니다. 그런데 감각적 객체는 두 가지 색깔을 띠는 것으로 체험되지 않고 오히려 다양한 비율로 달리 조명되는 단 하나의 색깔을 띠는 것으로 체험됩니다. 조명 효과 '아래에'는 한 가지 불변의 색깔이 있습니다. 그런데 우리는 이 주제를 뒤로 미룬 다음에 2부를 열었던 일단의 존재론적 테제로 돌아가서 현대의 실재론자들이 이들 각각의 테제에 어떻게 반응할 것인지 진술해야 합니다. 쉽게 참조하기 위해 원래의 목록을 그것에 덧붙인 추가 테제들과 함께 다시 제시합시다.

R1/A1 세계는 마음에 의존하지 않는다/의존한다.

R2/A2 진리는 대응이다/대응이 아니다.

R3/A3 세계가 어떠한지에 관한 하나의 참된 완전한 서술은 존재한다/존재하지 않는다.

R4/A4 모든 언표는 반드시 참 아니면 거짓이다/반드시 그런 것은 아니다.

R5/A5 지식은 그것이 알고 있는 것에 대하여 수동적이다/수동

적이지 않다.
R6/A6 인간 주체는 어떤 고정된 특질을 지니고 있다/있지 않다.
R7/A7 철학의 경우에 인간 주체가 세계와 맺은 관계는 특권적인 관계가 아니다/관계이다.
R8/A8 세계는 그 속에서 모든 것이 밀접하게 관련되어 있는 전체론적 존재자가 아니다/존재자이다.
R9/A9 주관적 경험은 언어적으로 구성되지 않는다/구성된다.

R1로 시작하여 우리가 마음-독립적인 세계로 이해하는 바를 규정합시다. 일반적으로 저는 어떤 설득력 있는 증명을 제시하고 있는 척하지 않은 채로 그 개념의 타당성을 먼저 입증함으로써 이 논의를 시작합니다. 이것은 어떤 단일한 테제, 즉 인간 종의 역사성을 수용함으로써 이루어질 수 있습니다. 그런데 이 테제를 옹호한 과학자들 사이에서 두드러지는 인물은 다윈이지만, 다윈주의를 둘러싸고 벌어진 많은 논쟁과 다윈주의의 미해결 의문들에 대한 어떤 입장도 취할 필요가 없이 그 테제는 수용될 수 있습니다. 예를 들면, 자연선택이 식물과 동물의 신체들을 '조형하기'에 충분한지 여부, 또는 그 형태를 생성하는 데 자기조직적인 발생학적 과정들도 필요한지 여부에 관한 의문들 말입니다. 우리는 이 모든 것에 대하여 불가지론

적인 태도를 취하면서 지구에 인간이 전혀 존재하지 않았지만 지구는 이미 태양 주위를 공전했고 기후와 지질학이 있었으며 식물과 동물이 서식했던 시기(예컨대, 6백만 년 전 시기)가 있었다는 사실을 단적으로 인정할 수 있습니다. 이렇게 해서 우리는 마음-독립적인 존재자들에 대하여 타당성 있고 적어도 원칙적으로는 후험적인 최소의 구상을 품게 됩니다. 왜냐하면 그 구상의 타당성은 현재 멸종된 동물과 식물의 화석들 같은 증거의 현존에 의존하기 때문입니다. 당신은 R1을 어떻게 옹호하시겠습니까?

하먼 R1에 대한 저 자신의 변론은 과학적 원리들보다 오히려 존재론적 원리들을 거쳐 이루어집니다. 저는 하이데거를 이해하려고 노력하면서 실재론자가 된 소수의 사람에 속함이 틀림없습니다. 하이데거의 주석자 중 대다수는 그를 철저한 관념론자는 아닐지라도 일종의 실용주의자로 간주합니다. 이런 일이 일어나는 이유는 알기 쉽습니다. 하이데거의 도구-분석은 실천이 이론에 선행한다는 것, 그리고 모든 도구는 그 의미가 인간, 즉 현존재에 의해 결정되는 하나의 전체론적 체계로 직조된다는 것을 주장하는 것처럼 보입니다. 그렇지만 실천은 이론에 못지않게 사물에 미치지 못합니다. 망치를 사용하는 것은 망치를 지각하거나 이론화하는 것보다 망치를 더 망라하는 것은 아닙니다. 망치에는 잉여물이 존재하고, 따라서 망치에 대한 우리의 관계 중 어느 것도 그 잉여물을 제대로 다루지 못합니다. 더욱이 도구-체계는 전체론적인 것일 수가 없습니다. 왜냐하면 또한 하이데거는 부러진 도구의 사상가이기 때문입니다. 도구가 부러질 수 있는 유일한 이유는 '도구들'(즉, 모든 존재자)이 서로 의지하는 현행의 관계들에서 완전히 펼쳐지지는 않기 때문입니다.

그런데 저는 당신의 타당성에 의한 논증과 관련하여 어떤 실질적인 문제도 없습니다. 데카르트의 급진적인 의심에 맞서 또는 버클리의 훨씬 더 급진적인 확신에 맞서 인간 없는 세계의 현존을 증명하는 것은 어려운 일인지도 모릅니다만, 저는 화이트헤드가 철학은 반박되지 않고 버려진다고 진술할 때 그의 편을 듭니다.7 우리가 어떤 철학을 거부하는 이유는 그것이 '결정적인 논증'이나 확고부동한 제일 원리를 결여하고 있기 때문이 아니라 오히려 그것이 다수의 경험을 설명할 수 없는 것처럼 보이기 때문입니다. 우주가 인간에 앞서 현존했다는 대단한 개연성은 일단 보기에 매우 타당하여서 그것을 부인하는 어떤 철학도 무거운 짐을 지게 됩니다. 그렇지만 저는 과학에 기울인 평생의 관심 덕분에 실재론자가 된 것은 아닙니다. 왜냐하

---

7. Whitehead, *Process and Reality*, 6. [화이트헤드, 『과정과 실재』.]

면 학생 시절에 저는 피히테와 후설의 관념론적 논변을 매우 진지하게 여겼기 때문입니다. 저를 실재론자로 만든 것은 오로지 하이데거의 물러서 있는 도구-존재자들이었습니다. 하이데거 자신은 결코 그런 실재론적 경로를 따라 그다지 멀리 가지는 않지만 말입니다.

데란다 저 역시 타당성에 의한 논증이 존재론적 논증으로 보강되어야 한다고 생각합니다. 특히, 현대의 한 분석적 실재론자(이언 해킹)가 주장하는 대로, 우리는 어떤 한 존재자의 특성들을 이론적으로 서술하기보다 영향을 미치고 영향을 받을 수 있는 그 역량들을 터득함으로써 그 존재자의 실재성에 대한 더 강한 확신을 얻게 됩니다.[8] 해킹은 전자電子의 사례를 제시합니다. 우리는 왜 전자가 우리 마음과 독립적으로 현존한다고 믿어야 할까요? 전자에 관한 우리의 이론적 지식 때문일까요? 그렇지 않습니다. 왜냐하면 이런 지식은 종종 바뀌기 때문입니다. 전자는 처음에는 입자로 여겨졌고 그다음에는 파동으로 여겨졌습니다. 오히려 우리를 확신시키는 것은 전자 역량들의 실제적인 터득입니다. 해킹이 제시한 브라운관(평판 화면 시대

---

8. Ian Hacking, *Representing and Intervening*. [이언 해킹, 『표상하기와 개입하기』.]

이전에 모든 모니터와 텔레비전 수상기를 구성한 음극선관)의 사례를 살펴봅시다. 브라운관은 전자 방출기와 화면 역할을 하는 형광 표면으로 구성되어 있습니다. 영상은 전자 빔을 정전기적으로 또는 자기적으로 굴절시킴으로써 산출됩니다. 브라운관이 자체의 기준에 의해 크게 개선되었다는 것, 즉 화면 위에 산출되는 영상의 질이 크게 개선되었다는 것은 논란의 여지가 거의 없습니다. 그런데 브라운관은 전기장이나 자기장의 영향을 받을 수 있는 전자의 역량뿐 아니라 그 위에 전자들이 뿌려지는 인이 도포된 표면에 영향을 미칠 수 있는 전자의 역량에 대해서도 우리의 이해가 증가한 덕분에 더 훌륭한 영상 기기가 되었습니다. 이런 논증 노선은 과학보다 오히려 기술(즉, 도구)과 관련이 있습니다. 도구를 사용하는 종(까마귀, 침팬지, 심지어 곤충)은 많이 있지만, 우리 인간은 새로운 도구를 발명하는 데 탁월함이 확실합니다. 그런데 도구를 자율적인 것으로 구상하기 위해서는 마음-독립성을 재규정해야 합니다. 왜냐하면 도구는 인간의 마음이 현존하지 않는다면 현존하지 않을 것이기 때문입니다. 그러므로 (도구에서 도시에 이르기까지) 사회적 존재자들의 경우에는 그 표현이 우리 마음의 현존으로부터의 독립성이 아니라 오히려 우리 마음의 내용으로부터의 독립성을 의미해야 합니다.

하면 마음-독립성이 우리 마음의 현존으로부터의 독립성이 아니라 오히려 우리 마음의 내용으로부터의 독립성을 수반한다는 당신의 견해에 저는 진심으로 동의합니다. 『새로운 사회철학』의 첫 페이지에서 당신은 이 논점을 멋지게 제시하였습니다. 제가 이것을 여러 번 인용한 이유는 '마음-독립성'에 관한 두 가지 의미 사이에 혼동이 빈번하게 일어나기 때문입니다. 예를 들면, 사변적 실재론은 인간과 독립적인 세계를 다루기로 되어 있기에 사람들은 우리가 인간 **없는** 세계에 관해 이야기하기를 원한다고 가정합니다. 그러므로 때때로 저는 "인간 없는 예술은 어떤 모습입니까?"와 같은 질문들을 받습니다. 그런데 우리는 인간이 멸종된 파국 이후의 세계 속 예술에 관해 이야기할 필요가 없습니다. 단지 우리는 그것에 대한 인간의 어떤 특정한 해석에 의해서도 망라되지 않는 것으로서의 예술에 관해 이야기하기만 하면 됩니다. 마이클 프리드처럼 위대한 미술비평가조차도 1967년에 발표된 「예술과 객체성」이라는 고전적 시론에서 관찰자로서의 인간과 제가 **성분**으로서의 인간이라고 일컫곤 하는 것을 융합합니다.[9] 당신은 제가 알기에 마음-독립성에 관한 이 두 가지 매우 다른 의미를 올바르게 구분하는 작업을 가장 훌륭히 해냈습니다.

---

9. Michael Fried, "Art and Objecthood."

데란다 이제 R2, 즉 실재에의 대응으로서의 진리 테제를 살펴봅시다. 여기서 저의 입장은 두 가지 관련된 언표로 요약될 수 있습니다. 첫째, 저는 진리의 개념이 총체적 이론들이 아니라 오직 개별적 언표들에 적용될 때만 정합적이라고 믿고 있습니다. 반실재론자들이 강조하는 문제적인 반영 관계는 언표가 아니라 오직 이론 전체(예를 들면, 포괄적인 서술)에 대해서만 생겨납니다. 언표의 경우에 진리는 지시와 단언으로 환원될 수 있으며, 둘 다 실재의 반영이라는 관념을 사용하지 않고서도 설명될 수 있습니다. 예를 들면, 지시는 인과적 개입으로 확립될 수 있습니다. 이 황색 금속의 덩어리는, 고대 시대 이래로 시금자들이 행했던 대로, 우리가 그것에 어떤 산을 부었을 때 그것이 용해된다면 '금'이라는 낱말의 지시대상입니다. 둘째, 모든 지식체는 참된 언표들 이상의 것들로 구성되어 있습니다. 그것은 문제들, 설명들, 분류들, 그리고 그 밖의 인지적 도구들을 포함하고 있는데, 이것들 각각은 독자적인 **적합성** 조건을 갖습니다. 문제는 잘 제기될 수 있거나 또는 서툴게 제기될 수 있습니다. 설명은 적절하거나 또는 부적절합니다. 분류법은 부분적이고 임의적이거나 또는 포괄적이고 정당합니다. '적합성'이라는 표현은 수정되지 않은 판본의 R1~R6이 함축하는 소박한 실재론만 거부했을 뿐인 경험론자 넬슨 굿맨에게서 유래합니다.[10] 그러므로 대응이라는 관념은 단일한 언명을 다룰 때

불필요할 뿐만 아니라, 과학의 인지적 내용과 세계 사이의 관계에 관한 설명으로서도 불완전합니다.

하면 대응으로서의 진리는 여러 가지 문제점이 있습니다. 첫째, 저는 한때 소중했던 과학 이론들이 반복적으로 폐기되는 사태를 참작하면 가류주의자fallibilist가 되는 것이 중요하다고 생각합니다. 『지식의 두려움』[11]이라는 널리 읽힌 책에서 분석철학자 폴 보고시안은 유사한 방식으로 지식을 "정당화된 참인 믿음"으로 정의합니다.[12] 문제는 어떤 특정한 순간에도 우리가 정말로 참인 것을 알 수 있기보다는 오히려 입수 가능한 증거에 의해 정당화되는 것을 알 수밖에 없다는 점입니다. 보고시안은 가류주의자로 자처하기에 그는 이 점을 깨달아야 합니다. 그것이 뜻하는 바는 우리가 대응이라는 의미에서의 지식을 결코 실제로 획득할 수 없다는 것입니다. 논증을 위해 우리에게 어떤 존재자, 예컨대 불에 관한 완전히 적절한 최종 이론이 있다고 가정합시다. 불에 관한 이런 완전한 지식조차도 태우지 못할 것이고, 뜨겁지 않을 것이고, 명멸하지 않을 것입니다. 그런데 이것은 '허수아비' 논증이라고 주장할 사람이 있

---

10. Nelson Goodman, *Ways of World Making*.
11. Paul Boghossian, *Fear of Knowledge*.
12. Graham Harman, "Fear of Reality."

을 것입니다. 왜냐하면 버클리를 제외하고 어떤 사람도 사실상 그렇게 주장하지 않았기 때문입니다. 하지만 요점은 누군가가 실재적 불과 마음속 불의 동일성을 옹호하는 주장을 공개적으로 개진하는지 여부가 아닙니다. 요점은 대응으로서의 진리 개념이 그 둘 사이의 차이가 규정될 수 없다면 이런 동일성을 수반한다는 것입니다.

데란다 글쎄요. 앞서 제가 표명한 진술(인과적 개입으로 고정되는 것으로서의 지시)로부터 당신은 이런 문제(실재적 불과 지각된 불 사이의 동일성)가 제 경우에는 발생조차 하지 않음을 추측할 수 있습니다. 실재적 불은 지각된 불이 갖추고 있지 않은 인과적 역능들(예를 들면, 연소시킬 수 있는 역능)을 갖추고 있습니다. 그런데 개별적 언표에 대한 진리와 총체적 이론에 대한 진리 사이의 구분은 그다음 테제, 즉 세계에 관한 완전한 서술의 현존 또는 R3 테제와 연결됩니다. 일견 이것은 (실재를 철저히 이해할 수 있는 우리의 역량에 관한) 인식론적 테제인 것처럼 보일 것이지만, 그것은 뒷문을 통해서 어떤 존재론적 테제, 즉 현재 있는 그대로의 세계는 어떤 불변의 완성된 본성을 갖추고 있다는 테제로 몰래 숨어듭니다. 그런데 만약 당신이 네 가지 종류의 힘(중력, 전자기력, 그리고 두 가지 핵력)을 다루고 있는 물리학자라면 당신은 '만물 이론'에 관한 꿈을 꿀 수 있습니다. 결국에 네 가지 존재자를 설명하는 것이 얼마나 힘들겠습니까? 이와는 대조적으로 자연에 현존하지 않는 화학물질들을 끊임없이 합성하고 있는 화학자에게는 그런 목표가 달성하기 힘든 것처럼 보일 것입니다.[13] 한 화학철학자는 화학자들이 그들의 영역에 매년 100만 가지의 새로운 화학물질을 도입한다고 추산합니다. 이 화학물질들이 자체의 인과적 역능들을 발휘하는 화학 반응들을 연구하는 것은 그야말로 불가능한 일입니다. 그러므로 화학적 영역에 관한 완전한 (설명은 고사하고) 서술을 산출하려는 목표는 시간이 지남에 따라 지평선 뒤로 더욱더 멀어집니다. 어떤 화학자도 최종 이론에 관한 꿈을 꿀 수 없으리라는 것은 분명합니다.

이 주장은 모든 과학 분야에서 생겨나는 우연적인 것들과 무관하게 제기될 수 있습니다. 어떤 객관적 전체가 그것의 특성들에 의해 특징지어지고 이 특성들이 창발적인 것(전체를 구성하는 부분들의 끊임없는 상호작용으로 산출되는 것)으로 여겨진다면, 우리는 실재가 완결되지 않는 또 다른 방식을 추가하게 됩니다. 모든 주어진 창발적 전체는 독자적인 새로운 특성들을 갖춘 어떤 더 큰 전체의 구성 부분이 될 수 있습니다. 창발적 관계는 재귀적이기에 끝이 있을 필요가 없는 존재

---

13. Manuel DeLanda, *Philosophical Chemistry*.

자들의 계열을 낳을 수 있습니다. 원자들은 무한정의 분자를 구성하고, 분자들은 무한정의 생물 세포를 구성하며, 세포들은 무한정의 유기체를 구성합니다.

하먼 저는 창발에 관한 당신의 견해에 확실히 동의하며, 그리고 연구 대상이 될 새로운 객체들의 끊임없는 창발은 R3에 맞서는 훌륭한 논증입니다. 그런데 어느 R3 실재론자가 다음과 같이 진술함으로써 대응한다고 합시다. "제 말은 새로운 존재자가 결코 산출될 수 없다는 그런 뜻이 아니었습니다. 지금 당장 있는 그대로의 세계에 관한 어떤 참된 완전한 서술을 제시할 수 있다는 그런 뜻이었을 따름입니다." 이런 식으로 표명되면, R3의 무게는 실재와 그 서술의 통약 가능성에 대한 주장으로 기울어지는 것처럼 보입니다. 저는 이런 관념을 결코 좋아하지 않습니다. 왜냐하면 그것은 세계의 모든 것이 아무것도 상실하지 않은 채로 어떤 직서적인 명제적 언표로 번역될 수 있다고 가정하기 때문입니다. 그런데 문학 비평가들이 비유와 심지어 시 전체의 경우에 사정이 그렇지 않음을 인식하게 된 지는 수십 년이 되었습니다. 어떤 시가 뜻하는 바를 설명할 좋은 직서적 방법은 전혀 없습니다.[14] 조크는 자세한 산문적 표

---

14. Cleanth Brooks, *The Well Wrought Urn*. [클리언스 브룩스, 『잘 빚어진 항아

현으로 설명된다면 망가지게 됩니다. 위협과 성애적 언어는 직서적 진술로 대체된다면 많은 것을 잃어버리게 됩니다. 예술 작품의 경우에도 사정은 마찬가지입니다. 그런데 사람들은 직서적인 과학적 서술이 진리의 표준이기를 원합니다. 여기서 우리는 이렇게 물을 수 있습니다. 직서적 언표란 정말 무엇인가? 그리고 저는 한 가지 훌륭한 정의는 다음과 같을 것이라고 생각합니다. "직서적 언표는 고유 명사를 참된 속성들의 목록으로 전환한다." 그냥 '전자'라고 말하는 대신에 과학은 전자의 모든 특성을 찾아냅니다. 그것은 크립키의 입장[15]과 대조를 이루는 러셀의 입장[16]과 같습니다. 그래서 저는 R3을 거부하게 됨을 깨닫습니다. 왜냐하면 저는 세계가 몇 가지 직서적 언표들로 환언될 수 있다고 생각하지 않기 때문입니다. 세계 속 사물은 흄이 생각했듯이[17] 성질들의 다발이 아니고, 따라서 정확한 서술들의 다발로 전환될 수 없습니다. 언어는 결코 자신의 암시적이고 함축적인 특질을 박탈당할 수 없습니다.

데란다 언어와 논리에 대한 강박은 그다음 쌍, R4/A4의 배

리』.]
15. Saul Kripke, *Naming and Necessity*. [솔 크립키, 『이름과 필연』.]
16. Bertrand Russel, "On Denoting."
17. David Hume, *A Treatise of Human Nature*.

후에도 자리하고 있습니다. R4/A4는 기본적으로 배중률이라는 논리적 원리의 긍정(또는 부정)입니다. 저는 [R4가] 귀류법을 통한 논리적 증명을 가능하게 한다는 점을 제외하면 이 원리의 중요성을 결코 이해하지 못했습니다. [R4는] 어떤 언표가 참이라는 건설적인 증명을 제시하는 대신에 그 언표의 부정이 모순을 초래한다는 것을 단순히 보여줄 뿐입니다. (수학의 직관주의 학파는 바로 이런 이유로 인해 R4를 거부했습니다.) 또한 R4 덕분에 우리는 "모든 사람은 죽거나 죽지 않거나 둘 중 하나이다" 같은 선험적인 분석적 진리들을 만들어낼 수 있게 됩니다. 일단 선험적 진리들(심지어 종합적 진리들)을 거부하면 R4로 인해 잠을 자지 못할 이유가 전혀 없습니다. 창출될 수 있는 논리의 종류들은 (분자 또는 유기체의 종류들과 마찬가지로) 끝이 없습니다. 특히, 참과 거짓 사이의 연속적인 값을 허용하는 이른바 퍼지 논리들이 현존하며, 그리고 그것들은 온도 또는 화학적 농도 같은 특성들이 연속적으로 변화하는 실제적 응용 사례에서 매우 가치 있는 것으로 판명되었습니다. 마지막으로, (한 가지를 제외하고) 여태까지 고안된 논리 계산법들이 중요한 진리들을 모형화하는 데 필요한 자원을 포함하지 않고 있다는 것을 저는 덧붙여야 합니다. 그런데 대다수 진리는 사소합니다. 저는 제가 입고 있는 의상을 서술함으로써 일 분 동안에 일백 개의 진리를 산출할 수 있습니다만, 그중 어느 것도 철학적 적실성을 전혀 갖추고 있지 않을 것입니다. 그러므로 의의라는 관념이 추가되지 않은 단독적 논리는, 관찰 증거에 의한 이론적 언표의 과소결정에 관한 반실재론적 콰인/뒤앙 문제[18]처럼, 제대로 제기되지 않은 철학적 문제들을 생성하는 경향이 있습니다. 그러므로 R4를 거부하는 것은 A4에 동의함으로써 반실재론을 지지함을 뜻하지는 않을 것입니다.

하면 일반적으로 저는 R4 같은 언표들을 수반하는 실재론에 대한 정의들에 그다지 공감하지 않습니다. 마음-독립적인 실재의 현존과 그런 실재에 관한 것들을 알거나 말할 수 있는 우리의 능력은 전적으로 다른 문제들입니다. 사람들은 너무나 흔히 마음의 외부에 사물들이 현존한다는 것이 즉시 그런 사물들을 직접 그리고 적절히 알 수 있는 우리의 능력을 수반한다고 가정합니다. 이런 가정의 배후에는 종종 소박한 형태의 과학 숭배가 잠복하여 있습니다. 그런 형태의 숭배에 따르면, 실재가 우리에게 제공하는 주요한 편익은 다음과 같습니다. 실재[에 관한 지식] 덕분에 우리는 타인들의 불합리성을 단속하고 처벌할 수 있게 된다고 여겨집니다. R4/A4는 화이트헤드가 특

---

18. Willard van Orman Quine, "Two Dogmas of Empiricism"; Pierre Duhem, *The Aim and Structure of Physical Theory*.

별히 유익한 또 하나의 주제입니다. 화이트헤드는 만약 우리가 '참 아니면 거짓?'이라는 물음을 모든 주어진 철학에 적용한다면 그 대답은 '거짓'이어야 한다는 점을 언급합니다. 그 이유는 모든 언표가 필연적으로 훨씬 더 복잡한 상황에서 추출한 것이기 때문입니다. 앞서 당신은 퍼지 논리를 언급했습니다. 이런 맥락에서 동양철학 애호가들은 종종 나가르주나를 인용합니다. 왜냐하면 그에게도 언표는 참인 동시에 거짓일 수 있거나 또는 참도 아니고 거짓도 아닐 수 있기 때문입니다.[19] 이제 R5/A5 주제로 넘어가서 지식이 수동적인지 여부에 관한 물음을 살펴봅시다.

데란다 R5/A5와 관련하여 말씀드리자면, 저는 오늘날 A5를 수용하지 않을 실재론적 철학자가 있으리라 생각할 수 없습니다. 그러므로 존재론적 신념에 관한 한에서 중요한 의문은 우리가 A5/A9 연접을 믿는지 아니면 A5/R9 연접을 믿는지 여부입니다. 첫 번째 쌍은 사상가들로 하여금 반실재론적 입장에 이르게 하는 경향이 있는 반면에, 두 번째 쌍은 실재론과 잘 어울립니다. 이것을 분명히 설명하겠습니다. 첫 번째 쌍에 동의하는 사람들은 인식하는 주체의 활동을 기본적으로 **분류**

---

19. Fernando Tola and Carmen Dragonetti, *Nagarjuna's Refutation of Logic*.

적인 것이라고 간주합니다. 지식(또는 이해)은 인식 결과들을 어떤 일반적인 범주로 분류하는 것에 있습니다. 그것이 인류 전체에 공통적인 것(시간, 공간, 인과율)으로 여겨지든 또는 문화마다 다른 전적으로 관행적인 것으로 여겨지든 간에 말입니다. 반실재론적 신념을 명확히 나타내는 것은 오직 후자의 입장일 뿐입니다. 전자의 입장(칸트의 원래 입장)은 진화적 설명이 주어질 수 있습니다. 인간은 단지 우리의 둥근 행성의 작은 부분을, 온갖 실제적 목적에 대하여 평평한 것처럼 보이는 부분을 볼 수 있을 뿐이고, 따라서 우리는 진화가 유클리드 기하학의 전개를 촉진하는 신경 기구의 발달을 초래했다고 추측할 수 있습니다. (그리고 시간과 인과율의 경우에도 사정은 마찬가지입니다.) 반면에, A5를 R9와 결합함으로써 우리는 인식하는 주체의 활동을 분류가 아니라 **설명**을 포함하는 것으로 간주하게 됩니다. 설명은 의의에 대한 적극적인 평가, 즉 어떤 요인들이 어느 과정의 결과에 차이를 만들어내는지 (또는 만들어내지 않는지) 발견하는 행위에 의존합니다. 게다가, 실재론자가 인간 주체를 (탈신체화된 관찰자와 대조적으로) 신체화된 것으로 간주할 때, 지식 생산에의 적극적인 참여의 또 다른 원천은 신체가 가능하게 만드는 인과적 개입입니다. 분류는 우리에게 어떤 객체의 특성들에 관해 말해줄 수 있을 것이지만, 그것의 역량들이 현재 발휘되고 있지 않다면 이런 역량들에 관해서는 말해주지 못할 것입니다. 그러므로 우리는 세계를 탐구해야 하며, 사물들이 서로 영향을 주고받을 때 그것들의 역량들이 드러날 수 있게 사물들이 상호작용을 하도록 강요해야 합니다.

하먼 여기서 브레이버의 논점은, 분석철학이 우리가 세계를 경험하는 방식에서 중요한 역할을 수행하는 마음에 관한 칸트의 개념을 뒤집기 위해 무어와 러셀에 의해 고안된 R5 입장으로 개시되었다는 것입니다. 특히, 마이농의 팽창 우주를 과감하게 잘라내기 위해 제시되었던 러셀의 기술記述 이론 역시 이른바 소박한 실재론의 완전한 모델이었습니다.[20] 이는 실재적인 것에 대한 접근권을 획득하는 인간의 마음과 관련하여 아무 문제도 제기하지 않음을 뜻합니다. 저는 오늘날 모든 주요한 분석철학자가 R5 아래 포괄될 수 있을지 알지 못합니다. 대륙철학 진영에 관해서 저는 심지어 메이야수의 수학주의적 존재론도 R5 입장이라고 생각하지 않습니다. 왜냐하면 메이야수는 우리가 비非사유를 사유로 변환하지 않은 채로 생각할 수는 없다는 상관주의적 주장을 긍정함으로써 시작하기 때문입니다. 물론 저는 현재 발휘되고 있지 않은 사물의 역량들

---

20. Russel, "On Denoting"; Alexius Meinong, *On Assumptions*.

을 찾아내는 데 적극적인 개입이 필요하다는 당신의 주장에 동의합니다. 칸트의 원래 입장에 관한 한, 저의 유일하고 강력한 이의는 인간-세계 상호작용이 세계 속 객체-객체 상호작용과 존재론적으로 다르다는 그의 A7 가정에 대한 것입니다. 사물들 사이의 모든 관계와 관련하여 비본질적인 것이 존재하며, 그런 까닭에 저는 물자체$^{Ding\,an\,sich}$가 인간만이 짊어진 유한성이라는 비극적인 짐으로 틀 지어졌어야 했다고 생각하지 않습니다. 독일 관념론은 R1 물자체를 본체가 한낱 현상의 특별한 일례에 불과한 A1 입장으로 뒤집음으로써 칸트를 넘어섭니다. 오히려 저는 누군가가 R1 칸트를 유지하면서 그의 A7 입장을 R7 입장으로 뒤집었더라면 더 좋았을 것이라고 생각합니다. 그랬더라면 우리는 관계들이 인간이 연루되어 있든 아니든 간에 그 관계항들을 망라하지 못하는 독일 실재론(그 당시 독일에서 지속된 라이프니츠의 강한 영향력으로 인해 출현할 가망이 없지는 않았습니다)을 얻게 되었을 것입니다. 제가 보기에 그것은 서양철학의 역사가 달리 나아갈 수 있었을 거대한 기로 중 하나입니다. 칸트에서 헤겔로 이어지는 길은 필연적인 것이 아니었습니다.

데란다 제가 승인하는 R7의 주요 형태는 주체-객체의 인과적 상호작용과 객체-객체의 인과적 상호작용 사이의 대칭성입니다. 두 경우 모두에서 우리는 사건들 사이의 객관적인 산출 관계에 관해 이야기하고 있고, 따라서 인간이 연루된 인과적 관계들은 비인간 행위자들만 포함할 뿐인 인과적 관계들에 비하여 전혀 특권적이지 않습니다.

하먼 흄뿐만 아니라 칸트도 인과관계를 그것이 산출되는 방식보다 오히려 그것이 관찰되는 방식에 의거하여 규정한다는 것은 사실이며, 그리고 이것이 최근 철학에서 R7에 대한 가장 큰 걸림돌이었습니다. 누군가가 **그야말로** 흄주의자 또는 칸트주의자일 수 있고 서양 학계에서 흄과 칸트가 여전히 진지하게 여겨진다는 의미에서 흄과 칸트는 여러모로 현대 철학의 창시자들입니다. 그 이전의 대다수 인물의 경우에는 사정이 그렇지 않습니다. 데카르트, 스피노자, 라이프니츠, 그리고 버클리에게는 추종자들이 있지만, 그들이 사안별로 진술하는 모든 것을 그야말로 믿는 사람은 아무도 없습니다. 그런데 또한 저는 흄과 칸트를 기회원인론 전통의 연장으로 간주합니다. 17세기 유럽에서 처음 발아하기 거의 일천 년 전에 중세 이라크에서 사실상 개시된 기회원인론은 신이 유일한 인과적 매개자라는 견해입니다. 두 사물은 신을 거치지 않은 채로 서로 영향을 주고받을 수 없습니다. 세속화된 서양에서 그렇게까지 생각할 사람을 찾아내기는 거의 불가능할 것이지만, 기회원인론은 흄과 칸트를 통해서 존속합니다. 어떻게 그럴까요? 기회원인론의 진짜 문제는 신이 유일한 인과적 매개자였다는 것이 아니라 오히려 그것이 무엇이든 어떤 하나의 존재자가 인과적 독점권을 부여받았다는 것이었습니다. 그리고 그것이 바로 흄과 칸트가 행하고 있는 것으로, 인과적 독점권을 신에게서 인간의 마음으로 이전시킬 따름입니다. 게다가 종교적 기회원인론자들과 달리 그들은 근대 서양의 지식인들을 설득하는 데 성공했습니다.

그런데 브레이버의 R6/A6 테제, 즉 인간의 마음이 어떤 고정된 특질을 지니고 있는지(R6) 아니면 지니고 있지 않은지(A6)에 관한 물음을 살펴봅시다. 우선, 저는 저 역시 이런 식으로 R과 A 용어들을 할당할 것인지 확신하지 못합니다. 인간의 마음이 우리가 경험하는 세계를 구성하는 어떤 고정된 특질을 지니고 있다고 단언하는 것은 오히려 **관념론적** 조치이고, 세계 속에서 인간의 마음이 여타의 모든 것과 마찬가지일 따름이기에 마음이 진화, 우발적인 뇌 손상, 정신병 등을 통해서 변할 수 있다고 말하는 것은 오히려 **실재론적** 조치입니다. 어쨌든 저는 실재론자가 인간 마음의 어떤 고정된 특질을 수용해야 할 이유를 모르겠습니다.

데란다 저 역시 인간 주체성의 고정성이 오히려 관념론자들의 문제라고 믿고 있습니다. 왜냐하면 그들은 주관적 현상을 철학적 연구의 유일한 주안점으로 삼기 때문입니다. 그런데도 외양들(그리고 그것들의 변양태들)이 이 세계의 진정한 거주자들이라는 점을 참작하면 실재론자들 역시 주체성에 대한 견해를 갖추고 있어야 합니다. 우리는 이 쟁점을 나중에 우리가 현상적 경험에 관한 물음을 다시 살펴볼 때 다루게 될 것입니다. 하지만 당분간 저는 어떤 한 객체의 지속적인 정체성이 창발의 메커니즘들(그 객체를 생성한 과거의 과정들뿐만 아니라 또한 그 정체성을 유지하는 현재의 과정들)로 설명되어야 하는 것과 마찬가지로 어떤 한 주체의 정체성도 그러하다는 것을 덧붙이고 싶습니다. 주체성의 경우에는 흄에 대한 들뢰즈의 독해가 우리에게 한 가지 실마리를 제공합니다.[21] 주체성의 경우에 습관(상습적이거나 반복적인 활동)은 어떤 안정화 역할을 수행합니다. 그런데 흄은 습관만을 고려했을 뿐이지만, 저는 기량도 추가할 것입니다. 습관과 기량은 모두 어떤 신체화된 주체를 수반합니다. 그러나 기량(길버트 라일이 표상적 지식 또는 '대상을 알기'에 대립시키면서 '방법을 알기'라고 일컫는 것)은 주체성을 고정하기보다는 오히려 확대합니다.[22] 우리가 수

---

21. Gilles Deleuze, *Empiricism and Subjectivity*. [질 들뢰즈, 『경험주의와 주체성』.]
22. Gilbert Ryle, *The Concept of Mind*. [길버트 라일, 『마음의 개념』.]

영하는 법이나 자전거를 타는 법을 처음 배울 때 전적으로 새로운 공간들(자기 집의 친숙함에서 벗어난 장소들 또는 바다)이 개방되고, 따라서 주관적 현상의 세계가 더욱더 풍요로워집니다. 그러므로 저는 정신 질환, 알코올과 마약, 뇌 손상 등이 모두 주체성을 불안정하게 할 가능성에 대한 증거를 제공한다는 의견에 동의하지만, 새로운 기량의 터득은 이런 불안정화가 주관적 정체성을 향상하거나 풍요롭게 하는 건설적 역할도 수행할 수 있음을 보여줍니다.

3부

실재론적 존재론

데란다 현대 실재론자들이 A1~A9 테제들로 표현된 반실재론적 난제에 대처할 수 있다는 점을 입증했기에 이제 실재론적 입장의 세부 내용을 부연해 봅시다. 제가 보기에는 누군가가 자신의 실재론적 신념을 단순히 언명하는 것만으로는 충분하지 않습니다. 또한 우리는 자신이 정확히 무엇에 대한 실재론자인지를 자세히 설명해야 합니다. 우리는 정확히 무엇을 마음-독립적인 세계의 합법적인 거주자로 간주합니까? '세계의 비품'의 내용에 대한 우리의 유효성 규준은 무엇입니까? 앞서 우리가 대다수 논점에 관하여 의견이 일치하는 것처럼 보였다는 점을 고려하여 의견 불일치의 한 가지 가능한 원천으로 3부의 대담을 시작합시다. 저는 이미 제가 본질을 비합법적인 존재자로 간주한다는 사실을 말씀드렸습니다. 이 점에 대하여 당신은 덜 과감한 입장을 견지하는 것처럼 보입니다.

하먼 그렇습니다. 공교롭게도 저는 '본질'이라는 용어가 우발적인 것들을 가리키는 데에도 사용될 수 있다고 생각합니다. 그 용어는 적어도 한 사물을 그것의 현행 관계들과 효과들로 환원하지 않는 작업을 행합니다. 그런 환원하기는 오늘날 너무나 만연하는 조작입니다. '본질주의'와 관련하여 지금까지 나쁜 말이 많이 표명되었지만, 저는 그런 비판이 본질의 가지성을 내세우는 R2와 R3 테제들에 대립하는 것으로서의 수수한 구식

R1 본질주의에 어떻게 적용되는지 이해가 되지 않습니다. 고故 에드워드 사이드가 이런 논점에 대하여 혼란스러워 한 사람에 속한다는 점을 알게 되어 유감스럽습니다.[1] 사이드가 '동양' 사람들에 대하여 내려지는 포괄적인 판단을 싫어하는 것은 전적으로 이해할 만할 일입니다. 하지만 때때로 그는 반대 방향으로 너무 멀리 나아가서 개인들만 있을 뿐이고 별개의 문화들은 없다는 견해에 빠져 버립니다. 이것은 "사회 같은 것은 없다"라는 마거릿 대처의 영토로 잘못 들어서게 되고, 따라서 그 자체로 정치적으로 의심스러운 견해입니다. 저는 누군가가 본질을 인식하고 이런 추정상의 본질에 작용하는 특권적인 위치에 있다고 주장하지 않는다면 존재론적 본질주의가 위험하다고 생각하지 않습니다. 예를 들면, 후설이 있습니다.

데란다 무슨 말씀인지 알겠습니다. 저 역시 인식론과 존재론의 의문들을 분리하는 것을 선호합니다. 그런데 궁금한 점이 있습니다. 당신의 존재론에서 본질이 수행하는 개념적 역할에 관하여 자세히 설명해 주시겠습니까? 그리고 철학사에서 나타난 본질 개념의 용법에 대한 모범 사례를 제시해야 한다

---

1. Edward Said, *Orientalism* [에드워드 사이드, 『오리엔탈리즘』]; Graham Harman, "Objects and Orientalism."

3부 실재론적 존재론

면 당신은 어떤 사례를 꼽을 것입니까? 예컨대, 아리스토텔레스의 본질입니까, 또는 심층적 진리의 탈은폐를 통하여 하이데거에게 드러난 그런 종류의 본질입니까?

하먼 제 경우에는 **본질**과 **형상**eidos 사이에 차이가 있는데, 이것은 제가 **실재적 객체**라고 일컫는 것과 **감각적 객체**라고 일컫는 것 사이의 차이에 비견됩니다. 실재적 객체는 마음-독립적인 것이며, 저는 이것을 하이데거에게서 가져옵니다. 비록 (a) 하이데거에게 '객체'는 어떤 심적 행위 또는 지구에 대한 기술적 약탈 행위의 상관물을 가리키는 경멸조의 용어이며, 그리고 (b) 하이데거는 심층의 실재가 복수적이라는 모든 관념에 대하여 본질적으로 의구심을 품지만 말입니다. 실재적 객체가 어떤 본질을 갖추고 있는 이유는 단지, 실재적 객체가 파괴되지 않는 한, 그것이 자신이 연루된 비본질적 관계들과 무관하게 여전히 바로 그것이라는 어떤 일관성을 지니고 있기 때문입니다. 저의 경우에 한 마리의 개별적 고양이는 고양이의 어떤 플라톤적 형상form의 한 사본에 불과하기보다는 오히려 어떤 본질을 갖추고 있습니다. 그런데 현상적 차원과 관련된 한 가지 용어가 있는데, 저는 그것을 후설의 형상적 환원을 좇아서 '형상'eidos이라고 일컫습니다. 형상에 관한 한에서 우리는 실재를 다루고 있지 않습니다. 왜냐하면 후설은 그의 지지자들이 무슨 말을 하든 간에 어엿한 관념론자이기 때문입니다. 저는 용을 상상하거나 용의 환영을 볼 수 있습니다. 그때 그것은 어떤 본질도 갖추고 있지 않지만 형상은 갖추고 있습니다. 에이도스^{eidos}, 즉 형상이라는 이 특별한 용어 덕분에 우리는 후설이, 그의 관념론에도 불구하고, 무엇이 객체를 구성하는지에 대하여 반反경험론자임을 인식할 수 있게 됩니다. 후설의 경우에 지향적 객체는 성질들의 다발이 아니라 오히려 이들 성질이 종속되는 하나의 일차적 단위체입니다. 제 친구 한스가 어제와 다른 옷을 입은 채로 어제보다 더 건강하고 즐거운 모습으로 보도에서 저에게 다가올 때, 저는 어제의 한스에 대한 '가족 유사성'의 정도를 추정하여 그를 동일한 사람으로 일컫기로 자의적으로 결정하지 않습니다. 오히려 한스라는 단일체가 우선하고, 그 순간에 현시되는 그의 특정한 성질들은 그의 통일된 객체성에 종속되어 있습니다. 현상학적 방법은 사물의 참된 형상에서 경험의 우유적인 음영들을 제거하는 것과 전적으로 관련되어 있습니다. 제가 그를 여전히 한스로 간주하고 그를 오인했다고 결정하지 않기 위해서는 한스의 어떤 내부 구조가 존재해야 할까요? 그 사태는 기본적으로 아리스토텔레스의 실체 대 우유와 동일한 것이지만, 현상학적 층위에서 일어납니다. 본질에 관한 구상과 관련하여 제가 가장 좋아하는 것은 필시 하이데거보다 한 세대 이후의 바스크 출신 스페인 철학자

하비에르 수비리가 제시한 구상일 것입니다. 『본질에 관하여』라는 수비리의 책은 1980년 이후에 영어로 회람되었는데, 가톨릭교도 집단들을 제외하고는 그다지 읽히지 않았음이 명백합니다. 하지만 그 책은 실재적인 것의 구조적 원리로서의 본질을 옹호하는 강력한 논변을 제시합니다.[2] 불행하게도 수비리 역시 아리스토텔레스-라이프니츠 계보의 사상가들이 지닌 유전적 결함 ─ 복합적 존재자와 인공적 존재자를 상대적으로 경멸하는 태도 ─ 의 피해자가 됩니다. 그들과 마찬가지로 수비리도 칼, 농장, 그리고 사회를 사과 같은 자연적 사물들보다 덜 실재적인 것으로 간주합니다. 과수 재배자들이 식용 과일을 산출하기 위해 실행해야 하는 모든 접붙이기를 고려하면 사과가 그다지 자연적이지 않음은 당연한 사실입니다.

데란다 따라서 제가 올바르게 이해했다면, 당신의 이론에서 본질이라는 개념이 수행하는 철학적 작업은 마음-독립적인 객체의 지속적인 정체성을 설명하는 것입니다. (결국에는 형상이 수학적 객체의 정확한 본질이든 감각적 객체의 모호한 본질이든 간에 심적 객체의 정체성을 설명할 것입니다.) 당신의 견해에서 차이가 나는 것처럼 보이는 것은, 대다수 철학자

---

2. Xavier Zubíri, *On Essence*.

의 경우에는 본질이 정체성을 규정하는 필연적인 속성들(예를 들면, 아리스토텔레스의 경우에는 유와 종차)과 관련되어 있는 반면에 당신의 경우에는 본질이 헥시어티haecceity를, 이 고양이의 정체를 확인할 수 있게 하는 독특한 면모들(이를테면, 그 고양이의 '이것임')을 규정합니다. 그런데 제가 여전히 이해하지 못하는 것은 다음의 것입니다. 본질을 가정하는 것의 요점은 본질의 완전한 필연성을 파악하는, 본질을 어떤 존재자가 진정으로 바로 그것일 수 있으려면 꼭 그러해야 하는 것으로 파악하는 인식 행위의 현존을 정당화하는 것입니다. 그러므로 이런 인식 행위는 선험적입니다. 왜냐하면 일단 우리가 본질을 파악하면 우리가 옳음을 알기 위한 어떤 후속 증거도 필요하지 않기 때문입니다. 보편자들(예를 들면, 고양이 일반)이 현존한다면 그런 선험적인 인식 행위는 지성으로 파악할 수 있을 것(즉, 인간의 마음이 파악하는 행위를 어떻게 수행할 수 있는지에 관한 설명이 주어지면 파악할 수 있을 것)이지만, 이것임의 경우에는 파악할 그런 보편자가 전혀 없습니다. 그런데 저는 우리 둘 다 존재론적 문제와 인식론적 문제를 계속 분리된 채로 두기를 바란다고 이해합니다만, 이 경우에는 그 개념의 바로 그 기능이 존재(추상적 보편자들)와 (필연적인 것들에 대한) 인식에 관한 물음들을 포함하는 것처럼 보입니다. 여하튼 이런 일반적 본질들과 달리 당신의 본질들은 **특이한 본질**들이고, 따라서 어떤 종류의 필연성(또는 선험적 파악)도 함축하지 않습니다.

그렇지만 저는 다음과 같이 묻겠습니다. 하이데거의 본질들, 즉 진리의 **탈**은폐에 의해 산출되는 본질들의 존재론적 지위는 무엇입니까? (하이데거가 기술技術에 관한 책의 서두에서 언급하는 기술의 본질 또는 인과율의 본질 같은 것들의 존재론적 지위는 무엇입니까?) 이 본질들은 객체가 바로 그것이 되는 데 필수적인 것들입니까?

하먼 저는 하이데거의 본질 개념이 정말로 놀라운 무언가를 포함하고 있는지 잘 모르겠습니다. 지금까지 저는 (대체로 아무도 설득시키지 못한 채로) 하이데거의 주요한 필생의 적이 그가 눈-앞에-있음이라고 일컫는 것 — 그가 후설주의적 현상학에 대한 오랜 비판뿐만 아니라 부러진 망치의 사례에서도 도입하는 전재성前在性, Vorhandenheit — 이라고 주장했습니다.[3] 간단히 서술하면, 현전은 하이데거의 주적이고 부재는 그의 가장 친한 친구입니다. 그리하여 하이데거가 기술의 본질에 관해, 또는 심지어 예술 작품의 기원(왜냐하면 그는 우리에게 '기원'이라는

---

3. Martin Heidegger, *Being and Time* [마르틴 하이데거, 『존재와 시간』]; Martin Heidegger, *History of the Concept of Time*.

낱말을 본질의 의미로 사용한다고 말하기 때문입니다)에 관해 이야기할 때 우리가 회피하기를 바라는 것은 기술과 예술에 관하여 참인 사실들의 목록입니다. 우리가 표명하는 모든 직서적 언표의 경우에 우리는 우리의 직서적 언어가 무언가 본질적인 것을 빠뜨린다는 것을 깨달아야 합니다. 그러므로 하이데거는 횔덜린, 릴케, 그리고 트라클 같은 특정한 시인들에게 거의 종교적인 경외심을 품습니다. 그것은 때때로 약간 통속적인 숭배이며, 그리고 그의 위대한 시인 목록에서 독일인과 오스트리아인이 지나치게 많은 점을 고려하면 그것은 종종 상당히 맹목적인 애국주의적 숭배입니다. 그런데도 저는 직서적 언어의 단점에 대한 그의 주장을 받아들입니다. 당신은 하이데거에게 본질은 일반적인지 아니면 특정적인지에 관한 물음도 제기할 셈이었을 것입니다. 그런데 저는 하이데거가 그 주제를 한 번이라도 바로 이런 식으로 다루는지 잘 모르겠습니다. 그는 사물들의 일반적 범주들(기술, 예술, 시, 현존재)의 본질에 관해 매우 기꺼이 언급하지만, 후설에 대한 그의 주요한 반란 행위 중 하나는 특정한 개별적 사물들의 특이성을 강조하는 것입니다. "현존재는 각각의 경우에 나의 것이다", "다른 민족들과 대조를 이루는 독일 민족의 본질이 있다", 기타 등등이 있습니다.

데란다 잘 알겠습니다. 그래도 하이데거의 본질이 당신이 거부하는 유형의 것인지 아니면 당신이 수용하는 것인지는 분명하지 않습니다. 제 생각에 한 저자가 이것 아니면 저것을 받아들이는지는 그의 인식론에 의해 드러납니다. 본질에 대한 지식이 선험적이라면 그것은 일반적 본질이고, 그렇지 않다면 일반적 본질이 아닙니다. (그래서 여기서 질문은 다음과 같습니다. 탈은폐로서의 진리는 선험적 지식을 수반하는가?) 이 점에 관해서는 당신과 저 사이에 큰 간극이 있지 않습니다. 어떤 면에서 우리는 둘 다 헥시어티(객체의 '이것임')를 받아들이지만, 당신의 경우에는 객체가 특성들의 단순한 목록으로 환원되지 않도록 특이한 본질이 필요한 반면에 저는 객체가 독특한 역사적 개별자임으로써 이런 존재론적 범주에 속한다고 간주합니다. 여기서는 생성과 유지의 과정들이 개별자가 특성들의 단순한 다발이 아님을 보증하는 것입니다.

하먼 말씀을 듣고 질문하신 내용을 더 잘 이해하게 되었습니다. 선험적인 것에 관한 하이데거의 가장 명료한 언표는 영어로 번역되어 『시간 개념의 역사』라는 책으로 출간된, 1925년 마르부르크Marburg 강의록의 처음 100여 페이지에서 이루어진 후설에 대한 논의에서 제시됩니다. 그 강의록은 후설에 대한 정말로 심오한 논의로 시작합니다. 그리고 하이데거가 후설의 견해에 동의하는 점들과 동의하지 않는 점들이 제시됩니다. 그것은 그들의 지적 관계를 검토하는 데 절대적으로 가장 좋은 텍스트라고 말할 수 있습니다. 여기서 하이데거는 우리에게 현상학의 세 가지 가장 중요한 기여는 지향성, 선험적인 것의 독창적인 의미, 그리고 범주적 직관이라고 이야기합니다. 그런데 하이데거는 무엇보다도 가장 중요한 것, 즉 지향적 객체를 빠뜨렸습니다. 이것은 후설의 『논리 연구』[4]의 바로 그 토대임에도 하이데거는 자신의 작업에서 그것을 그저 무시합니다.

하이데거에 따르면, 그리고 제 생각에 올바르게도, 선험적인 것에 관한 후설의 개념은 역사적으로 새롭습니다. 전통적으로 선험적인 것은 일종의 지식을 가리켜 왔지만, 후설의 경우에는 선험적인 것이 일종의 존재를 가리킵니다. 즉, 어떤 현상에서 선험적인 것은 여타의 모든 것이 의존하는 그 존재의 가장 깊은 면모입니다. 자연적으로 후설의 경우에 이것은 그 현상의 형상이며, 감각으로는 결코 파악될 수 없지만 지성에 의해 직접 그리고 직관적으로 파악될 수 있습니다. 하이데거는 선험적인 것을 일종의 지식이라기보다는 오히려 일종의 존재라고 해석하는 견해에 동의함이 확실합니다. 하지만 그는 무엇이든 어떤 사물의 본질에 관한 직접적인 직관적 지식을 지닐 수 있는

---

4. Edmund Husserl, *Logical Investigations*. [에드문트 후설, 『논리 연구 1·2』].

우리의 능력에 대해서는 동의하지 않습니다. 이것은 언제나 물러서며, 그리고 역사적으로 뿌리를 내린 우리의 존재 속에서 우리는 우리 자신의 그림자를 뛰어넘어서 실재를 그 자체로 파악할 수 없습니다. 그가 이런 견해에서 이탈하게 되는 것에 가장 가까운 태도는 다양한 기본 정서에 관한 논의에서 나타납니다. 특히, 하이데거는 종종 불안과 권태가 존재 그리고/또는 무無에 대한 직접적인 경험을 제공한다는 것을 인정합니다. 나름의 가치가 있음에도 저는 정서에 대한 이런 분석이 기대에 못 미친다고 생각합니다. 비록 그것이 흥미로운 것은 분명하지만 말입니다.

데란다 글쎄요. 개인적으로 저는 누군가가 선험적인 것을 지식의 특성이라기보다 존재자들의 특성으로 삼는 것을 찬양할 이유를 모르겠습니다. 그것은 바로 인식론적인 것을 존재론적인 것으로 사물화하는 조치로, 제가 가장 강하게 거부하는 것입니다. 그런데 다만 이것에 관한 제 입장을 분명히 다시 말씀드리자면, 저는 객체가 특성들의 다발로 환원될 수 없다는 것에는 동의하지만 '객체성'을 보증하는 데 필요한 여분의 성분이 특이한 본질이라고는 생각하지 않습니다. 오히려 그 성분은 현재의 객체를 그 구성 부분들 사이의 현행적 상호작용들, 그 정체성의 유지 메커니즘으로 작용하는 상호작용들뿐만 아니라 (그것의 역사적 생성에 이르기까지) 과거의 객체와도 이어주는 계보학적 연계입니다. 달리 말씀드리자면, 우리는 이 고양이의 최초 출현을 설명하기 위한 메커니즘들(또는 과정들) ― 수정된 고양이 난자를 새끼 고양이로 분열시킨 발생학적 과정들 ― 이 필요할 뿐만 아니라, 여기 있는 고양이가 탈신체화된 특성들로 환원될 수 없다는 사실을 설명하기 위한 항상성 메커니즘들도 필요합니다. 이 메커니즘들은 모두 후험적으로 발견됨이 틀림없습니다(어떤 것도 오로지 사유에만 자신의 비밀을 밝히지는 않을 것입니다).

그런데도 저는 일반적 본질을 제거하는 것이 보기보다 어렵다는 점을 인정할 수밖에 없습니다. 그런 행위는 어떤 존재론적 태도를 채택하는 행위뿐만 아니라 유전 과정과 유지 과정 둘 다에 대한 규정을 비롯하여 상세한 사례들을 대체하는 행위도 포함합니다. 그리고 이런 대체 행위를 수행할 일반적인 방법은 전혀 없습니다. 모든 사물화된 일반자들(고양이 일반뿐만 아니라 또한 국가, 시장, 권력, 저항, 노동, 자본)은 대체되어야 하지만, 이 작업은 한 번에 한 건씩 어렵게 수행되어야 합니다.

하먼 사물화된 일반자들은 퇴치되어야 합니다! 이것은 당신이 저뿐만 아니라 라투르와도 공유하는 논점입니다. 라투르는 일반적으로 당신이 가까이하기를 바랄 누구보다도 실재론으로부터 훨씬 더 멀리 떨어져 있습니다. 그는 (뒤르켐과는 대조적으로) 사회가 현존함을 부인한다는 이유로, 또는 자본주의가 현존함을 부인한다는 이유로 많은 비난을 받았습니다(라투르와 당신은 둘 다 브로델이 자본주의와 관련하여 수행한 연구를 아주 좋아합니다).[5] 헥시어티에 대하여 말씀드리자면, 저는 그 낱말도 흔쾌히 사용할 것입니다. 저는 개의치 않고 본질이라는 낱말도 사용할 것이지만 말입니다. 본질이 일반적으로 어떤 특정한 유형의 선험적 지식을 정당화하는 데 사용되는 것은 사실이지만, 본질이나 그 밖의 모든 것에 관한 직접적인 지식을 허용하지 않는 저의 모델에서는 그런 일이 당연히 불가능합니다. 본질이 무슨 작업을 수행하는지에 관한 물음에 대하여 말씀드리자면, 그것은 우리에게 사물이 그것의 현행적 표현 또는 심지어 가능한 표현 중 어느 것보다도 더 깊은 실재를 갖추고 있음을 환기하는 것입니다. 메를로-퐁티는 "집 자체는 어디에서도 보이지 않는 집이 아니라 모든 곳에서 보이는 집이다"라고 주장합니다.[6] 일견 이것은 참신한 듯 들릴지라도 불

---

[5]. Fernand Braudel, *Civilization and Capitalism, 15th-18th Century : The Structure of Everyday Life*. [페르낭 브로델, 『물질문명과 자본주의 I – 1·2 : 일상생활의 구조』].

[6]. Maurice Merleau-Ponty, *Phenomenology of Perception*, 79. [모리스 메를로-퐁티, 『지각의 현상학』]. [* 이 인용구는 다음과 같다. The house itself is

가능한 것을 주장합니다. 집은 경관들views로 지어질 수 없는데, 그 이유는 사실상 집이 경관들을 가능하게 만드는 것이기 때문입니다. 경관은 단지 집을 자신의 한 구성요소로서, 관찰자를 다른 한 구성요소로서 포함하는 복합 존재자일 뿐입니다. 물은 마술이라도 부리듯 새로이 수소를 만들어내지 않고 오히려 선재하는 수소에 의존합니다. 최근에 얼마나 많은 저명한 저자가 이 사실을 부인하고 있는지 놀랍습니다. 예를 들면, 『우주와 중간에서 만나기』라는 책에서 버러드는 선재하는 자율적인 사물들 사이의 상호작용보다 '내부-작용'이라는 자신의 개념을 견지합니다.

데란다 저는 이것을 또 다른 논점과 연결해 보겠습니다. 저는 (올바르지 않게도) '물자체'(본체)의 개념이 '마음-독립적인 존재자'의 개념과 동등하다고 생각하곤 했습니다. 그런데 전자는 후자에 가지성 조건이라고 일컬어질 수 있을 여분의 성분을 추가한다고 당신은 지적했습니다. 제가 이런 구상은 인간 인식자를 본체의 구성요소로 만든다(그리하여 본체의 우리 마음으로부터의 자율성을 부인하게 한다)는 이의를 제기했을 때 당신은 동의하지 않았습니다. 그 이유는 무엇입니까?

---

not the house seen from nowhere, but the house seen from everywhere.]

하먼 왜냐하면 저의 경우에 물자체에 도달할 수 없는 것은 인간만이 아니기 때문입니다. 저는 두 객체 사이에 맺어진 관계들의 비본질적 특질(우리의 확장된 판본의 브레이버 도식을 좇는다면 R8)에 특별한 관심을 가지며, 그리하여 저에게는 먼지 알갱이들이나 바위들 사이의 단순한 인과적 상호작용조차도 이 객체들이 서로 철저히 상호작용을 할 수 없게 하는 것처럼 보입니다. 이미지 또는 환영을 다루는 것은 의식만이 아닙니다. 더 일반적으로 관계들도 그것들을 다룹니다.

데란다 이 점은 흥미롭습니다. 비인간 존재자들은 사실상 그것들의 표면들에서 상호작용하기에 오로지 표면들을 '볼' 따름입니다. 두 개의 원자는 오직 그것들의 외각 전자들을 통해서 상호작용할 뿐이기에 결코 서로의 핵을 '보'지 못하거나 '개의치' 않습니다. 그리고 면역계-박테리아 또는 포식자-먹이 상호작용의 경우에도 사정은 마찬가지입니다. 존재자들은 서로 성공적으로 상호작용하기 위하여 자신들의 표면들을 넘어서는 어떤 것도 결코 '파악할' 필요가 없습니다.

하먼 면역계는 좋은 일례입니다. 면역학자 움베르토 마뚜라나와 프란시스코 바렐라가 세포를 외부 세계와 상당히 제한적으로 접촉하는 하나의 항상성 체계로 간주하는 관념을 구상하게 된 것은 결코 우연이 아닙니다.[7] 그들이 영향을 미친 가장 저명한 저자 중 한 사람인 니클라스 루만의 경우에도 사정은 마찬가지입니다. 루만의 사회 이론은 어떤 직접적인 형태의 소통에 대해서도 상당히 비관적입니다. 그리고 저는 더 이른 시기의 저자를 한 명 더 소개해 드리고 싶습니다. 그는 위대한 동물 생태학자 야콥 요한 폰 윅스퀼입니다. 윅스퀼의 경우에 각각의 동물은 더 넓은 주위환경(움게붕Umgebung)에서 분절된 작은 부분에 불과할 수밖에 없는 어떤 특정한 환경(움벨트Umwelt)에서 서식합니다.[8] 왜냐하면 우리를 비롯하여 모든 동물은 단지 한정된 범위의 존재자들을 탐지할 수 있을 뿐이기 때문입니다. 이 저자들은 모두 모든 체계가 '외부'와 접촉을 할 때 직면하는 어려움에 대하여, 어쩌면 이런 접촉이 거의 불가능하게 되는 지경에 이르게 될 정도의 어려움에 대하여 중요한 주장을 제기합니다.

이제 당신의 질문으로 되돌아갑시다. 저에게 본질이 중요한 이유는 그것이 특정한 관계항들이 그 관계들 외부에 독립적으로 현존함을 역설한다는 것과 더불어 또한 이 관계항들이 일

---

7. Humberto R. Maturana and Francisco J. Varela, *Autopoiesis and Cognition*. [움베르토 R. 마뚜라나·프란시스코 J. 바렐라, 『자기생성과 인지』.]
8. Jacob von Uexküll, *A Foray into the Worlds of Animals and Humans*. [야콥 폰 윅스퀼, 『동물들의 세계와 인간의 세계』.]

시적일지라도 본유적인 일관성을 갖춘 개별자들이라는 것입니다. 이 개별자들은 결코 영속적이지는 않은 어떤 내구성을 갖추고 있습니다. 저의 경우에 이런 규준을 충족하는 것이라면 무엇이든 하나의 객체입니다. 당신의 철학에서 객체의 지위는 무엇입니까? 객체는 당신의 주요 용어 중 하나가 아니지만, 당신은 완전히 형성된 개별자들이 실재 자체 속에 현존한다고 간주합니까? 아니면 전前개체적 세계를 객체들로 분절하는 것은 단적으로 인간의 마음입니까? 이것은 들뢰즈의 영향 아래에 있는 많은 사람이 취하는 노선입니다.

데란다 유감스럽게도, 만약 누군가가 인간의 마음이 잠재적인 것을 현실화하는 행위자라고 믿고 있다면 그는 들뢰즈를 이해하지 못하고 있습니다. 들뢰즈의 잠재 영역 존재론의 요점은 바로 그것의 이념적 연속체가 별개의 현실적 객체들로 분할된다는 것입니다. 들뢰즈의 경우에 현실화 과정은 바로 우리의 마음과 전적으로 독립적인 방식으로 이산적인 개별적 존재자들을 산출하는 이런 분할 과정입니다. 이제, 당신의 질문에 답을 드리자면, 저는 객체의 마음-독립적인 현존을 확실히 믿고 있습니다. 저는 '객체' 또는 '사물'이라는 용어들을 별로 사용하지 않을 것입니다. 그 이유는 제가 독특한 역사적 존재자(여기서 '역사'는 인간의 역사뿐만 아니라 우주론적·지질학적·생물학적 역사도 가리킵니다)로서의 객체의 존재론적 지위를 대체로 강조하면서 객체를 개별자로 일컫기 때문입니다. 개별적 바위와 강, 개별적 구름과 허리케인, 개별적 원자와 분자. 그런데 저는 객체들(사물들)에 덧붙여 사건들도 현실 세계의 내용에 포함합니다. 이것들은 원자적 사건들(예를 들면, 당구공들의 충돌)이어야 할 필요는 없고 오히려 객체들이 시도하는 행위들이거나 또는 객체들이 겪는 변화들입니다. 결국 하나의 과정(또는 메커니즘)은 반드시 선형적인 계열은 아닐지라도 일련의 사건입니다. 저는 당신의 존재론에서 사건은 인정받지 못한다는 진술을 들은 적이 있습니다만, 저는 이것이 그저 용어법적 습관에 불과하다는 느낌이 듭니다. 저는 당신의 객체 개념이 사물들뿐만 아니라 사건들도 포괄한다고 생각합니다. 그것들은 모두 객체적이라고 여겨집니다. 제 말이 맞습니까?

하먼 그것은 실제로 용어법적 쟁점에 불과합니다. 사람들은 왜 이 점을 이해하는 데 그토록 어려워할까요? 저의 경우에 사건은 '객체'라는 용어 아래 포괄됩니다. 지금까지 제가 그 용어를 유지한 것은 단지 제가 (후설을 비롯하여 브렌타노와 그의 제자들에 의해) 과거 빈에서 이루어진 객체에 관한 논의에 진 신세를 표현하기 위해서입니다. 많은 사람은 '객체'가 매우 오랜 시간 동안 지속하는 생기 없는 물리적 고체만을 가리켜야 한다고 가정합니다. 그런데 앞서 제가 제기한 논점으로 돌아가면, 들뢰즈에게서 영감을 받은 몇몇 저자는 단일한 물질-에너지에 의거하여 이야기하기를 좋아합니다. 그리하여 객체는 그런 에너지에서 유래된 소용돌이로서 일시적으로 형성될 따름입니다. 일례는 제인 베넷일 것입니다.[9] 이처럼 큰 견해 차이에도 불구하고 저는 베넷의 사상을 매우 좋아합니다.

데란다 지금까지 저 자신은 어떤 유사한 관념을 표현했습니다. 『천 년의 비선형적 역사』에서 저는 유기체가 생태계를 관통하는 에너지와 물질 흐름의 일시적인 응집체라고 단언했습니다. 그리고 더 일반적으로 그 책에서 저는 (용암, 바이오매스, 밈, 규범의) 흐름들을 다루면서 객체를 이런 유동적인 실재에서 나타났다 사라지는 일시적인 구조체로 간주합니다. 이런 견해는 저에게 의미가 있습니다. 다만 여기서 우리는 마음-독립적인 실재의 유의미한 **시간 척도**가 다양하다는 사실을 명심해야 합니다. 매우 긴 시간 척도(즉, 인간의 수명보다 훨씬 더 긴 시간 규모)에서는 많은 객체가 사라져 보이지 않게 되기에 당신은 흐름들, 즉 생성들을 '볼' 수 있을 따름일 것입니다. 더 짧

---

9. Jane Bennett, "Systems and Things."

은 시간 척도에서는 이 생성들 중 많은 것이 준-영구적인 존재자로 파악될 수 있습니다. 달리 표현하면 이렇습니다. 우리는 방금 사물과 사건을 구분했습니다만, 충분히 긴 시간 척도에서는 많은 사물이 사건으로 여겨질 수 있습니다. 두 개의 지각판 사이의 충돌 같은 중대한 사건이 수백만 년에 걸쳐 일어날 지질학적 시간 척도의 층위에서는 인류 전체의 생명이 레이더 화면 위의 깜빡이는 점 하나가 됩니다.

하먼 레비 브라이언트는 들뢰즈가 잠재 영역을 충분히 개체화하지 않는다고 해석합니다.[10] 『객체들의 민주주의』라는 책에서 브라이언트는 이 점에 대하여 존 프로테비를 비판적으로 참조합니다. 브라이언트는 잠재 영역에 대하여 베넷의 모형보다 더 파편화된 모형을 원하는 것처럼 보이지만, 또한 그는 제가 (감각적 객체와 대조되는) 실재적 객체는 성질들을 갖추고 있다고 말할 때 실수를 저지르고 있다고 생각합니다. 브라이언트의 경우에 '심층' 층위는 '잠재적 고유 존재'로 일컬어지고 '표면' 층위는 '국소적 표현'으로 일컬어집니다. 브라이언트의 입장은 들뢰즈주의적 실재론과 매우 유사한 것처럼 보일지라

---

10. Levi R. Bryant, *The Democracy of Objects*. [레비 R. 브라이언트, 『객체들의 민주주의』.]

도, 그것과 관련하여 제가 싫어하는 점이 적어도 두 가지가 있습니다. 첫째, 브라이언트의 '심층' 층위는 그것에 어떤 명확한 성질도 부여하지 않도록 고안되어 있기에 그의 입장은 거의 무정형의 '역량 형이상학'이 됩니다. 그리하여 실재적 객체에 관하여 무언가를 알려면 '표면' 층위로 상승하여 결과를 살펴보아야 합니다. 이것은 아리스토텔레스의 가능태potentiality 이론이 우리로 하여금 어떤 도토리가 그것의 현행 상태에서 무엇인지 설명하기보다는 오히려 그 도토리의 미래 결과에 유의하게 하는 방식과 유사합니다. 둘째, 국소적 표현들의 '표면' 층위에서 브라이언트는 흄의 '성질들의 다발' 입장에 빠져들어서 후설에게서 가치 있는 것을 전혀 취하지 않는 것처럼 보입니다. 반시계 방향으로 회전시킨 커피 잔과 왼쪽으로 2센티미터 옮겨진 커피 잔은 **동일한** 국소적 표현입니까? 아니면 두 개의 상이한 국소적 표현입니까?

데란다 제가 구상하는 객체는 특성들 및 성향들에 의해 특징지어집니다. 성향이라는 용어는 **경향 및 역량**을 포함합니다. 그리하여 객체가 (자신의 성질들 이외에) 특성들을 갖추고 있고 한낱 역량들의 다발임을 부인하는 관념은 잘못된 것입니다. 특성은 시간이 흐름에 따라 지속한다는 바로 그 이유로 인해 객체에 영속성을 부여하는 것입니다. 지속적인 특성은 성향의 근거입니다. 그런데 성향은 우리가 어떤 객체를 단순히 그것의 특성들을 지각함(또는 심지어 측정함)으로써 전적으로 파악하지는 못하게 막는 것입니다. 다른 한편으로, 성향의 존재론적 지위는 논란이 많습니다. 왜냐하면 실재적이면서 현실적인 특성과 달리 성향은 실재적이지만 현재 현시되지 않고 있다면 현실적이지는 않습니다. 일부 철학자들은 가능한 것이라는 범주가 현실적이지 않은 성향들을 개념화하는 데 필요하다고 믿고 있는 반면에, 다른 철학자들(예를 들면, 베르그손)은 성향들을 실재론적 존재론 안에 수용하기 위해 새로운 존재 범주(잠재적인 것)를 고안할 필요성을 느꼈습니다. OOO에서 성향의 지위는 어떠합니까? 저는 당신에게 그것들이 필요하다고 생각하곤 합니다. 왜냐하면 본체에 대한 정의에서 당신은 성향적임이 당연한 '가지성'이라는 개념을 사용하기 때문입니다. 다른 한편으로, 당신은 객체가 행할 수 있는 가능한 것들에 관한 몇몇 논고에 수반되는 사소한 가능태들의 증식에 진저리를 냅니다.

하먼 저는 가능한 것에 의거하여 성향을 생각하는 경향이 있습니다. 왜냐하면 성향은 본질적으로 관계적이고 저는 모든 관계적 특성을 객체의 핵심에서 떼어 놓기를 원하기 때문입니다. 예를 들면, "플라스틱은 불에 녹는 성향이 있다"라고 한다면, 왜 우리는 그 성향을 플라스틱에 또는 불에 자리하게 하기를 원합니까? 오히려 저는 그것을 불과 플라스틱으로 이루어지는 복합 존재자에 자리하게 할 것입니다. 그 복합 존재자는 자신의 플라스틱 부분에 소급적인 영향을 미쳐 그것을 용해할 것입니다. 우리가 성향을 사물에 자리하게 하기 시작하면, 우리는 지금 현존하지 않고 미래에 절대 현존하지 않을 성향들을 비롯하여 온갖 종류의 가상적 성향을 사물 속에 집어넣어야 할 것입니다. 이런 성향들이 터무니없게 많이 증가하는 사태를 막고 싶다면, 우리는 필시 사소한 성향들을 제거하는 어떤 원리에 아무튼 의지해야 할 것입니다. 제가 우려하는 바는 그 원리가 결국 "현실화될 가망이 있는 성향" 같은 비교적 평범한 원리일 것이라는 점입니다. 그러므로 예를 들면, "해바라기씨는 홍관조를 유인하여 먹히는 성향이 있다"라고 한다면, 어떤 당혹스러운 별도의 성향을 추가하여 "해바라기씨는 고양이가 굶어 죽어가고 있고 그 밖의 먹을 것을 전혀 발견할 수 없다면 고양이를 유인하여 먹히는 성향이 있다"라고 말하지 못하거나, 또는 "해바라기씨는 씨 귀신을 유인하여 먹히는 성향이 있다"라고 말하지 못할 이유가 있겠습니까? 두 번째 성향은 그것이 해바라기씨를 좋아하는 홍관조의 더 자연적인 경험과 비교하여 얼마간 인위적인 시나리오를 필요로 한다는 단순한 이유로 인해 더 사소한 것일까요? 세 번째 성향은 우리가 홍관조는 현존한다고 알고 있는 반면에 씨 귀신은 현존한다고 알려져 있지 않다는 단순한 이유로 인해 더 사소한 것일까요? 오히려 저는 해바라기씨가 언젠가 맺을 수 있을 어떤 관계들과는 완전히 별개로 해바라기씨의 실재성 자체를 단적으로 언급할 것입니다.

달리 말씀드리자면, (우리가 그것을 이렇게 일컬을 수 있다면) 성향주의는 저에게 이미 일종의 관계주의인 것처럼 보입니다. 예를 들면, 라투르의 존재론은 매우 포괄적이어서 모든 실재적 존재자와 허구적 존재자를 포함합니다. 단지 무언가 다른 것에 영향을 미치는 것이라면 무엇이든 실재적인 것이고, 궁극적으로 그것은 자신의 효과들에 지나지 않습니다.[11] 이것은 실재론이 아니라 관계주의입니다. 그것은 지금 당장 아무것에도 영향을 미치지 않고 있고 결코 아무것에도 영향을 미치지 않을 현행적으로 표현되지 않은 실재를 설명할 수 없습니다. 궁극적으로 이것은 사회과학에서 행위자-네트워크 이론과 관련된 문제입니다. 그것은 반사실적 사례를 다룰 수 없고, 따라서 당신(그리고 바스카)이 실험에 대하여 언급하는 그런 종류들의 상황들을 정말로 제대로 다룰 수 없습니다.[12]

---

11. Bruno Latour, "Irreductions."
12. Bhaskar, *A Realist Theory of Science*; Graham Harman, *Immaterialism* [그레이엄 하먼, 『비유물론』].

데란다 반사실적 조건문은 지금까지 언제나 모든 존재론에 골칫거리였습니다. 한 가지 유명한 접근법은 양상 논리에 의해 예시됩니다. 양상 논리학자들은 보통 사람이 특별한 노력을 전혀 기울이지 않고서 반사실적 문장들 – "JFK[13]가 암살되지 않았더라면 베트남 전쟁은 더 일찍 종결되었을 것이다"와 같은 문장들 – 을 이해할 수 있는 방법을 설명하고자 합니다. 이것을 설명하기 위해 그들은 JFK가 생존하는 세계와 같은 가능세계들의 마음-독립적인 현존을 가정합니다. 콰인과 굿맨은 현존하는 가능세계의 수를 한정할 방식이 전혀 없다는 점에 근거하여 양상 논리학자들을 놀리기를 좋아합니다. JFK가 생존하는 세계가 있을 뿐만 아니라, JFK가 생존하지만 다른 의상을 착용하고 있거나 다른 머리 모양을 하고 있는 세계도 있습니다. 이미 저는 논리가 (한 가지를 제외하고) 의의라는 개념을 포함하지 못하기에 가능세계들을 오직 어떤 차이를 만들어내는 노선을 따라 변화시킬 수 있는 어떤 원리를 갖춘 방식이 전혀 없다는 사실을 언급했습니다. 암살당하지 않음은 유의미하게 다른 가능한 세계를 창출하는 반면에 다른 의상을 착용함 (또는 그 밖의 무한히 많은 사소한 변양태)은 그렇지 않습니다.

---

13. * 'JFK'는 미합중국의 제35대 대통령 '존 F. 케네디'(John F. Kennedy)를 지칭한다.

그런데 우리가 사소하게 상이한 가능세계들을 차단할 방법을 도입할 수 있을지라도 그런 세계들에서 현실적 존재자들과 대응 관계에 있는 것들의 동일성을 설명해야 하는 문제가 있습니다. 예를 들면, 무엇이 생존하는 JFK가 동일한 JFK임을 보증할 것입니까? 우리의 JFK에 대응하는 유효한 인물에 대한 규준은 무엇입니까? 여기서 일반적인 조작은 본질을 도입하는 것입니다.

하먼 저는 당신이 열거한 가능세계들에 대한 비판에 동의합니다. 그것은 모든 변양태가 동등하다고 가정하는 잘못된 종류의 존재론입니다. 저는 가능세계에 관한 데이비드 루이스의 구상에 대한 크립키의 비판이 마음에 듭니다. 그리고 저는 본질을 꺼려 하지 않기에 크립키를 두둔하는 것도 두려워하지 않습니다. 크립키에게서 제가 싫어하는 것은 그가 공표하는 본질이 대단히 협소한 과학주의적 정취를 품고 있다는 점입니다. 예를 들면, 크립키는 금의 본질이 79개의 양성자를 갖추고 있는 것이라고 말합니다. 그런데 이것은 단지 분석철학의 전형적인 과학 숭배일 뿐입니다(그것이 대륙철학의 지식 공포증과는 대조적으로 아무리 참신하더라도 말입니다). 79개의 양성자를 갖추고 있음은 금의 현존을 위한 물리적 전제 조건이지만, 금의 본질은 아님이 확실합니다. 훨씬 더 나쁜 것은 크립키가 리처드 닉슨의 본질은 그가 두 명의 특정한 부모에게서 유래했다는 것이라고 말하는 점입니다. 그것은 물리적으로라도 참일까요? 저는 그렇게 생각하지 않습니다. 닉슨이 서로 다른 두 부모로부터 동일한 DNA를 갖고 태어나게 되는 일은 비개연적이지만 불가능한 일은 아닐 것입니다.

데란다 잘 알겠습니다. 바스카 역시 금의 본질이 79개의 양성자를 갖추고 있는 것이라고 믿습니다. 더 정확히 말씀드리자면, 바스카는 금의 본질이 79개의 양성자를 갖춘 핵에 딸려 있는 전자 구조라고 믿습니다. 그런데 저는 금의 정체성은 사실상 이런 식으로 규정된다고 믿고 있지만, 단지 부분적으로 그럴 뿐이라고 생각합니다. 79개의 양성자를 금의 본질로 삼는 것은 원자들의 정체성이 체계적으로 바뀌는 것의 매우 중요한 역할을 빠뜨립니다. 이것은 A3의 반실재론적 함의를 거부하기 위해 세계의 완결되지 않은 본성을 단언할 필요가 있는 실재론자에게 중요합니다. 이런 특수한 사례에서 그 변이는 원자핵이 중성자들도 갖추고 있다는 사실에서 비롯되며, 그리고 중성자 수에 따라서 금의 여러 변양태(또는 동위원소)가 있습니다. 본질주의자에게는 이런 변이가 사소합니다. 그런 변이는 우리가 중요한 것, 즉 모든 금 원자가 공유하는 것, 동일한 채로 남아 있는 것을 보기 전에 가라앉도록 내버려두어야 하는 일종의 먼지구름입니다.

이것을 조금 더 구체적으로 말씀드리겠습니다. 제 앞에 있는 잔에 담긴 물을 살펴봅시다. 그것은 어떤 현실적 특성들을 갖추고 있습니다. 그것의 온도, 그것의 부피, 그것의 순도, 그리고 더 중요하게도 그것의 화학적 조성이 있습니다. 크립키 같은 본질주의적 철학자들의 경우에 앞의 세 가지 특성은 우유적입니다(우리는 온도와 부피를 약간 변화시킬 수 있고, 소금을 조금 첨가할 수 있으며, 그래도 이 객체는 여전히 물일 것입니다). 반면에 마지막 특성은 본질적입니다. 물은 H_2O입니다. 또는 더 직설적으로 서술하면, 물의 본질은 H_2O라는 것입니다. 그런데 제가 방금 말씀드렸듯이, 이것은 환원 불가능한 변양태의 현존을 무시합니다. 이 논점은 화학철학자 야프 반 브라켈에 의해 다음과 같이 멋진 문장으로 명확히 표명되었습니다.[14] 실제 물웅덩이를 조사하면 우리는 사실상 H_2O인 분자들의 거대한 개체군에 덧붙여 동위원소 변양태들이 있음을 알게 될 것입니다. 중수소(한 개의 중성자를 추가로 갖춘 보통 수소)가 소량으로 존재할 것이고, 그리하여 그 웅덩이에는 D_2O 분자들도 들어 있을 것입니다. 게다가, 전자들의 상실로 인한 변양태(이온이 된 분자들)가 존재하고, 그리하여 그 웅덩이에는 $OH+$ 입자들

---

14. Jaap van Brakel, *Philosophy of Chemistry*.

도 들어 있습니다. 마지막으로, 물 분자들은 중합체(동일한 분자들의 사슬)도 형성할 것이고, 그리하여 우리는 H_4O_2 분자들도 발견할 것입니다. 앞서 제가 말씀드렸듯이, 본질주의자에게 변이는 골칫거리(우리가 일반적인 본질에 도달하기 위해 제거해야 하는 것)인 반면에 저에게 그것은 세계의 중추적인 특질입니다.

하먼 동위원소에 대한 좋은 지적입니다. 20세기의 가장 극적인 순간 중 하나는 1939년 프린스턴Princeton에서 닐스 보어가 우라늄-235는 느린-중성자 핵분열의 여지가 있는 반면에 훨씬 더 흔한 우라늄-238은 그럴 여지가 없음을 갑자기 깨달았을 때입니다. 그런 순간이 없었다면 원자폭탄도 없었을 것입니다. 여기서 크립키가 "우라늄의 본질은 92개의 양성자를 갖추고 있는 것이다"라고 말한다면 무언가 큰 것을 못 보고 빠뜨리는 것입니다.[15]

데란다 그런데 현재 현시되고 있지 않은 성향의 존재론적 지위에 관한 물음으로 되돌아갑시다. 이런 까다로운 쟁점에 대

---

15. Richard Rhodes, *The Making of the Atomic Bomb*. [리처드 로즈, 『원자 폭탄 만들기 1·2』.]

한 저의 접근법은 다양한 유형의 성향들을 구분함으로써 시작하는 것입니다. 이 성향들 중 일부는 비교적 단순하고, 일부는 훨씬 더 복잡하며, 따라서 먼저 단순한 사례들에서 사소한 가능태들을 제거하는 어떤 원리를 갖춘 방식을 찾아내고자 합니다. 그 방식이 작동한다면, 저는 우리가 단순한 사례들에서 계발된 통찰 중 일부를 취하여 복잡한 사례들에 적용할 수 있으리라 생각합니다. 가장 단순한 성향은 우리가 경향이라고 일컫는 것입니다. 우리는 (해발고도 0미터에서) 물이 섭씨 100도에서 끓고 섭씨 0도에서 언다는 것을 알고 있습니다. 이것은 어떤 반사실적 조건문으로 표현될 수 있습니다. 우리가 온도를 섭씨 100도로 올리면 (또는 섭씨 0도로 내리면), 물은 끓을 (또는 얼을) 것입니다. 또는 그것은 어떤 객체에 관한 서술의 일부로서 표현될 수 있습니다. 이 물웅덩이는 그 특성들(부피, 온도, 염도)에 의해 특징지어질 뿐만 아니라 그것이 끓고 어는 객관적인 경향도 갖추고 있다는 사실에 의해서도 특징지어집니다. 섭씨 45도의 어느 물웅덩이를 가정합시다. 이 경우에 사소한 가능태는 '섭씨 46도의 물', '섭씨 47도의 물' 등입니다. 이렇게 해서 '잠재적 존재자들'이 무한히 증식할 것이고, 존재론적으로 말하자면, 이것은 터무니없이 팽창적일 것입니다. 그러므로 해결책은 평범한 가능태와 특별한(또는 특이한) 가능태 사이의 구분을 도입하는 것입니다. 섭씨 45도에서 46도로 바뀔 때는 (사소한 정량적 변화 이외에) 아무 일도 일어나지 않지만, 섭씨 99도에서 100도로 바뀔 때는 **주목할 만한** 어떤 일이 일어납니다. 그 객체의 상태가 [액체에서 기체로] 바뀝니다. 더욱이 이런 주목할 만한 변화는 규칙적으로, 그 객체의 정체성의 일부를 이루는 모든 지속적인 특성만큼 규칙적으로 일어납니다. 양에서 질로의 이런 변화들은 엥겔스에 의해 유물론적 철학에 도입되었으며, 그리고 나서야 그것들에 관한 우리의 지식이 심화되었을 따름입니다. 그리하여 요컨대 저는 단순한 가능태(섭씨 46도의 물)들에 대한 실재론자가 아니고 오히려 저는 그런 임계점들(그리고 그것들이 매개하는 규칙적인 행동)이 우리의 마음과 독립적으로 현존한다고 믿고 있습니다. 이것을 약간 더 전문적으로 표현하면, 모든 객체는 시간이 흐름에 따라 지속하는 특성들을 보유하는 현실적 현존과 더불어 독자적인 **연관 가능태 공간**associated possibility space을 갖추고 있습니다. 그 공간에서 평범한 가능태들을 표상하는 '점'들은 마음-독립적이지 않지만, (특이하거나 주목할 만한 가능태들에 의해 주어지는) 그 공간의 구조는 우리의 마음과 독립적으로 현존합니다. 우리는 (그 공간의 나머지 부분이 아니라) 오직 그 구조에만 존재론적으로 헌신함으로써 사소한 가능태의 수를 한정합니다.

하면 저는 가능태를 실재적인 것으로 간주하지 않는 것에 대한 당신의 주장에 동의합니다. 가능태는 누군가가 그것을 가설적으로 고려할 때 산출될 수 있지만, 그보다 더 이른 시점에는 그렇지 않습니다. 여기서 제가 생각하기에 우리의 유일한 차이점은, 저는 (현재 액체 물의 끓는점과 어는점처럼) 가설적으로 고려된 시나리오들이 실재적이라고 생각하지 않는다는 것입니다. 오히려 저의 경우에 이런 잠재태들은 감각적 객체들입니다. 왜냐하면 그것들은 가설-구상자의 상관물로서만 현존할 뿐이기 때문입니다. 가능태는 본질적으로 관계적이고, 따라서 그 자체로 가능태는 독자적으로 현존하지 않습니다. 저의 경우에 객체는 **현실적**actual이지만, 이것은 (저 역시 싫어하는) 현실주의actualism가 아닙니다. 왜냐하면 현실주의는 현실적인 것을 관계적인 것으로 간주하는 반면에 저에게 현실적인 것은 비관계적인 것이기 때문입니다.

데란다 제 생각은 다릅니다. 현실적인 것도 비관계적일 뿐만 아니라 잠재적인 것, 즉 물이 그 밖의 점들이 아니라 그런 점들에서 **규칙적으로** 얼거나 끓는 이유를 설명하는 가능태 공간의 구조도 비관계적입니다. 이 사건들의 규칙성은 어떤 객체의 정체성을 그것의 모든 지속적인 특성들만큼이나 믿음직하게 나타내는 표지입니다. 라부아지에 이전의 화학자들은 모든 증기와 연기가 단지 하나의 물질(상이한 불순물을 갖춘 공기)일 뿐이라고 생각했습니다. 기체 상태를 상이한 물질들이 공유하는 것으로 생각하기까지는 상당한 지적 노력이 필요했습니다. 그러므로 제가 추측하기에 여기서 우리의 차이점은, 저는 언제나 객체를 역동적인 것으로 생각한다는 것, 즉 객체가 자신의 정체성을 유지할 수 있도록 지속적으로 안정화될 필요가 있는 것으로 생각한다는 것입니다. 그리고 저는 객체가 규칙적으로 보여주는 모든 **불안정성** — 한 상태(액체)가 불안정해지고 다른 한 상태(기체)가 안정해지는 '섭씨 100도'처럼 객관적으로 불안정한 점들 — 을 그 정체성의 일부로 포함합니다.

하먼 당신은 얼음, 액체 물, 그리고 수증기가 동일한 객체라고 주장하며, 그리고 이것을 결정하는 당신의 방식은 이들 세 가지 모두가 H_2O로서 화학적으로 동일하다는 사실을 통해서 이루어집니다. 우리는 어떻게 해서 분자적 층위에 한 객체의 정체성이 자리하는 곳으로서의 특권을 부여할 수 있을까요? 저는 이로부터 너무나 많은 골칫거리가 비롯될 것이라고 우려합니다. 화학적으로 동일한 다이아몬드와 흑연은 정말로 동일한 객체입니까? 또한 화학적으로 동일한, 건강한 독수리와 부패하고 있는 독수리의 신체는 어떻습니까? 이것들은 동일한 객체입니까? 이런 종류들의 의문들로 인해 저는 얼음, 액체 물,

그리고 수증기는 동일한 물질로 이루어져 있을 때조차도 상이한 객체들이라고 간주하게 됩니다.

데란다 네, 무슨 말씀인지 알겠습니다. 한 객체가 그것의 창발적 특성들에 의해 규정되며(저는 그것이 부분적으로 그렇다고 믿고 있습니다), 그리고 이 특성들이 그 객체의 구성 부분들 사이의 상호작용들로 산출된다면, 액체 물, 수증기, 그리고 얼음은 상이한 객체들로 여겨져야 합니다. 물이 얼 때 새로운 객체들, 개별적 결정들이 나타난다는 것은 분명합니다. 그리고 죽은 독수리와 살아 있는 독수리의 경우에도 사정은 마찬가지입니다. 다른 한편으로, 가능태 증식의 문제에 대한 당신의 해결책은 객체를 증식하는 것입니다. 그러므로 저의 경우에는 기체, 액체, 또는 고체 형태의 물 1갤런이 상이한 상태들에 있는 (수량적으로) 동일한 객체인 반면에 당신의 경우에는 그것이 세 가지 별개의 객체입니다. 이것은 존재론적으로 팽창적일 뿐만 아니라 또한 당신이 이들 세 객체가 어떻게 해서 **규칙적으로 서로 전환될 수 있는지** 설명해야 하는 부담을 지게끔 합니다. 그리고 살아 있는 독수리와 죽은 독수리의 경우에도 사정은 마찬가지입니다. 저의 경우에는 이것이 두 가지 다른 상태에 있는 한 객체인데, 단지 이 경우에는 규칙적인 전이(죽음)가 현행 기술로 가역적이지 않을 뿐입니다. 그러므로 저 자신의 견해에 따르면, 우리는 객체를 무한정 증식하지 않고 오히려 규칙적인 상태 변화를 이해하기 위한 존재론적 근거를 제공하는 체계적인 가능태 공간을 모든 객체와 연관시켜야 합니다. 모든 객체는 현실적 절반과 잠재적 절반을 갖추고 있습니다.

하먼 가능태 공간에 관한 당신의 논의는 잠재적인 것에 관한 들뢰즈의 고유한 개념과 어떻게 관련됩니까?

데란다 글쎄요. 들뢰즈는 그 용어를 현재 현시되고 있지 않은 성향뿐만 아니라 객체의 현실태에 갇혀 있지 않은 특이성도 가리키는 데 사용합니다. 달리 진술하면, 들뢰즈는 자기 이전의 베르그손처럼 잠재적인 것 자체, 들뢰즈 자신이 내재성의 평면이라고 일컫는 것을 사유하고자 노력합니다. 이 평면에서는 특이성들이 객체들로부터 해방되어 현존하면서 모든 현실적인 것과 전적으로 독립적인 순수한 잠재태를 형성합니다. 특이성들이 현실적 객체들로부터 해방되는 어떤 특수한 과정이 존재한다는 관념을 타당하게 만들기 위해 저는 그 논점을 『강도의 과학과 잠재성의 철학』에서 (들뢰즈의 『의미의 논리』에서 차용된) 반反-현실화라는 개념을 사용하여 다루었습니다.[16] 실

---

16. DeLanda, *Intensive Science and Virtual Philosophy*. [데란다, 『강도의 과학과

재론을 논의할 때 제가 이것을 일반적으로 언급하지 않는 이유는 그것이 들뢰즈의 존재론에서 정당화하기가 가장 어려운 부분이기 때문입니다. 선험적 지식의 존재를 믿지 않는 저와 같은 사람의 경우에 그런 순수한 잠재적 차원이 현존한다는 후험적 증거를 제시하는 것은 대단히 힘든 일입니다. 들뢰즈는 우리가 오직 사유 속에서 이 평면에 도달할 수 있을 뿐이라는 점을 분명히 합니다. 요컨대 들뢰즈는 그 평면이 특이성들을 그것들이 갇혀 있는 현실적 객체들로부터 점진적으로 분리하는 일련의 심적 조작의 한계라고 간주합니다. 운이 좋게도, 본질이 특이성으로 대체되는 실재론은 들뢰즈의 존재론 전체를 통합할 필요가 없습니다. 이런 기본적인 과업에 필요한 유일한 것은 잠재적인 것의 현실화인데, 왜냐하면 사건들(얼기, 끓기)은 반-현실화에 대하여 충분히 구상된 설명이 아니기 때문입니다.

그런데 저는 단독으로 현존하지 않고 오히려 현실적인 것의 일부로서 현존하는 잠재적인 것을 다시 논의하겠습니다. 이 논의는 현재 현시되고 있지 않은 성향의 존재론적 지위를 포함합니다. 앞서 말씀드렸듯이, 여기서 저의 전략은 단순한 사례(경향)로 시작하여 더 복잡한 사례로 이행하는 것입니다. 복

잠재성의 철학』.]

잡한 성향의 일례는 우리가 역량이라고 일컬을 수 있는 것입니다. 역량이 복잡한 이유는, 일반적으로 이런 성향이 현시되려면 영향을 줄 수 있는 역량이 영향을 받을 수 있는 역량과 결합되어야 하기 때문입니다. 그러므로 경향과 달리 역량은 관계적입니다. 하지만 이런 관계는 외부성의 관계입니다. 즉, 영향을 주는 객체의 정체성도 영향을 받는 객체의 정체성도 그것들의 관계에 의해 규정되지 않습니다. 칼을 예로 들어 보겠습니다. 칼은 날카로움을 하나의 현실적 특성으로 갖추고 있습니다. 이것은 그것의 역량 중 하나, 즉 사물을 절단할 수 있는 역능의 근거를 이룹니다. 그런데 이 역량은 치즈, 빵, 그리고 야채에 대해서는 발휘될 수 있는 반면에 단단한 티타늄 덩어리에 대해서는 발휘될 수 없습니다. 왜냐하면 후자는 절단될 수 있는 역량을 갖추고 있지 않기 때문입니다. 달리 진술하면, 끓기 또는 얼기와 달리 이 경우에는 잠재적인 것을 현실화하는 사건이 언제나 이중적입니다. 절단하기/절단되기 말입니다. 그런데 추가된 이런 복잡성은 사소한 가능태들을 제거하고자 할 때 어려움을 초래합니다. 왜냐하면 칼은 그것이 상호작용하는 대상에 따라서 상이한 역량들을 갖추고 있기 때문입니다. 칼은 빵이나 치즈와 상호작용할 때는 절단할 수 있는 역량이 있고, 살아 있는 동물과 상호작용할 때는 죽일 수 있는 역량이 있으며, 살아 있는 인간과 상호작용할 때는 살해할 수 있는 역량이 있습니다.

하면 칼의 모든 역량이 그것의 잠재태에 속한다면 당신은 콰인이 "가능한 것들의 슬럼"[17]이라고 일컫는 것을 어떻게 피합니까? 칼의 잠재태는 살-절단하기, 케이크-절단하기, 그리고 종이-절단하기를 별개의 요소들로 포함할 것입니까? 아니면 그것들은 모두 동일한 절단하기입니까? 악기로 사용되기, 결혼 선물로 사용되기, 철망을 제거하기 위한 도둑의 도구로 사용되기, 또는 물물교환을 위한 품목으로 사용되기 같은 칼의 더 색다른 역량들은 어떻습니까? 살인 무기가 될 수 있는 칼의 역량은 그것으로 살해당할 수 있을 각각의 사람에 대해서 각기 다른 역량입니까? 그렇지 않다면 그 이유는 무엇입니까? 칼을 사용한 살해가 왕의 암살, 고대의 처녀 희생, 화장실에서의 싸움, 또는 작은 포유류 동물의 잔혹한 도살일 경우에 그 살해와 관련하여 극적으로 다른 무언가가 존재하지 않겠습니까? 칼은 그것을 사용하여 살해한 독특한 개인에 따라서 각각 구분되는 살인 무기입니까? 더 역사적인 일례를 인용할 수 있습니다. 크리스토퍼 말로는 1593년에 선술집에서 일어난 싸움에서 칼에 찔려 죽었습니다. 이것은 어쩌면 세계 문학의

---

17. Quine, "Two Dogmas of Empiricism."

경로를 바꾸었을 것입니다. 그것은 중대한 사건임이 틀림없지만, 우리는 칼이 "말로를 죽일 수 있는 역량"을 사전에 포함하고 있었다고, 이 역량이 공교롭게도 우발적으로 현실화되었다고, 그리고 말로가 "잉그램 피저에게 살해당할 수 있는 역량"(피저가 실제로 범인이었다고 가정합시다)을 사전에 갖추고 있었다고 실제로 말할 수 있을까요? 앞서 설명했듯이, 이런 상황을 다루는 저의 방식은 구성요소들(말로, 피저, 칼)에 선재하는 역량에 관해 이야기하지 않고 오히려 더 상위 차원의 객체로서 살인 사건의 현실적 특성들에 관해 이야기하는 것입니다.

데란다 그렇습니다. 저는 이것이 문제라는 점에 전적으로 동의합니다. 저는 현재 그것을 어떻게 해결해야 할지 알지 못하지만, 제가 역량들과 관련된 가능태의 수를 한정하는 어떤 원리를 갖춘 방식을 찾아내지 못한다면 저의 존재론에는 큰 구멍이 있다는 점에 동의합니다.

하먼 역량 형이상학은 오늘날 분석철학에서 인기가 있습니다. 무엇보다도 낸시 카트라이트[18]가 있으며, 또한 시드니Sydney

---

18. Nancy Cartwright, *The Dappled World*.

출신의 흥미진진한 고故 조지 몰나르가 있습니다.[19] 또한 저는 언젠가 레비 브라이언트에 관한 당신의 견해를 듣고 싶습니다. 왜냐하면 『객체들의 민주주의』에서 브라이언트는 저처럼 객체지향적이면서도 당신처럼 들뢰즈에게서 영감을 받았으며, 언제나 역량 형이상학을 옹호하기 때문입니다.[20] 저는 가능태에 대하여 의구심을 갖는 것과 마찬가지 이유로 역량에 대해서도 의구심을 갖습니다. 그 두 개념은 모두 사물이 자신의 현재 현실적 상태 이상의 것이 되도록 사물을 풍성하게 하는 데는 좋지만, "이 칼이 자신의 현행 상태보다 더 풍성한 이유는 그것이 다른 사물들에도 영향을 줄 수 있기 때문이다"라고 진술함으로써 그렇게 하는 것처럼 보입니다. 글쎄요. 칼이 현재 그것이 행하고 있는 방식과 다른 식으로 사물들에 영향을 줄 수 있는 것은 사실이지만, 저의 입장은 그것이 이런 상이한 효과들을 낳을 때 그것들은 칼에 속하지 않고 오히려 칼과 그 밖의 다른 무언가로 이루어진 하나의 새로운 존재자에 속한다는 것입니다. 당신의 사례를 사용하면, 저는 칼 자체가 살인 무기가 되지 않고 오히려 '살인 무기'라고 일컬어지는 어떤 새로운 존재자가 칼과 살인자로부터 형성된다고 말씀드리고 싶습니다. 칼이 살

---

19. George Molnar, *Powers*.
20. Bryant, *The Democracy of Objects*. [브라이언트, 『객체들의 민주주의』.]

인자를 개의치 않는 이유는 그것이 불활성의 죽은 물질 조각이기 때문이 아니라, 칼은 여전히 칼인 채로 있고 살인 무기는, 인접하지만 다른 존재자, 칼 더하기 그 밖의 다른 무언가이기 때문입니다. 많은 관계(저는 관계를 객체로 간주합니다)가 자신의 성분 항들에 소급적인 영향을 미치는 것은 사실입니다. 『새로운 사회철학』에서 당신은 누구 못지않게 이 사례를 잘 다루었습니다.[21] 그 칼이 유명한 살인 무기라면 그것은 어떤 중요한 방식으로 그것을 변경하는 박물관 보존 기법의 대상일 수 있을 것입니다. 결혼은 종종 돌이킬 수 없게 두 사람을 변화시킵니다. 한 젊은 비#프랑스인 남성은 현재 프랑스 외인 부대원의 특성을 갖추고 있지 않더라도 합류할 수 있는 역량을 갖추고 있으며, 그리고 그런 결단은 그에게 깊은 영향을 미칠 것임이 틀림없습니다. 그런데 모든 관계가 관계항들에 영향을 미친다는 것은 사실이 아닙니다. 우리는 '살인 무기'라는 용어를 칼에 귀속시킬 수 있을 것이지만, 살인 무기는 어딘가 다른 곳에, 칼이 단지 하나의 구성요소에 불과한 어떤 복합 존재자에 있습니다.

---

21. Manuel DeLanda, *A New Philosophy of Society*. [마누엘 데란다, 『새로운 사회철학』.]

데란다 이것은 끓는점/어는점에 대한 당신의 해결책과 유사합니다. 이 잔의 물을 어떤 질서정연한 변환들을 겪을 수 있는 하나의 객체로 간주하기보다는 오히려 당신은 얼음과 수증기가 단적으로 상이한 객체들이라고 여깁니다. 이런 해결책은 역량에 대하여 훨씬 더 잘 작동하는 것처럼 보일 것입니다. 왜냐하면 영향을 주는 객체 더하기 영향을 받는 객체를 별개의 객체로 간주하는 것은 확실히 타당하기 때문입니다. 그런데 마찬가지의 문제가 생겨납니다. 당신은 객체를 증식함으로써 가능태의 증식을 저지합니다. 그리고 당신은 이런 증식을 한정하는 데 마찬가지의 어려움을 겪을 것입니다. 칼과 오이는 두 개의 각기 다른 객체이고, 오이를 절단하는 칼은 또 다른 객체입니다. 빵을 절단하는 칼 역시 또 다른 객체입니까? 치즈를 자르는 칼의 경우에는 어떻습니까? 당신은 이런 증식을 어떻게 방지합니까? 그리하여 우리는 둘 다 어떤 문제(가능태들의 슬럼, 객체들의 슬럼)에 봉착해 있습니다.

하먼 제가 보기에 이것은 위험한 증식이 아닙니다. 칼은 때로는 **빵**을 절단하고 때로는 오이를 절단합니다. 모든 사람이 이것들은 두 가지 상이한 관계임을 인정하지만, 저는 이 경우에 관계의 증식에 대하여 불평할 사람이 없을 것이라고 생각합니다. 저는 단지 모든 진정한 관계가 새로운 객체를 형성한다는 것과 이런 객체가 종종 자신의 구성요소들에 소급적 영향을 미친다는 것을 덧붙일 뿐입니다. 그런 객체들은 오래 지속하지 않습니다. 대다수 빵 또는 오이를 절단하는 데는 많은 시간이 걸리지 않습니다. 자동차들 또는 비행기들이 서로 충돌하는 데는 훨씬 더 짧은 시간이 걸리지만, 저는 그런 충돌들은 매우 짧은 시간 동안 현존하더라도 새로운 존재자들로 간주합니다.[22] 그러므로 그것은 사실상 객체들의 슬럼이 아닙니다. 객체는 그것이 현존하는 동안에만 현존할 뿐입니다. 콰인이 "문 앞에 있는 가능한 살찐 남자" 같은 사례들에 대하여 불평했을 때 그가 우려한 것은 어쩌면 **구상 가능한 모든 사물이 현존할 것이라는 주장**이었습니다.[23] 저에게 그것은 사실이 아닙니다. 왜냐하면 무언가가 구상 가능하다는 것은 실재적이기에는 충분하지 않기 때문입니다. 그것은 지금 여기서 실재적이어야 하거나(실재적 객체) 아니면 지금 여기서 어떤 실재적 객체의 경험 속에 존재해야 합니다(감각적 객체). 문 앞에 있는 가능한 살찐 남자는 콰인이 그 가능성을 고려하는 짧은 시간 동안에만 현존할 뿐이고, 슬럼을 채우는 어떤 영원한 가능태로서 현존하지는 않습니다.

---

22. Graham Harman, "Time, Space, Essence, and Eidos."
23. Quine, "Two Dogmas of Empiricism."

데란다 글쎄요. 제가 보기에는 여전히 객체의 증식이 있습니다. 어쩌면 객체들의 슬럼은 존재하지 않더라도 말입니다. 제 입장을 말씀드리면, 저는 보다 소수의 객체를 고수하기를 선호하고 어떤 다른 방식으로 가능태의 증식을 한정하고자 합니다. 경향(가장 단순한 성향)의 경우에, 우리는 가능태 공간에 주의를 집중한 다음에 가능태를 도외시하고 오로지 가능태 공간의 구조에만 존재론적으로 전념함으로써 증식을 중단시킬 수 있습니다. 이런 구조(예를 들면, 오일러의 특이점들)의 객관적 현존은 여타의 가설적 존재자의 현존처럼 입증될 수 있습니다. 방정식들로 모형화된 객체들이 그 모형들이 진술하는 선호 상태들을 사실상 나타낸다(또는 그것들이 예측된 임계점들에서 상태들을 전환한다)는 증거를 수집함으로써 말입니다. 그리고 일단 특이점들의 현존이 후험적으로 입증되면, 그것들이 사소한 가능태의 증식을 허용하지 않는 방식으로 한 객체에 대한 가능한 상태들의 공간을 한정할 수 있음이 분명한 듯 보입니다. 그런데 이것은 현재 발휘되고 있지 않은 역량의 존재론적 지위를 명확히 하는 데 아무런 도움이 되지 않습니다.

우리에게는 당장 이런 일을 행할 올바른 형식적 도구가 단 한 가지, 즉 일단의 가장 단순한 자동 장치의 영향을 주고받을 수 있는 역량이 있을 따름입니다. 이런 특별한 경우에 자동 장치들이 자신의 역량들을 발휘하는 상호작용들은 규칙에 의해 규정되기에 우리는 모든 가능한 규칙의 공간을 탐사할 수 있으며, 그리고 (전통적인 의미에서의) 특이점들이 아니라 오히려 특이하고 두드러지며 통상적이지 않은 규칙들의 집합을 찾아낼 수 있습니다. (여느 때처럼 저는 규칙들의 총합이 아니라 오로지 이런 특이하고 대단히 유의미한 집합에만 존재론적으로 전념할 것입니다.) 이런 작업은 세포 자동자에 대하여 수행되었고 대다수 다른 상호작용이 초래하지 못하는 다양한 창발적 효과를 초래할 수 있는 몇몇 상호작용의 놀라운 능력을 명확히 밝혔습니다. 그런데 『철학과 시뮬레이션』이라는 책에서 자세히 분석된 특수한 하나의 사례에서 출발하여 영향을 주고 영향을 받을 수 있는 역량들과 관련된 가능태 공간에 대한 지적으로 만족스러운 어떤 구상을 갖기까지는 더 많은 작업이 필요합니다.

요약하자면 다음과 같습니다. 저는 경향들과 연관된 가능태 공간의 구조를 규정하는 어떤 원리를 구비한 (그리고 시간의 시험을 견딘) 방법은 갖추고 있지만, 역량에 대한 방법은 갖추고 있지 않습니다. 저의 전략은 유비로 진전시키는 것입니다. 경향의 경우에 그 구조는 평범하거나 사소한 가능태들을 배제하고 특별하거나 주목할 만한 가능태들에 의해 규정됩니다. 따라서 어떤 유사한 접근법이 언젠가 역량에 대해서도 작동할 수 있을 것입니다. 이것을 인정한 다음에 오로지 경향에 집중함으로써 우리 각자의 존재론에서 성향의 지위(그리고 반사실적 조건문의 용법)를 계속해서 탐구합시다. 경향과 관련된 단순한 사례의 경우에 저는, 오일러의 특이점들에 덧붙여, 푸앵카레의 끌개들에 의해 구성된 더 최근의 추가적인 구상물을 사용할 수 있습니다.

하먼 『강도의 과학과 잠재성의 철학』이라는 책에서 당신은 끌개에 관한 강력한 설명을 제시합니다. 그 책으로부터 제가 받은 느낌은 이런 구조가 모든 특정한 객체 너머에 자리하고 있다는 것입니다. 그로 인해 저는 실재에 관한 당신의 개념에 대하여 어떤 탈신체화의 감각을 품게 되었습니다. 예를 들면, 끌개에 관한 당신의 논의가 매우 흥미진진했던 이유는 세면대 속 구슬이 마침내 배수구에 닿아서 더는 움직이지 않더라도 그것은 여전히 끌개와 만나지 못하기 때문입니다. 저는 알려진 물리적 위치들이 더는 물질의 핵심이 아니라는 명백한 이유로 인해 그 개념이 마음에 들었습니다. 구슬이 자신의 최종 정지 지점에 있을 때도 끌개는 배수구 구멍 자체와 동일하지 않습니다.

데란다 끌개는 오일러의 최솟점과 유사한 특이점입니다.

즉, 끌개 역시 객체가 선호하는 안정적인 상태를 규정하지만, 19세기 말 무렵 앙리 푸앵카레가 개척한 미분방정식에 대한 참신한 기하학적 접근법의 일부로서 훨씬 나중에 발견되었습니다. 오일러가 연구한 방정식들과 달리 푸앵카레가 다룬 방정식들은 함수 형태로 풀 수 없었고, 따라서 푸앵카레는 가능한 수치적 해답들의 공간을 연구할 수밖에 없었습니다. 이 공간은 '위상 공간phase space으로 일컬어지고 **동역학적 객체에 대한 가능한 상태들의 공간을 나타냅니다**. 위상 공간에 대한 존재론적 분석에서 모든 점은 한 객체의 가능한 상태를 나타내고, 일련의 점(또는 궤적)은 그 객체의 역사의 가능한 전개를 나타내며, 그리고 마지막으로 끌개 자체는 그런 역사의 전개가 현시하는 경향을 나타냅니다. 그런데 이런 특이점이 궤적을 끌어당기더라도(그런 까닭에 궤적은 특이점을 향해 나아가게 됩니다), 궤적의 접근이 점근적asymptotic이라는 것이 수학적으로 증명될 수 있습니다. 궤적은 끌개에 점점 더 가까이 접근하지만 결코 끌개에 도달하지는 않습니다. 게다가, 위상 공간 다이어그램이 우발적인 변동을 빠뜨린다는 점을 참작하면, 실제로 객체는 언제나 외부 충격과 소음에 시달리기에 (비≠이상적인) 실제적 궤적은 언제나 특이점의 근처에서 배회합니다. 그러므로 특이점 자체는 결코 현실화될 수 없습니다. 이것은 이상적인 **잠재적 존재가 어떠해야 하는지에 대한 완벽한 실례를 보여줍**

니다. (그러므로 제가 방금 말씀드렸듯이, 가능태 공간에서 평범한 것과 특이하거나 주목할 만한 것을 구분해야 한다고 말하는 것은 잘못일 것입니다. 끌개가 가능태가 아닌 이유는 위상 공간 속 여타의 점들과 달리 끌개는 현실화될 수 없기 때문입니다.)

이제 저는 탈신체화의 문제를 살펴보겠습니다. 올바르게도 당신은 저의 견해에 따르면 특이점이 모든 특정한 객체 너머에 자리하고 있다고 지적했습니다. 전체적 최소를 갖춘 위상 공간은 (표면장력을 최소화하는) 비눗방울, (결합 에너지를 최소화하는) 결정結晶, (여행 시간을 최소화하는) 광선, 그리고 그 밖의 다양한 최소적 객체에 대한 가능태 공간을 포착할 수 있습니다. 비눗방울, 결정, 그리고 광선의 산출을 초래하는 메커니즘들은 전적으로 상이하기에 끌개는 메커니즘-독립적인 결정決定의 일종을 나타낸다고 합니다. 앞서 제가 말씀드렸듯이, 오일러는 그것을 구체적인 메커니즘에 의존하는 작용인을 보완하는 '목적인'이라고 일컬었습니다. 메커니즘-독립성은, 본질과 달리 특이점은 그것이 규정하는 경향이 현시될 때 창발하는 객체와 비슷하지 않다는 점을 함축합니다. 이것이 특이점이 탈신체화되어 있다는 것의 유일한 의미입니다. 특이점은 매우 다양한 객체에서 상이하게 현실화될 수 있습니다. 그런데 이 점은 쉽게 수용될 수 있습니다. 왜냐하면 우리가 인정해야 하는 유일한 것은 상이한 객체들이 특성을 공유하는 것과 마찬가지로 비눗방울, 결정, 그리고 광선처럼 상이한 객체들이 어떤 경향을 공유한다는 점이기 때문입니다.

하먼 그럼 당신의 실례 중 한 가지를 살펴봅시다. 관계적 형이상학(모든 관계가 본질적이라고 구상하는 형이상학을 뜻합니다)의 경우에, 비눗방울이 움직이고 요동치면서 주변광을 상이하게 반사할 때 그것은 매 순간 다른 비눗방울로 여겨져야 할 것입니다. 우리는 매 순간에 그것의 정확한 특질들의 세부를 그것을 규정하는 것으로 간주해야 하고, 따라서 변화하는 우유적 특질들을 갖춘 지속하는 비눗방울의 구식 존재론을 가정할 수 없습니다. 후설의 경우에 이런 상황은 철저히 잘못된 것입니다. 개별적 비눗방울은 그것이 요동치고 움직이면서 빛을 상이하게 반사할 때도 여전히 동일한 것입니다. 그것은 여전히 동일한 지향적 객체이며, 이 객체의 형상은 현상학적 분석에 꽤 능숙한 사람이라면 누구나 직관으로 직접 입수할 수 있습니다. OOO의 관점에서 바라보면, 후설은 비눗방울이 그 표면 성질들의 온갖 변이에도 불구하고 여전히 동일한 것이라고 주장하는 점에서는 옳지만 나머지 부분에 대해서는 틀렸습니다. 실재 자체는 직관으로도 감각으로도 직관될 수 없습니다. 무엇이든 다른 객체들과 맺은 모든 관계와는 별개로 실재적 객체들이 코스모스의 궁극적인 소재입니다. 당신의 경우에는 개별적 비눗방울과 그것의 순간적인 상태 사이에 무슨 차이가 있습니까? T1 시점에 완전히 구체적인 비눗방울 아래에 무엇이 자리하고 있습니까? 당신은 (OOO와 마찬가지로) 움직이고 요동치는 개별적 비눗방울-객체의 현존을 인정하십니까?

데란다 저는 요동치는 순간적인 각각의 상태가 상이한 객체를 낳는다고 절대 생각하지 않습니다! 그것은, 제가 이미 말씀드렸듯이, 실재론자가 받아들일 수 없는 것, 어떤 지속적인 정체성을 갖춘 객체의 존재를 믿지 않는 것에 해당합니다. 시간이 흐름에 따라 그 비눗방울의 정체성의 유지를 보증하는 것은 그것의 화학적 조성(변이를 겪기에 본질은 아닙니다)과 막을 형성하는 일단의 비누 분자들 사이의 끊임없는 상호작용들입니다. 하나의 전체로서의 이 집단(막 전체)은 적어도 한 가지 경향이 있습니다. 비눗방울들은 자신들이 처해 있는 어떤 순간적인 배치에서도 표면장력을 최소화함으로써 요동치는 변이들을 가로질러 자신들의 공간적 관계들을 유지하려는 경향이 있습니다. 이런 경향은 사실상 모든 현실적 비눗방울에서 현시되기에 우리는 그것들에 관해 생각하기 위해 (현실적 객체라는 범주 이외에) 어떤 별도의 존재론적 범주도 필요하지 않습니다. 우리는 단지 비누 막의 규칙적인 거동 – 그것이 정육면체 또는 피라미드를 형성하지 않고 오히려 구체를 형성하는 경향이 있다는 것 – 을 **설명하기** 위해 별도의 범주(잠재적 특이점)가 필요할 뿐입니다. 저는, 비눗방울이 요동을 겪으면서도 여전히 동일한 지향적 객체인 채로 있다면 그 이유는 부분적으로는 실재적 객체가 자신의 통합성을 유지하기 때문이고 부분적으로는 우리의 뇌가 이런 실재적 객체로부터 '요동침'의 변환 아래에서 여전히 불변인 채로 남아 있는 것을 추출하기 때문이라고 덧붙이겠습니다.

하먼 그렇다면 우리는 둘 다 실재론적 존재론에서는 개별적 객체들이 요구된다는 점에 동의합니다. 그런데 저는 당신의 모델에서 개별적 객체들이 어떤 작업을 수행하고 있는지 알 수 없습니다. 제가 요동치는 비눗방울의 순간적인 각각의 표현 아래에 무엇이 자리하고 있는지 여쭈었을 때 당신은 두 가지, 즉 (1) 비눗방울의 화학적 조성과 (2) 표면장력을 최소화하려는 화학적 조성의 경향을 언급했습니다만, 그 두 가지는 모두 개별적 비눗방울이 아닙니다. 달리 말씀드리자면, 우리는 개별적 객체를 배후에 남겨둔 채로 그것의 구성요소들과 경향에 관해 이야기하고 있습니다. 그래서 저는 여전히 알고 싶습니다. 당신의 모형에서 **개별적** 비눗방울은 어디에 있습니까?

데란다 알겠습니다. 제가 제시한 '객체'에 대한 정의로 되돌아갑시다. 저의 존재론에서 모든 객체는 역사적 존재자로, 그것의 생성(그것이 합성되었던 과정)뿐만 아니라 또한 그것의 정체성을 유지시키는 현행 과정들에 의해서 특징지어집니다. 모든 주어진 객체에 대하여 그것의 생성과 유지 둘 다에 관한 설명은 그것의 구성요소들에 대한 언급을 포함할 것입니다. 생성의 경우에는 그 객체가 자신의 구성요소들을 회집하여 연결함으로써 합성되었기 때문이고, 유지의 경우에는 그 객체의 지속적인 정체성을 특징짓는 특성들이 그 구성요소들 사이에서 진행 중인 상호작용들로부터 끊임없이 창발하기 때문입니다. 그 구성요소들이 (무슨 이유로든 간에) 더는 상호작용하지 않는다면 그 객체는 더는 현존하지 않게 됩니다. 그러므로 비눗방울을 논의할 때는 화학적 조성과 일단의 구성요소들의 최소화 경향이 둘 다 언급되어야 합니다. 그런데 후자의 창발적 산물인 전자, 즉 비눗방울은 바로 이런 이유로 인해 무시당하지 말아야 합니다(그렇지 않다면 우리는 환원주의에 빠지게 될 것입니다!). 창발적 전체는 단연코 자신의 구성요소 중 어느 것만큼이나 실재적이지만, 그것은 자신의 구성요소들 사이에서 진행 중인 상호작용들이 없다면 존속하지 못합니다.

하먼 모든 것이 복합체로 여겨질 수 있고, 그 조성이 더 큰 사물의 현존에 대하여 언제나 인과적으로 중요하다는 것은 사실입니다만, 그것이 더 큰 사물에 대하여 **본질적으로** 중요하다는 것은 사실이 아닙니다. 당신은 앞서 제가 논의한 『강도의 과학과 잠재성의 철학』 속 구절에서 '잉여적 인과관계'에 대한 당신의 정의(이것은 몇몇 분석철학자가 그 용어로 뜻하는 바와 약간 다릅니다)를 제시하면서 당신 스스로 이것을 지지하는 훌륭한 논증을 개진합니다.[24] 어떤 한 망치에서 모든 원자를 제거하는 것은 명백히 그것을 파괴할 것이지만, 일정한 수의 원자를 제거하거나 대체하는 것은 결코 어떤 차이도 만들어내지 않을 것입니다.

데란다 그렇습니다. 구성요소들 사이의 상호작용들은 대단히 많은 일단의 가능한 상호작용이 동일한 특성의 창발로 귀결되는 그런 것일 수 있습니다. 어떤 원소도 객체의 창발을 초래하는 데 충분할 것이라는 점에서 이 집합은 잉여적입니다. 그런데 저는 이런 잉여적 인과성이 당신으로 하여금 객체가 현존하기 위해 **본질적인** 무언가를 서술하는 데 도움을 줄

---

24. DeLanda, *Intensive Science and Virtual Philosophy*, 132. [데란다, 『강도의 과학과 잠재성의 철학』.]

것인지 궁금합니다. 그 개념은 단지 그중 어느 것이든 올바른 결과를 초래하는 데 충분한, 구성요소들 사이 상호작용들의 **동등성 집합들**의 현존을 가리킬 뿐입니다. 이것은 그중 어느 것도 결과물에 대하여 본질적이지 않다고 말하는 또 하나의 방식입니다.

하먼 저는 모든 것이 어떤 과정을 통해서 생성된다는 점에는 동의하지만, 그 과정의 모든 양상이 그 사물에서 유지된다는 점에는 동의하지 않습니다. 그러므로 저는 질베르 시몽동 카드를 제시하면서 제가 개체화 과정들은 다루지 않고 완전히 형성된 개체들을 다룰 뿐이라고 말하는 비판자들에게 언제나 냉대를 받습니다.[25] 저는 제가 원한다면 언제든지 OOO의 도구들을 사용하여 특정한 개체화 사례에 관해 이야기할 수 있을 것입니다. 때때로 개체화에의 호소는 사물들의 역사(당신 자신은 사물들의 자세한 역사를, 특히 『천 년의 비선형적 역사』에서 제시하고 있지만)에 대한 구체적인 관심에 의해서 고무되는 것이 전혀 아닌 것처럼 보입니다. 오히려 사물들을 이산적인 개체들로 간주하기보다 생성의 역동적인 궤적

---

25. Gilbert Simondon, *L'Individuation à la lumière des notions de forme et d'information*. [질베르 시몽동, 『형태와 정보 개념에 비추어 본 개체화』.]

들로 간주하는 개념에 특권을 부여하려는 시도로 보입니다. 그런 철학이 빠뜨리는 것은 (당신의 상변화와 쌍갈림bifurcation 같은) 실재 속 이산적인 도약에 관한 개념입니다. 모든 것이 개체화 과정이고 개체들이 파생적이라면 모든 순간은 동일할 것입니다.

데란다 맞습니다. 모든 것이 과정일 뿐이고 아무 생산물도 없는 실재론적 존재론은 기각되어야 합니다. 저는 그처럼 정체성을 갖추고 있는 생산물이 없다면 정체성의 생성과 유지 과정들의 현존을 가정하는 것이 도대체 무슨 의미가 있는지 모르겠습니다. 그리고 저는 존재론적으로 불연속적인 것들이 세계에 많이 있다는 점에 확실히 동의합니다.

하먼 제가 아리스토텔레스를 다시 언급하자면, 흥미로운 것은 『자연학』과 『형이상학』이 이 이야기의 두 가지 측면을 다루는 방식입니다. 『자연학』에서 우리는 연속체에 관해 알게 됩니다. 대학의 한 강의를 일정한 수의 순간으로 분할하는 것은 불가능하고, 그 강의실을 일정한 수의 공간적 점으로 분할하는 것도 마찬가지로 불가능합니다. 한 강의와 그것이 이루어지는 교실은 단지 **잠재적으로** 부분들로 분할될 수 있을 뿐이지 **현실적으로는** 이런 식으로 분할될 수 없는 연속체들입니다. 그런데 최근의 많은 존재론에서 일어난 일은 사람들이 한 걸음 더 나아가서 개별적 존재자들조차도 더 광범위한 연속체의 일부이며 그것들이 오로지 인간의 마음이 만들어낸 실체들을 통해서 – 초기 레비나스[26] – 또는 그것들 사이의 관계들을 통해서 – 장-뤽 낭시[27] – '개별자'가 될 뿐이라고 진술한다는 것입니다. 그런데 아리스토텔레스는 연속체 모델을 개별자로 확대하지 않았다는 점을 인식하는 것이 중요합니다. 그 강의에 참석한 수강생의 수는 수강생의 현실적 수이지, 우리가 원하는 대로 어떤 사람 수로도 분할될 수 있는 연속체가 아닙니다. 여기서 제가 말씀드리고자 하는 바는 객체를 개체화하기 위해 객체의 역사에 지나치게 의존하는 것은 어떤 사물을 그 객체의 일대기에 나타난 모든 사건을 동일하게 취급하는 시간적 연속체로 전환할 위험이 있다는 것입니다.

데란다 저는 여기서 문제가 한 객체의 현재 정체성을 규정하는 것의 일부로 여겨지는 그 객체의 역사에 있는 것이 아닐까 생각합니다. 제가 보기에는 누군가가 우주는 이산적인 객체들이 단지 그것의 '양태들'일 뿐인 하나의 연속체(관찰자로서

---

26. Emmanuel Levinas, *Existence and Existents*. [에마뉘엘 레비나스, 『존재에서 존재자로』.]
27. Jean-Luc Nancy, "Corpus."

우리는 그 연속체와 분리되어 있습니다)라고 주장할 때 문제의 진짜 원인은 그런 단일체적 전체를 애당초 생성하는 내부성의 관계들입니다. 일단 그 관계항들의 바로 그 정체성을 규정하는 본질적 관계들을 배제하면 당신은 자신이 원하는 모든 역사를 그런 잘못된 결론에 도달하지 않은 채로 가져올 수 있습니다. 그런데 더 중요한 점은 다음과 같습니다. 한 객체의 현행 정체성을 규정할 때 그 객체의 역사에서 일어난 모든 사건이 고려되어야 하는 것은 아니라는 점은 분명합니다. 그러므로 의의라는 개념, 차이를 만들어내는 차이에 관한 개념의 필요성이 결정적입니다. 이것은 어떤 한 객체의 역사에서 일어난 사건들에 대한 평가를 수행하는 데 필요하며, 그리고 이 사건들을 한 객체의 현행 정체성을 결정할 때 차이를 만들어내는 것들과 어떤 실제적 효과도 없는 사소한 사건에 불과한 (어쩌면 대다수의) 것들로 분류하는 데 필요합니다. 그리고 인과적 잉여성에 관한 당신의 논점에 대해서도 사정은 마찬가지입니다. 구성 요소들 사이 상호작용들의 몇몇 변화, 창발적 특성에 아무 영향도 미치지 않는 변화들은 사소합니다. 그것들이 없다면 창발적 특성이 사라지게 되는 그런 상호작용들의 변화는 사소하지 않습니다. 그러므로 여기서 나타나는 의견 불일치는 대체로 용어법적인 것입니다. 당신이 조성은 본질적으로 중요하지 않다고 말할 때 '본질적'이라는 용어는 '유의미한'이라는 용어와 정확히 같은 철학적 작업을 수행하고 있습니다.

하먼 그렇습니다. 우리가 '유의미한'이라는 용어를 '인간에게 유의미한'이라는 뜻으로 해석하는 견해로 빠져들지 않는 한에서 말입니다. 그런데 저는 당신이 그런 사람일 것이라고 상상할 수 없습니다. 어떤 사물을 그것의 역량들에 의거하여 규정하는 경우에 저는 여전히 그런 규정에 확고히 반대합니다. 어떤 사물이 맺을 수 있을 모든 가능한 관계의 총체가 그 사물에 미리 새겨져 있어야 하는 이유가 무엇입니까? 저는 이런 구상이 라이프니츠 같은 사람을 제외하고 어떻게 작동하는지 모르겠습니다. 그리고 심지어 라이프니츠의 경우에도 모나드 속에 포함되어 있는 것은 모나드의 모든 가능한 관계가 아니라 오히려 단지 모든 현실적 미래 관계일 뿐입니다. 기성의 조화는 미래에 일어날 수 있을 모든 것을 다루는 것이 아니라 단지 언젠가 현실적으로 일어날 것을 다루어야 할 뿐입니다. 우리가 역량들을 사물에 내장함으로써 존재론적으로 얻게 되는 것은 무엇입니까? 수비리가 역량들을 사물의 본질에서 근본적으로 배제하는 이유는 그것들이 관계적(또는 그의 표현대로 '특정적')이기 때문입니다. 그의 입장에 대한 저의 주요한 불평거리는 그가 관계적/비관계적이라는 이항 대립을 존재자들의 상이한 종류들의 분류학으로 전환한다는 것입니다. 그리하여 예를 들면, 수비리는 칼과 농장 둘 다를 본질을 갖는 것에서 배제합니다. 왜냐하면 칼과 농장은 오직 다른 사물들과의 관계 속에서 현존할 뿐인 한편, 칼에서는 금속 조각만이 본질을 갖추고 있을 것이고 농장에서는 땅 조각만이 본질을 갖추고 있을 것이기 때문입니다. 한 사물의 본질은 수비리에 의해 궁극적으로 그것의 '원자-피질적 구조'로 규정됩니다. 이것은 크립키의 79개-양성자 본질주의와 마찬가지 방식으로 과학주의를 돋보이게 합니다.

데란다 물론입니다. 하지만 저는 모든 가능한 관계의 **총합**이 한 객체의 정체성의 일부라고 말하고 있지 않습니다. 왜냐하면 그런 총합은 대체로 사소한 변이들로 이루어질 것이기 때문입니다. 그러므로 특별한 역사적 사건들과 평범하고 하찮은 대다수 사건을 구분하기 위한 한 가지 추가적인 개념이 필요합니다. 그런데 당신은 올바르게도, 이것이 작동하려면 사건의 의의(또는 의의의 결여)가 "우리에 대한 의의"일 수 없다고 지적합니다. 빅뱅 이후에 현존한 단일한 초대칭적 힘을 네 가지 각기 다른 힘(중력, 전자기력, 그리고 두 가지 핵력)으로 변환시킨 쌍갈림 같은 어떤 우주적 사건들은 이산적인 행성들과 항성들을 갖춘 우주의 현재 상태에 대하여 유의미합니다. 왜냐하면 그런 식으로 힘이 분화되지 않았다면 이들 행성과 항성은 현존하지 않을 것이기 때문입니다. 그리고 진화적 사건들의 경우에도 사정은 마찬가지입니다. 지구에 충돌하여 대다수 대형 파충류를 멸종시킨 운석이 유의미한 이유는 그것이 그 당시에 현존했던 소수의 미분화된 포유동물을 위한 생태적 적소를 개방함으로써 (재생산 격리에 의해 이산적인 별개의 종으로 유지된) 포유류의 격심한 종 분화가 일어날 수 있게 되었기 때문입니다. 그런데 우선 우리가 이 사건들이 실제로 발생했다고 가정한다면(그것들에 대한 증거는 있지만 동의를 강요할 만큼 충분하지는 않습니다), 그것들은 인간이 20세기에 이르기까지 알아내지 못했다는 사실과 무관하게 유의미했습니다.

하먼 저는 우리의 주요한 차이점일 수 있을 것의 핵심을 찌르는 한 가지 의문을 제기하고 싶습니다. 그것은 우리가 수용하는 각기 다른 존재론적 층위의 수입니다. 만약 당신이 세 가지 층위를 구상하고 있다면, 당신은 어떤 실재적 객체들이 그 객체들의 어떤 순간적인 배치로도 환원될 수 없다는 OOO의 견해에 동의하는 셈이 됩니다. 그리하여 당신은 개별적 객체들보다 훨씬 더 깊은 제3의 층위를, 위상 공간 등을 포함하는 어떤 층위를 단적으로 추가하게 됩니다. 그것은 우리 사이에 한 가지 특별한 논쟁을 초래할 것입니다. 그런데 만약 당신이 단지 두 가지 층위, 즉 존재자들의 순간적인 배치들의 층위와 그 아래에 있는 위상 공간의 존재론이 있을 뿐이라고 주장하고 있다면 완전히 다른 논쟁이 벌어질 것입니다. 이 경우에 우리는 훨씬 더 멀리 떨어져 있을 것입니다. 왜냐하면 저는 그것을 고전적인 이중 환원하기 쌍(아래로 환원하기 + 위로 환원하기)이라고 일컫고 싶은 마음이 들기 때문입니다. 대화를 나누면서 제가 아직 이런 용어들을 언급하지 않았다고 생각하기에 잠깐 제 설명을 참을성 있게 들어주십시오.

철학에는 객체를 제거하는 두 가지 기본적인 방식이 있습니다. 객체를 그것의 조각들로 '아래로 환원하기'undermining 또는 객체를 그것의 효과들로 '위로 환원하기'overmining가 있습니다. 이것은 그다지 놀랍지 않습니다. 왜냐하면 이 방식들은 지식의 두 가지 기본 형식이기도 하기 때문입니다. 누군가가 우리에게 "이것은 무엇입니까?"라고 묻는다면 우리는 그에게 그것이 무엇으로 이루어져 있는지 말해주거나, 그것이 무엇을 행하는지 말해주거나, 또는 둘 다 말해줌으로써 대답할 것입니다. 서양 철학에서 소크라테스 이전 철학자들은 위대한 아래로의-환원자들이었습니다. 만물은 물이다, 만물은 공기이다, 만물은 원자들이다, 만물은 아페이론이다. 중대규모의 사물은 더 기본적인 이런 요소들의 집합체에 불과합니다. 위로 환원하기는 보다 근대적이고 현대적인 태도입니다. 객체는 전혀 없고 오직 사건들, 언어, 권력, 관계들, 효과들이 있을 뿐입니다. 위로의-환원자들은 다음과 같은 의문을 품습니다. "왜 소박한 실재론자는 이들 사건, 언어, 권력, 관계, 또는 효과의 배후에 감춰진 실재적 객체들을 상정할까?" 이런 두 가지 입장은 모두 극단적이기에 일반적으로 서로 기생적인 쌍으로 표명됩니다. 예를 들면, 과학적 유물론의 한 판본은 모든 것이 그것의 구성 입자들로 설명될 수 있으며(아래로 환원하기) 그리고 또한 이 입자들은 수학적 견지에서 철저히 인식될 수 있다(위로 환원하기)고 말할 것입니다. 라투르의 행위자-네트워크 이론은 모든 것의 실재가 그 효과들의 총합으로 망라될 수 있으며(위로 환원하기) 그리고 또한 소크라테스 이전 철학자들의 아페이론과 거의 유사하게도 모든 존재자 아래에 변화의 원인이 되는 무정형의 플라스마가 존재한다(아래로 환원하기)고 말합니다.[28] 그것은 개별적 객체들을 두 가지 방향으로 동시에 제거하는 원대한 방식입니다. 몇 년 전에 저는 서양 철학과 과학에서 사실상 편재하는 이런 조작을 서술하기 위해 '듀오마이닝'duomining(이중 환원하기)이라는 용어를 차용하였습니다. 그 용어는 신용카드 산업에서 유래합니다. 그 산업에서 '듀오마이닝'은 어떤 사람이 모든 가능한 소비자 정보를 망라하기 위해 동시에 실행하는 데이터마이닝data-mining과 텍스트마이닝text-

---

28. Bruno Latour, *Reassembing the Social*, 258.

mining의 기법을 가리킵니다.[29]

데란다 무슨 말인지 알겠습니다. 저는 이 논점에 대하여 어떤 상이하지만 중첩되는 접근법을 취합니다. 저는 당신의 아래로 환원하기와 위로 환원하기에 대하여 (대략적으로) 각각 미시-환원주의와 거시-환원주의라는 용어들을 사용합니다. (원자들이든 유전자들이든 또는 합리적 의사결정자들이든 간에 그것들로의) 미시-환원주의는 과학적 분석의 위업이 환원주의의 위업으로 오인될 때 번성합니다. 그런데 이런 오류는 종합을 실천하지 않는 과학자들만이 저지를 뿐입니다. 분석뿐만 아니라 종합(합성)도 실천하는 화학자들은 그런 실수를 범하지 않습니다. 그들은 물을 산소와 수소로 분석하면 물의 창발적 특성들과 성향들이 사라지지만 물을 다시 합성하면 그것들이 다시 출현한다는 것을 이해할 수 있습니다. 실재론적 철학자 마리오 번지가 선호하는 표현을 사용하면, **창발을 설명한다고 해서 창발이 사라지는 것은 아닙니다.**[30]

하먼 당신은 방금 화학자들은 사물을 설명함으로써 사라

---

29. Graham Harman, "Undermining, Overmining, Duomining."
30. Mario Bunge, *Causality and Modern Science*.

지지 않게 하는 직업적으로 유리한 위치에 있다는 사실을 언급했습니다. 바로 이것이 제가 최근에 출간된 당신의 책에서 당신이 물리학보다 화학에 몰두하는 것을 보고서 기뻐했던 주요한 이유입니다.[31] 몇 년 전에 저는 제임스 래디먼과 돈 로스의 『모든 것은 사라져야 한다』라는 책[32]에 대한 상당히 비판적인 서평을 썼습니다. 그들을 적대시할 개인적인 이유는 전혀 없었습니다. 그 당시에 그들은 그저 짜증 나는 대륙적 허무주의자들에 의해 칼처럼 휘둘러지고 있을 뿐이었습니다.[33] 그들은 "물리적 제약의 우선성"을 가정했으며, 이 가정은 실재의 창발적 층위들을 믿을 수 없을 정도로 함부로 대하는 그들의 태도에 대한 구실로서 대체로 활용되었습니다. 그들은 대담하게도 자신들의 존재론을 "열대 우림"이라고 일컬었습니다. 왜냐하면 그들은 궁극적 입자들에 관한 실제 사실들이 있을 뿐만 아니라 화학물질, 산山, 그리고 심지어 교통 체증에 관한 실제 사실들도 있다고 주장하기 때문입니다. 그런데 그다음에 래디먼과 로스의 경우에 비궁극적 실재는 어떤 한 인간 관찰자가 그것을 과학적으로 다루기 위해 그곳에 있을 때만 현존할 뿐인 것으로 판명됩니다. 그리하여 현존하는 유일한 것은 심층적

---

31. DeLanda, *Philosophical Chemistry*.
32. James Ladyman and Don Ross, *Every Thing Must Go*.
33. Harman, "I Am Also of the Opinion that Materialism Must Be Destroyed."

인, 심지어 형언할 수 없는 수학적 구조이며, 그들은 이 구조가 무엇인지 "진술하기를 거부함"니다. 당신의 화학자들은 이미 더 잘 알고 있었습니다.

데란다 이와 관련하여 저는 당신보다 덜 관대합니다. 물리학자들이 스스로 고안하는 이상적 현상의 특성을 실재적 현상의 특성으로 오인하는 것은 일상적인 일입니다. 이것은 인지적 전략으로서의 이상화를 비난하는 것이 아닙니다. 이상 기체 또는 이상적인 두 질점point mass의 이체계二體系처럼 이상적 현상은 창의적인 고안물이며, 수학적 모형을 창안하는 데 필수불가결한 것입니다. 하지만 그것들은 실재적이지 않습니다! 제가 좋아하는 과학철학자 중 한 사람인 낸시 카트라이트는 다음과 같은 논점을 부각하기 위해 『물리학 법칙은 어떻게 거짓말을 하는가』라는 책을 저술하였습니다.[34] 엄밀히 말하자면, 수학적 모형은 단지 이상적 현상에 조응할 뿐이고, 게다가 그 밀도가 이상 기체의 무한히 낮은 밀도에 가까운 희박한 상태로 주도면밀하게 만들어진 실제 기체처럼 이상화에 근접하도록 구체적으로 고안된 실험실 현상에 조응할 뿐입니다. 그런데 이상화와 관련하여 잘못된 것은 전혀 없지만, 이상적 현상의 특성을

---

34. Nancy Cartwright, *How the Laws of Physics Lie*.

구체화하는 경우에는 매우 잘못된 결과가 나타날 수 있습니다. 그러므로 실재론 철학자는 수학의 존재론적 함의를 결정해야 합니다.

이제 존재론적 층위들에 관한 문제로 돌아가겠습니다. 저는 거시-객체의 정체성과 자율성이 미시-성분들로의 환원에 의해 그 기반이 약화되지 않도록 막아야 할 필요성에 관한 당신의 견해에 동의합니다. 그리고 또한 저는 모든 객체를 단일한 거시-객체로 융합하는 정반대의 조작도 마찬가지로 심각한 실수라는 것에 동의합니다. 이 경우에 차이점은 우리가 그 징후를 진단하는 방식입니다. 당신의 경우에는 거시-환원주의(또는 위로 환원하기)가 한 객체를 그것이 할 수 있는 것으로, 그것의 효과들의 총합으로 환원함으로써 초래됩니다. 저의 경우에는, 여느 때처럼, 여기서 그 원인은 내부성의 관계들입니다. 특히, 경제학의 방법론적 개체론에 대항한다고 여겨지는 고전 사회학의 **방법론적 전체론**은 사람들이 개별적 존재자들이 아니라 한낱 양태들에 불과한 매끈한 총체로서의 사회에 접근합니다. 사회 연구에서 실행되는 거시-환원주의에 맞서 싸우는 저의 방식은 사람들의 미시-층위와 하나의 전체로서의 국가라는 거시-층위 사이에 중간 규모의 사회적 존재자들의 온전한 중간-층위가 있음을 보여주는 것입니다. 사람들 바로 위에는 (그들로 구성된) 공동체들과 제도적 조직체들

(병원, 대학, 관료, 감옥, 기업)이 있습니다. 여러 노동계급 공동체가 단체를 결성하여 사회적 정의 운동 조직이 되거나, 또는 여러 조직체(행정부, 사법부, 입법부)가 정부를 구성할 때처럼 이들 중 일부는 훨씬 더 큰 존재자들을 형성할 수 있습니다. 우리가 국가의 층위에 이르기 전에 그 밖의 여러 층위가 중간-규모 층위에 추가될 수 있습니다. 예컨대, 도시, 농촌 지역, 지방이 있습니다. 이런 중간 존재자들은 각각 어떤 자율성을 갖추고 있고 우리 마음의 내용과 독립적입니다. 우리는 공동체, 조직체, 또는 도시가 무엇인지에 관한 그릇된 구상을 품을 수도 있습니다. 하지만 그런 구상은 그것들의 존재론적 지위와 아무 관계도 없습니다.

이제 저는 존재론적 층위들에 대하여 또 하나의 논점을 제기하겠습니다. 이것은 이전의 논점보다 더 난해합니다. 저의 존재론에서는 모든 **현실적 객체**에 대해서는 단 하나의 층위가 있을 뿐이라는 점이 중요합니다. 이 객체들은 모두 역사적으로 **개체화된 존재자**입니다. 개별적 원자들, 개별적 박테리아들, 개별적 동물들과 식물들, 개별적 공동체들, 개별적 조직체들, 개별적 도시들이 있습니다. 그것들 사이의 유일한 차이는 그것들이 어떤 **규모**로 현존하는지에 있습니다. 전체에-대한-부분의 관계는 상이한 규모의 개별적 객체들을 생성하지만, 그것들은 모두 동일한 존재론적 층위에 속합니다. 그런데 이런 단일-층위 존재론에 잠재적 특이점들을 추가할 때 무슨 일이 일어날까요? 여기서 우리는 특이점들이 개별적 객체들의 층위와 별개로, 그 층위 위에 또 다른 존재론적 층위를 형성하지 않는다고 간주하는 것이 중요합니다. 왜냐하면 그런 구상은 특이점을 **초월적** 존재자로, 관념론적 의미가 아니라 유물론적 의미에서의 '초월적' 존재자로 변환할 것이기 때문입니다. 들뢰즈의 논변이 그 점을 예증하는 데 도움이 될 것입니다. (아리스토텔레스의 유와 종차 같은) 모든 초월적인 것은 현실적 사물들(아리스토텔레스의 개별자들)의 차원 너머에 있는 어떤 상위 차원에 현존합니다. 수학자들은 문자 'N'을 사용하여 차원의 수를 나타내기에 모든 초월적인 것은 N + 1 존재자라고 말함으로써 그런 상황이 표현될 수 있습니다. 그런데 **특이점들**은 언제나 N - 1입니다. 이것은 무엇을 뜻할까요? 어는점과 끓는점으로 이것을 예시하겠습니다(그런데 동일한 논증이 그 밖의 특이점들에도 적용될 것입니다). 우리가 어떤 단일한 특성(예를 들면, 온도)을 조작함으로써 물을 끓이거나 얼릴 경우에 가능태 공간은 일차원입니다. 가능한 온도 값들의 선입니다. N = 1이기에 특이점들은, 끓는점과 어는점은 N - 1, 즉 영차원적이어야 합니다. 그런데 우리가 온도와 압력을 동시에 조작하면, 이제 가능태 공간은 이차원(N = 2)이고 양이 질로 바뀌는 임계 문턱들은 일차원 선이 됩니다. 그런 두 가지 특성에 덧붙여 우리가 어떤 세 번째 특성(예컨대, 염도)도 조작한다면, 가능태 공간은 삼차원 공간이 되고 특이점들은 표면이 됩니다. (물의 평형 상태도를 한번 보면, 차원들 사이의 이런 관계들을 분명히 이해할 수 있습니다.) 잠재적 특이점들은 언제나 가능태 공간의 N‒1 면모들이기에 그것들은 현실적 객체들의 평면 위에 떠있는 초월적인 존재론적 평면을 구성하지 못하고, 그러므로 그것들은 개별적 존재자들의 평평한 존재론에 내장될 수 있게 됩니다.

물론 이것을 일종의 두-층위 존재론으로 간주하는 것은 당신의 자유이며, 그것은 우리가 두 번째 층위를 (유물론적 의미에서의) 초월적 층위로 간주하지 않는 한에서 괜찮습니다. 한편으로, 저는 이것을 두 가지 측면을 갖춘 단일한 평면으로 간주하기를 선호합니다. 개별적 객체들은 그 평면에 거주하지만, 그것들의 현실적 특성들과 잠재적 성향들은 두 가지 상보적 측면을 규정합니다. OOO를 논의할 때에는 '평평한 존재론'이 종종 상기되는 것처럼 보입니다. 그런 표현과 그것이 나타내는 개념에 대한 당신의 견해는 무엇입니까?

하먼 제 기억이 맞다면, 저는 2007년 초에 읽은 『새로운 사회철학』이라는 당신의 책에서 '평평한 존재론'이라는 그 용어를 처음 인식하게 되었습니다. 일 년 후에 바스카의 『실재론적 과학 이론』을 다시 읽었을 때 저는 바스카 역시 그 용어를 사용했었다는 사실을 떠올렸습니다. 어쩌면 분석철학에서는 제가 알지 못하는 그 어구의 선행자들이 있을지도 모르지만 말입니다. 그렇지만 당신과 달리 바스카는 경험론을 가리키기 위해 그 용어를 경멸적인 의미로 사용합니다. 그에게 평평한 존재론은 모든 존재자를 그것들이 우리에게 현시되는 방식으로 평평하게 함으로써 그런 소여 위에 어떤 잉여물을 위한 여지도 없게 되는 그런 종류의 존재론입니다. 이런 점에서 후설은 평평한 존재론자입니다. 그런데 저의 흥미를 끈 평평한 존재론은 상이한 종류들의 존재자들 사이에서 그것들의 지위에 대한 결정을 애초에 내리지 않는 당신의 판본이었습니다. 메이야수의 철학처럼[35] 거대한 존재론적 분열의 양편으로서의 인간 주체와 죽은 물질에 본질적으로 전념하는 모든 철학은 평평한 존재론 시험을 통과하지 못합니다.

하이데거와 데리다 덕분에 우리는 '존재신학'이라는 용어에 친숙해졌으며, 그리고 저는 우리가 존재신학, 즉 하나의 특별한 존재자가 존재 전체를 설명하는 역할을 수행할 수 있을 것이라는 관념을 회피해야 한다는 그들의 의견에 동의합니다. 그런데 저는 제가 '존재분류학'이라고 일컫는 것에 대하여 마

---

35. Quentin Meillassoux, "Iteration, Reiteration, Repetition."

찬가지로 고민하고 있는데, 이 경우에는 두 가지 **종류**의 존재자들 사이의 명백한 일상적 차이가 실재의 존재론적 토대에 내장되어 있습니다.[36] 일반적으로 이것은 '인간'과 '비인간'을 통해 이루어집니다. 물론 저는 인간이 그 밖의 어떤 존재자도 할 수 있는 것처럼 보이지 않는 많은 흥미로운 것을 할 수 있다는 점에 동의합니다. 게다가 우리는 인간이고, 따라서 인간의 특별한 면모들에 특히 관심이 많습니다. 하지만 그로부터 인간은 어떤 거대한 존재론적 균열의 한쪽에 속하고 여타의 **모든 존재자**는 반대쪽에 고립되어 있다는 결론이 도출되는 것은 아닙니다. 이런 결론으로 인해 철학자들은 이 우주에서 인간의 사유가, 즉 여타의 모든 존재자와 존재론적으로 철저히 구분된다고 여겨지는 것이 어떻게 생겨나게 되었는지 설명하기 위해 믿어지지 않는 사건들을 상정할 수밖에 없습니다. 지젝은 그것을 "존재론적 파국"이라고 일컫는데, 왜냐하면 그에게는 일종의 기적적인 메커니즘 외에는 다른 선택의 여지가 없기 때문입니다. 그런데 지젝은 결코 그것을 신빙성 있게 만들지 못합니다. 마찬가지로 메이야수는 사유가 도대체 아무 이유도 없이 무無로부터 돌출했다고 말합니다. 그리고 그는 물질로부터 생명이 창발할 때도 마찬가지로 무로부터의 돌출

---

36. Graham Harman, *Dante's Broken Hammer*.

사건이 일어났다고 말하지만, 그 사건에 관해 말할 것이 거의 없기에 결국 (생생하고 논쟁적인 2012년 베를린 강연에서) '생명 대 물질' 대신에 '사유 대 죽은 물질'이 근본적인 구분이라고 말하는 것으로 매듭짓게 됩니다. 그런데 항성의 출현, 초신성에서 무거운 원소들의 형성, 진핵세포의 공생적 출현, 또는 척추동물의 진화보다 사유의 출현이 더 중요하다고 누가 말할 수 있습니까? 왜 메이야수는 이런 사건들에 대해서도 무로부터의 돌출을 요구하지 않을까요? 왜냐하면 그의 입장은 대단히 인간 중심적이며, 그리고 궁극적으로 그가 보기에 칸트보다 뛰어난 데카르트에 대한 지나친 충성심을 보여주기 때문입니다. 저는 기본적인 존재론적 이원론으로서의 '사유 대 물질' 구분을 거부하고, 따라서 인간이 연루되어 있든 아니든 간에 모든 관계를 존재론적으로 동등하다고 간주하기에 메이야수의 관점에서 바라보면 저는 범심론자 또는 생기론자(그는 이 용어들을 거의 호환적으로 서용하지만 그렇게 하면 안 됩니다)입니다. 하지만 저는 생기 없는 객체들이 맹아적 형태로 계획하거나 꿈꾸거나 사랑할 수 있다고 말하는 것에 전념하지 않습니다. 제가 말하고 있는 유일한 것은, '인간 대 그 밖의 모든 것'의 차이보다 '객체 대 관계'의 차이가 존재론적으로 근본적이라는 점입니다.

데란다 흥미롭습니다. '평평한 존재론'이라는 표현이 그토록 다양한 의미로 사용될 수 있다는 것을 전혀 생각하지 못했습니다. 저는 그 표현을 더 신중히 사용해야겠습니다. 왜냐하면, 당신이 지적했듯이, 존재론을 **평평하게** 할 수 있는 방식은 다양하기 때문입니다. 경험론에 의해 수행된 평평화는 과학자들로 하여금 그들이 측정하는 객체의 특성(예를 들면, 객체의 온도나 압력)을 '양'量으로 일컫게 합니다. (직접 관찰할 수 없는) 온도와 달리 온도계가 가리키는 양은 하나의 관찰가능량이고, 그리하여 과학자들이 존재론적으로 전념하게 되는 것입니다. 이것은 실재를 빈곤하게 만듦이 분명합니다. 더욱이, 당신이 진술했듯이, 그것은 인간과 비인간 사이의 비대칭성을, 저 역시 받아들일 수 없다고 깨닫는 비대칭성을 존재론에 내재하게 합니다.

마지막으로, 인간 사유를 **죽은 물질**과 대조한다는 바로 그 착상은 제가 몹시 혐오하는 것입니다. 모든 물질은, 우리가 그것을 열역학적 평형으로부터 충분히 멀어지도록 밀치는 한, 적극적이고 자기조직화를 수행할 수 있습니다. 자기조직화라는 개념은 오늘날 후설의 신봉자 중 일부(예컨대, 에반 톰슨)가 뇌는 감각적 입력을 운동적 출력에 대응시키는 컴퓨터에 불과하다는 관념과 싸우기 위해 수용하였습니다. 톰슨은 뇌 속의 신경세포 개체군들은, 신체화된 행위자가 세계를 탐사할 때 형성되고 해체되는 더 큰 정합적인 집단들로 자발적으로 조직될 수 있다고 주장합니다.[37] 반면에 디지털 컴퓨터는 이런 형태의 자기조직화를 보여주지 않습니다. 따라서 그것은 뇌에 대한 매우 형편없는 비유입니다. 저는 이 모든 것에 동의하지만, 자기조직화를 (톰슨과 바렐라가 그러하듯이) 인간 뇌 또는 심지어 생명체들의 역량으로 삼기를 바라는 것은 확실히 아닙니다. 아무리 살아 있지 않더라도 모든 물질은, 그것이 평형으로부터 충분히 멀어지도록 떠밀리게 되는 한, 자발적으로 형태를 생성할 수 있습니다. 뇌와 살아있는 세포는 (외부의 에너지 저장고를 이용함으로써) 스스로 평형에서 멀어지게 됩니다. 그리고 이 점은 중요합니다. 다만 외력에 의해 떠밀려져야 한다고 하더라도 모든 물질은 이런 위업을 이루어낼 수 있습니다. 저는 톰슨(그리고 바렐라)이 어떤 '자연화된' 판본의 후설을 창안할 수 있었던 유일한 이유는 그들이 끌개들과 그 밖의 다른 특이점들의 현존을 받아들이기 때문이라는 점을 덧붙입니다.[38]

하먼 2부에서 우리가 이미 자세히 논의한 리 브레이버에 대

---

37. Evan Thompson, *Mind in Life*. [에반 톰슨, 『생명 속의 마음』.]
38. Jean Petitot, Francisco Valera, Bernard Pachaud, and Jean-Michel Roy, *Naturalizing Phenomenology*.

하여 한 가지 더 말씀드리겠습니다. 『이 세계라는 것』 이후의 글에서 브레이버는 그가 "횡단적 실재론"이라고 일컫는 이론으로 자신을 실재론자로 다시 자리매김하고자 했습니다. 그런데도 그것은 여전히 객체-객체 관계를 주체-객체 관계와 대등한 것으로 인정하지 않는 A7 입장입니다. 그것은 단지 키르케고르에 기반을 둔, 외상의 실존주의적 실재론일 뿐입니다. 이 이론에서는 어떤 경험들이 우리를 압도하고, 따라서 인간에게 합리적 구상의 한계를 주지시킵니다. 요컨대 브레이버의 새로운 존재론은 결코 평평하지 않습니다. 라투르는 더 만만찮은 사례입니다. 왜냐하면 가끔 그는 객체들이 우리가 그것들을 해석하는 것과 마찬가지로 서로 해석한다고 말하기 때문입니다. 하지만 대체로 라투르는 인간이 연루된 상황들을 논의할 따름입니다. 저 자신의 입장에 대해서 말씀드리자면, 제가 옹호하는 평평함은 인간을 비롯하여 모든 존재자가 여타의 모든 것과 동일한 발판 위에 있는 어떤 **분류학적** 평평함입니다. 그런데 그것은 사물을 한낱 현상이나 행위에 불과한 것으로 간주하지 않는 두 층위의 평평함입니다. 사물이 행위하거나 현시할 수 있는 이유는 그것이 현존하기 때문이지, 그 반대가 아닙니다. 실재적 객체들이 있으며, 그리고 감각적 객체들이 있습니다.

데란다 알겠습니다. 당신의 마지막 논점(실재적 객체와 감각적 객체 사이의 구분)에 대한 저의 응답은 뒤로 미루겠습니다. 왜냐하면 우리는 곧 (인간 및 비인간의) 현상적 경험에 관한 물음으로 되돌아갈 것이기 때문입니다. 이 단계에서 저는 우리 각자의 실재론들 사이의 수렴점과 발산점을 요약할 수 있다고 생각합니다. 우리는 둘 다 전통적인 미시-환원주의(아래로 환원하기)와 그런 견해에 의한 창발적 특성들의 무시를 거부할 뿐만 아니라 **본질적 관계들**과 그것들이 초래하는 거시-환원주의(위로 환원하기)도 거부합니다. 또한 우리는 모든 것이 과정이고 아무 생산물도 없는 실재론적 존재론을 거부합니다. 세계에는 존재론적 불연속성이 있습니다. 세계는 연속적인 생성 과정이 아니라 오히려 별개의 지속적인 정체성을 갖추고 있는 존재자들도 포함하는 과정입니다. 게다가 우리는 어떤 한 현실적 객체의 정체성에 그것의 가능한 **비본질적** 관계들의 총합을 추가하는 것은 터무니없을 것이라는 점에 동의합니다. 우리의 견해가 처음 실제로 일치하지 않는 사태는 무엇이 한 객체의 정체성을 결정하는가, 즉 현실적 특성들의 보유인가 아니면 현실적 특성들 및 잠재적 특성들의 보유인가라는 논점을 둘러싸고 생겨납니다. 제가 보기에 이런 불일치는 우리가 잠재적 특질들이 함축하는 가능태들 사이에서 유의미한 것들과 사소한 (대다수의) 것들을 분리하는 방식이 있다는 점을 수용할 수 있는지 여부로 귀결됩니다. 이런 작업을 어떤 원리를 갖춘 방식으로 수행할 방법이 전혀 없다고 판명되면, 저는 한 객체의 정체성이 오로지 그것의 특성들과 현재 현시된 성향들에 의해 규정될 따름이라는 당신의 견해에 동의할 것입니다. 하지만 (제가 주장하는 대로) 그렇게 행할 방법이 있다면, 우리는 현실적 특성들뿐만 아니라 현재 현시되지 않은 성향들도 수용해야 할 것입니다.

그다음은 객체가 단지 특성들의 다발에 불과한 것이 아니라 오히려 지속적인 정체성을 갖춘 신체화된 존재자임을 보증하는 것에 관한 물음입니다. 이 작업에 대한 당신의 제안은 **특이한 본질들**, 본질 전체 중에서 가장 적게 반대할 만한 본질들인 반면에 저는 그것을 한 객체의 정체성의 역사적 생성과 일상적 유지의 배후에 자리하는 **창발** 메커니즘들로 설명하자고 제안합니다. 이것은 생각보다 극적인 차이는 아닙니다. 즉, 우리는 한 객체의 창발적 특성들을 규정하는 것은 그것의 부분들 사이의 상호작용들로 산출된다는 점에 동의합니다. 그런데 우리가 이 점에 동의하고, 게다가 우리가 어떤 것도 외면할 수 없는 brute 사실로 여기지 않는다는 점에 동의한다면, '특이한 본질'이라는 용어는 "그것이 무엇이든 간에, 일단 우리가 적절한 설명을 찾아내면, 시간이 흐름에 따라 한 객체의 정체성 보존을 보증하는 것"을 나타냅니다. 그런 식으로 정체성을 보존하는 것은 한 객체의 부분들 사이의 연속적인 상호작용들이라는 설명이 가장 단순하고 믿음직하다는 점을 고려하면, 여기서 우리는 그다지 멀리 떨어져 있지 않습니다. 그런데 일단 우리가 우리의 존재론들이 감각적 객체를 수용하는 방식을 더 자세히 규정하기 시작하면, 그리고 일단 우리가 존재론이 인지에 관계하는 방식을 논의하면, 그 밖의 차이점들이 명백해질 것입니다. 이 요약에 추가하고 싶은 것이 있으십니까?

하먼 탁월한 요약이기에 지금으로서는 덧붙일 것이 없습니다. 전반적으로 우리의 의견 일치가 여전히 우리의 의견 불일치보다 우세한 것처럼 보입니다.

4부

인지와 경험

데란다 경험과 인지의 영역에서 실재론이 제기하는 몇 가지 의문을 탐구함으로써 4부를 시작합시다. 이 점과 관련하여 우리는 이미 다음과 같은 논점에 동의하였습니다. 존재론적 의문은 인식론적 의문과 분리되어야 합니다. 그러므로 인간에 의한 직접적인 관찰 가능성, 즉 경험론자들이 사용하는 마음-독립성의 규준은 받아들일 수 없는 것입니다. 존재론적 자율성에 대한 이런 규준은 여러 문제가 있습니다. 예컨대, 한 가지 문제는 어제의 관찰 불가능한 존재자를 오늘의 관찰 가능한 존재자로 변환하는 기기 장치의 역할을 개념화할 방법입니다. 어쩌면 오늘날 가장 두드러진 경험론자라고 할 수 있을 바스 반 프라센은 망원경과 현미경을 논의할 때 곤란한 상황에 부닥치게 됩니다. 그의 주장에 따르면[1], 망원경에 의해 산출된 이미지가 실재적인 이유는 그것이 우리 역시 맨눈으로 관찰할 수 있을 객체(예를 들면, 우리가 근처 우주선에 머무르고 있는 경우, 토성의 고리)를 보여주기 때문입니다. 반면에 현미경의 이미지가 실재적인 것으로 여겨질 수 없는 이유는 우리가 결코 축소될 수 없을 것이기 때문입니다. 실재론자에게 이것은 혼란스러운 단상처럼 여겨질 것입니다. 또한 이것은 존재론적 규준으로서의 관찰 가능성에 의존하는 것이 잘못된

---

1. Bas van Fraassen, *The Scientific Image*.

판단임을 증명합니다.

하먼 저는 경험론자들이 강조하는 실재적인 것의 직접적인 관찰 가능성을 싫어하지만, 적어도 그들이 그것을 강조하는 이유는 이해할 수 있습니다. 그들은 어떤 의미에서 주어진 것에 충실하려고 노력하고 있으며, 그리고 그들은 경험 너머의 영역으로 도약할 수 있다고 생각하지 않습니다. 이것은 잘못되지 않았습니다. 그리고 그것은 과학이 실제로 행하는 것을 설명하는 데는 효과가 없지만, 저는 그것이 어떤 의미에서는 이해할 만하다고 생각합니다. 저는 누군가가 실재적인 것에 직접 접근할 수 있다고 주장하면서 **실재론자**로 여겨지기를 바라는 이유를 이해하지 못하겠습니다. 예를 들면 바디우는 경험론자이기보다는 오히려 합리론자인데, 그것도 수학적 합리론자입니다. 이것은 바디우가 존재의 구조는 이미 알려져 있다고 생각함을 뜻합니다. 사실상 그는 수학과 존재론이 동일하다고 생각합니다.[2] 앞서 제가 제기한 논점을 발전시키면, 실재적인 것을 그것에 관한 우리의 지식에 부합하게 하는 사람들에게는 외면하고 싶지만 외면할 수 없는 한 가지 사실이 있습니다. 한 마리의 개 또는 한 그루의 나무의 본질을 그것들의 수학화 가

---

2. Alain Badiou, *Being and Event*. [알랭 바디우, 『존재와 사건』.]

능성에서 찾을 수 있다면, 실재적 개 또는 나무와 그것들에 대한 완벽한 수학적 모형들 사이에 무슨 차이가 있겠습니까? 물론 그들은 모두 차이가 있다는 것을 인식합니다. 오늘날 버클리주의자는 전혀 없는 것처럼 보입니다. 사물과 그것에 대한 합리적 모형을 구분하기 위해 누구나 생각해낼 수 있는 것은, 사물은 '죽은 물질'로 일컬어지는 무언가에 내재한다고 추정되고 모형은 그렇지 않다는 것뿐입니다. 여기서 저는 바디우의 제자 메이야수에 대해 말씀드리고 있습니다.[3] 왜냐하면 바디우는 철저히 이런 식으로 서술하는 경우가 전혀 없기 때문입니다.

데란다 저는 물질의 존재를 믿지 않는 사람이 '죽은 물질'이라는 표현을 접할 때 크게 우려하는 감정을 갖게 되곤 하는 이유를 이해하기 힘듭니다. 그런데 수학에 대하여 당신이 제기한 주장은 옳습니다. 수학적 모형이 그것이 모형화하는 것에 부합한다고 믿는 사상가들은 물리학에서 수행되는 이상화의 인지적 역할을 이해하지 못합니다. 수학적 모형은 결코 현실적 객체들에 관한 것이 아닙니다. 개와 나무는 말할 것도 없고 심지어 수증기 같은 가장 단순한 객체들과도 아무 관련이 없습니

---

3. Meillassoux, "Iteration, Reiteration, Repetition."

다. 수학적 모형은 특성들이 변화하는 방식 사이의 의존성을 포착합니다(그리고 그것이 보유할 가치가 있는 한 가지 정보입니다). 하지만 그렇게 하기 위해 수학적 모형은 그것이 모형화하는 현상을 엄청나게 단순화해야 합니다. 예를 들면, 통상적인 밀도의 수증기가 아니라 최소 밀도의 이상 기체가 있습니다. 그런데 이 사상가들이 **일반적 본질들**에 관한 실재론자라면, 저는 이런 존재론적 선택이 그들의 인식론에 어떤 영향을 미치는지 알 수 있습니다. 그들은 이상 기체에 관한 수학적 모형이 모든 기체의 본질을 포착한다고 가정할 수 있습니다. 그리고 우리가 직접 접근할 수 있는 것은 이런 본질입니다. 게다가 (형상인 같은) 일반적 본질들에 대한 믿음은 외부에서 유래하는 형태들을 수용하는 **불활성 용기**로서의 물질 또는 일반 법칙들로 표현되는 명령을 그냥 따르는 순종적인 존재자로서의 물질에 대한 믿음을 낳습니다. 이제, 당신이 바디우의 견해에 대한 대안으로서 제시하는 것에 의거하여, 당신의 철학에서 **번역**이 어떤 인지적 역할을 수행하는지 말씀해 주시겠습니까? (저는 당신이 번역이라는 이 개념의 영예를 라투르에게 귀속시킨다고 믿고 있습니다.)

하먼 제가 번역에 전념하는 이유는 바로 저는 모든 것이 하나의 형태라고 생각하기 때문입니다. 실재적 나무의 형태를 변경시키지 않은 채로 마음으로 옮길 방법은 전혀 없습니다. 마음속 나무는 실재 속 나무와 결코 동일하지 않을 것입니다. 왜냐하면 마음속 나무는 나무의 면모들을 대부분 잃어버렸기 때문입니다. 여기서 저는 『판도라의 희망』에서 제가 좋아하는 라투르의 비유 중 한 가지를 언급할 것입니다.[4] 그 책에서 라투르는 진리에 대한 '산업적' 모형을 재미있게 제시합니다. 사우디아라비아의 지질학적 균열 속에 갇힌 석유는 일련의 단계를 거쳐 프랑스에 있는 당신의 자동차에서 사용할 수 있는 휘발유가 됩니다. 여기서는 한 단계에서 그다음 단계로의 정확한 재현에 관한 의문은 존재하지 않고 오히려 단계별로 유지되는 번역에 관한 의문이 존재할 따름입니다. 물론 저는 이 모형을 정확히 라투르적 형태로 승인할 수는 없습니다. 한 가지 문제는 라투르가 옛날의 기회원인론자들이나 더 최근의 화이트헤드처럼 어떤 한 존재자가 한 순간에서 그다음 순간까지 지속할 때에도 번역이 필요하다고 생각한다는 것입니다.[5] 비눗방울의 우유적 특질들은 끊임없이 변화하기에, 그리고 라투르는 본질적 관계들에 관심이 많기에, 그는 비눗방울이 그 모양 또는 위치의 아주 작은 변화를 겪을 때마다 어떤 새로운 존재자

---

4. Latour, *Pandora's Hope*, 137. [라투르, 『판도라의 희망』.]
5. Bruno Latour, *An Inquiry Into Modes of Existence* [브뤼노 라투르, 『존재양식의 탐구』]; Whitehead, *Process and Reality* [화이트헤드, 『과정과 실재』].

로의 번역에 (좋든 싫든 간에) 전념하게 됩니다. 그러므로 라투르는 유의미한 변화와 사소한 변화 사이의 구분을 완전히 놓쳐 버립니다. 또 하나의 문제는 라투르가 원본 없는 번역을 원한다는 것입니다. 그는 마음-독립적인 과학적 객체들이 존재하지 않고, 단지 인간들과 그들의 실험실 장비 사이의 긴 협상 과정이 끝나는 시점이 되어서야 과학적 객체들이 출현할 뿐이라고 정말로 생각합니다. 그런 까닭에 과학자들은 라투르를 싫어하며, 그리고 실재론자로서 저는 그들의 태도가 일리가 있다고 인정할 수밖에 없습니다. 그런데 저는 (객체들이 모든 관계로부터 물러서 있다는 저의 견해를 참작하면) 진리 대응설도 수용할 수 없고 진리 정합설(이것은 충분히 실재론적이지 않을뿐더러 너무나 전체론적인 정취를 나타냅니다)도 수용할 수 없기에 번역이 훌륭한 대체 모형입니다. 셰익스피어를 독일어로 번역하는 한 가지 올바른 방법은 없습니다. 오히려 감식가가 구별할 수 있는 더 좋은 번역과 더 나쁜 번역이 있습니다.

데란다 여기서 저는 당신의 견해에 공감할 수 있습니다. 왜냐하면 번역은 일종의 **변환**transformation으로 여겨질 수 있으며, 그리고 변환 아래에서 변치 않는 **불변자**에 관한 개념이 저의 지각 이론에 핵심적이기 때문입니다. 제가 보기에 라투르의 견해에서 당신이 반대하는 것은 바로 번역이 변화시키지 않은 채 그대로 두는 것에 대한 무관심입니다. (하나의 변환으로 여겨지는) 비눗방울의 요동은 어떤 특성들(비누 막에서 이루어진 분자들의 연결성)은 변화시키지 않은 채 그대로 둡니다. 그런데 번역은 다양한 유형의 변환 가운데 한 가지일 따름입니다. 물질 없는 형태인 것처럼 보이는 것, 즉 언어적 기호들에 적용되는 변환 말입니다. (앞서 저는 우리가 구문론뿐만 아니라 의미론도 어떤 물질적 기체에서 창발한다는 것을 보여줄 수 있는, 언어에 관한 신유물론적 견해를 제시할 수 있다고 이미 주장했습니다.)

제가 보기에는 모든 기호를 물질 없는 형태로 간주하는 것과 관련하여 몇 가지 문제가 있습니다. 퍼스의 기호학에서는[6], 관행을 통해서 표상하는 것을 나타내는 상징과 유사성으로 표상하는 것을 나타내는 도상(예를 들면, 그림과 도표)에 덧붙여, 지시대상과의 인과적 관계를 통해서 그 대상을 가리키는 기호인 지표 또는 흔적이 있습니다. 고전적 실례는 불과 연기 사이의 관계이지만(연기의 현존은 불의 현존을 가리킵니다), 지문과 발자국, 나이테, 병의 증상, 얼굴 표정도 포함되며, 그리고 저는 세계에서 우리의 감각에 도달하는 대다수 정보 역시 포

---

[6]. Charles Sanders Peirce, *The Essential Peirce*.

함된다고 주장할 것입니다. '번역'이라는 용어가 상징(환언하기)과 도상(시각적 투영)에 적용될 뿐만 아니라 지표와 흔적에도 적용되는 변환을 지칭한다면 저는 그 용어에 대하여 아무 문제도 제기하지 않을 것입니다. 그런데 사정이 그러하더라도 아무런 언어적 의미를 내포하지 않는 '변환'이라는 용어가 더 적절할 것임이 분명합니다.

그런데 우리가 상징(그것의 임의성으로 인해 상징은 비물질적인 것처럼 보일 것입니다)을 고수하더라도 '형태들 사이의 번역'이라는 개념은 부적절한 것으로 보입니다. 제가 이미 주장한 대로, 언표의 진실성을 입증하려면 비非의미론적 변환들이 수행되어야 합니다. 언표의 지시대상을 알아내는 행위는 인과적 개입을 포함할 것입니다. 예를 들면, 어떤 황색 금속이 '황금'이라는 용어의 지시대상인지 알기 위해서는 그 금속에 산을 부어봐야 합니다. 어떤 언표(예를 들면, "이 금 조각의 무게는 5킬로그램이다")의 술부에 의해 이 지시대상에 귀속된 특성들 역시 측정기(무게의 경우에는 질량과 중력 사이의 물리적 관계를 숫자들 사이의 관계로 번역하는 그것 나름의 조작을 수행합니다)를 사용하는 비의미론적 개입을 필요로 합니다. 그러므로 대응이 거울 반사처럼 어떤 특정한 변환을 포함한다고 간주할 필요도 없을뿐더러 그런 반사가 해당 객체가 정말로 무엇인지 포착할 수 있다고 가정할 필요도 없습니다. 서술적 언표(적어도 특성을 부여하는 언표)는 서술되는 객체의 모든 것을 포착할 필요가 없으며, 오히려 어느 지시대상을 성공적으로 고르고 그것에 어떤 특정한 특성을 성공적으로 귀속시킬 수 있기만 하면 됩니다.

하면 저의 경우에도 '변환'이라는 낱말은 작동할 것이지만, 저는 '번역'이 생생한 용어라고 생각합니다. 저는 누군가가 그것을 언어적 모형으로 오인하는 것에 대하여 그다지 걱정하지 않습니다. 왜냐하면 언제나 저는, 당신이 주장했듯이, 그것이 인과적 관계를 포함하고 있다는 점을 애초부터 분명히 하기 때문입니다. 그런데 저는 몇 분 전에 당신이 일종의 이상화로서의 수학화에 관해 언급하여서 기뻤습니다. 당신 역시 모든 종류의 지식에, 그리고 심지어 모든 종류의 인과관계에 변환이 연루된다는 점에 기꺼이 동의할 것처럼 보입니다. 이렇게 해서 다음과 같은 의문이 제기됩니다. 당신에게 지식이 변환 아래에서 불변적인 것을 찾아내는 것을 의미한다면, 일단 우리가 이런 불변자들을 찾아낸다면 그것들에 대한 어떤 종류의 직접적인 접근권이 우리에게 주어진다고 생각하십니까? 아니면 그것들에 대한 우리의 관계 역시 어떤 종류의 변환이라고 생각하십니까? 만약 당신이 불변자들에 대한 우리의 접근이 직접적이라고 생각한다면 이것은 후설의 범주적 직관을 연상시킵니다.

데란다 그렇지 않습니다. 저는, 후설의 형상적 직관이 우리에게 모호한 본질과 정확한 본질에 관한 직접적인 지식을 제공하는 그런 식으로, 우리가 불변자들에 대한 특권적 접근권을 갖추고 있다고 믿지 않습니다. 무엇보다도 사람들은 불변자들에 관한 명제적 지식을 지니고 있지 않습니다. 예를 들면, 사람들은 어떤 불변자들이 자신의 현행 지각적 장을 구성하고 있는지에 관해 보고할 수 없습니다. 그럼, 이 점을 더 잘 설명해 보겠습니다. 지각적 불변자의 개념은 공간적으로 정위된 어떤 한 신체화된 관찰자를 필요로 합니다. 물론 이런 구상은 메를로-퐁티에 의해 도입되었으며[7], 그리고 그의 견해에 따르면 하이데거에 의해서도 도입되었습니다. 많은 철학 텍스트에서 나타나는 이상적 관찰자와 달리 메를로-퐁티의 관찰자는 더 완전한 경관을 획득하고 어떤 지각 표상들을 명확히 하기 위해 주변을 돌아다니면서 세계를 적극 탐사하는 관찰자입니다. 그런데 그런 관찰자는 객체에 대하여 변환을 수행하고 있다고 여겨질 수 있습니다. 예를 들면, 한 관찰자가 어떤 객체 주위를 돌아다닐 때 그는 변환적 회전을 수행합니다. 한 객체에 더 가까이 가거나 그것에서 더 멀어질 때 그는 변환적 크기 조정을 수

---

7. Merleau-Ponty, *Phenomenology of Perception*. [메를로-퐁티, 『지각의 현상학』.]

행합니다. 그 밖에도 많은 변환적 행위가 있습니다. 이런 변환들은 객체의 몇몇 지각된 특성은 변화시키지만 그 밖의 다른 특성들은 변화시키지 않은 채 그대로 둡니다. 그러므로 한 객체에서 멀어지는 것은 그것의 외관상 크기를 변화시킬 것이고 그 객체는 더 작게 보이게 되겠지만, 그 객체의 부분들이 서로 맺고 있는 비례 관계들은 변하지 않습니다. (하위인격적인sub-personal 비명제적 층위에서) 우리의 뇌가 지각된 객체로부터 추출한 다음에 그 처리 과정의 일부로서 활용하는 것은 이런 불변적 특성들입니다. 많은 창발 층위를 거친 후에 얻게 되는 최종 결과는 다음과 같습니다. 누군가가 자신에게서 멀어지고 있는 것을 바라볼 때 우리는 (우리의 시야에서 그 사람의 이미지가 점점 더 작아지더라도) 그 사람이 축소되고 있는 것으로 지각하지 않고 오히려 우리 자신과 그 사람 사이의 거리가 증가하고 있는 것으로 지각한다는 사실입니다.

또 하나의 사례를 말씀드리겠습니다. 앞서 저는 객체에 특성들이 귀속되는 서술적 언표를 언급했습니다. 우리의 신체화된, 탐사하는 육체가 시행하는 변환들 아래에서 어떤 특성들(예를 들면, 크기 조정의 경우에 크기가 아니라 비례 관계들)이 불변인 채로 남아 있는지에 관한 물음은 이런 종류의 언표와 관련이 있습니다. 그런데 후설의 범주적 직관은 또 다른 유형의 서술적 언표와, "이 동물은 얼룩말이다" 같은 언표와 관련이 있습니다. 이 경우에 우리는 특성이 아니라 **집합 소속 자격**을 귀속시키고 있습니다. 이 경우에는 불변자들이 어떻게 작동할까요? 여기서 통찰을 제공하는 가장 좋은 원천은 이상화된 뇌 회로, 이른바 '신경망'의 시뮬레이션에서 비롯됩니다. 신경망은 그것을 동류의 다양한 객체의 표상들에 노출시킴으로써 **객체를 구성원의 일종으로 인식하도록 훈련되어야 합니다**. 신경망이 행하는 것은 객체 표상들의 개체군에서 통계적으로 규칙적인 것들로부터 대강의 **원형을 추출하는 것**입니다. 이런 원형은 본질(예를 들면, 자연종)을 구성하는 것이 아니라 오히려 훈련용 집합에서 통계적으로 불변인 채로 남아 있는 특성들 – 말 모양, 흑백의 위장 무늬, 독특한 걸음걸이, 무리 행동 – 의 엉성한 복합체입니다. 이런 발견 결과를 실재적 포식자로 외삽하면, 우리는 그 포식자가 자신의 생애 동안 현실적 얼룩말의 개체군 중 일부에 노출된다고 추측할 수 있습니다. (이 경우에 그 훈련에는 재현물들이 아니라 현시물들이 포함됩니다.) 그 포식자의 뇌 회로는 표본으로부터 대강의 원형을, 그 포식자로 하여금 얼룩말임의 개념을 지니지 않은 채로 모든 변이 속에서 얼룩말을 인식할 수 있게 하는 원형을 추출할 수 있어야 합니다.

하먼 신경망과 원형에 관한 논점은 대단히 흥미롭습니다.

그렇지만 제가 의구심을 갖는 한 가지 것은 원형이 특정한 성질들의 다발, 또는 당신이 암시적으로 표명했듯이, "훈련용 집합에서 통계적으로 불변인 채로 남아 있는 특성들의 엉성한 복합체"와 동일시되어야 하는 이유입니다. 러셀은 (흄의 방식으로) 이름을 성질들의 총합과 같은 명확한 서술로 간주하고, 크립키는 이름을 우리가 어떤 성질 또는 심지어 모든 성질을 착각하더라도 동일한 사물을 계속해서 가리키는 견고한 지시자로 간주하는 반면에, 당신의 견해는 저에게 존 설의 이른바 '집적체 이론'cluster theory을 상기시킵니다.[8] 이 이론에 따르면, 이름은 얼룩말의 **모든** 성질을 나타낼 필요가 없고 오히려 얼마간의 중대한 성질을 나타내기만 하면 됩니다. 문제는, 저는 그런 중대한 특성들이 무엇일지 알 수 없다는 것입니다. 우리는 모두 다리가 세 개인 얼룩말 또는 변질된 줄무늬 패턴을 갖춘 얼룩말 또는 무늬가 전혀 없는 얼룩말을, 그것이 '일반적인 얼룩말 풍채'를 갖추고 있는 한, 얼룩말로 인식할 준비가 되어 있을 것이라고 저는 생각합니다. 동물학자들은 무엇이 얼룩말로 여겨지고 무엇이 그렇지 않은지에 대한 규준을 정립해야 할지도 모르지만, 일반적으로 동물학 공동체의 일원이 아닌 우리는 그럴 필요가 없습니다. 그러므로 당신이 신경망과 관련하여 얼룩

---

[8]. John Searle, "Proper Names."

말임의 개념보다 불변적 특성들로 이루어진 원형이 필요하다고 언급할 때, 저는 그것이 가능태들을 망라하는 목록이라고 생각하지 않습니다. 저는 우리가 어떤 객체가 무엇인지에 대한 모호한 일반적인 감각을, 어떤 적절한 개념으로도 표명할 수 없고 불변적 성질들의 다발로도 표명할 수 없는 그런 감각을 지니고 있다고 생각합니다.

데란다 두 가지 점을 말씀드리겠습니다. 제가 (앞서 논의된 기하학적 불변자들과 매우 다른) 통계적 불변자들에 바탕을 둔 '대강의 원형'을 언급했을 때, 그것은 바로 '일반적인 얼룩말 풍채'라는 관념을 포착하기 위해서이고, 우리가 이런 대강의 원형을 (정확히 규정된) 어떤 범주에 속하기 위한 일단의 필요충분조건과 혼동하지 않도록 하기 위해서입니다. 둘째, 신경망에 의해 형성되어 추출된 원형은 다리가 세 개인 얼룩말처럼 **부분적 입력물**로 작동할 때 상당히 탄탄합니다. 동일한 인식 행위가 훈련 시기 동안 현시되었던 모든 특성을 감지하지 않은 채로 수행될 수 있습니다. 사실상 프루스트의 마들렌처럼 어떤 단일한 특성이 여타의 모든 특성을 재구성하도록 유도할 수 있습니다.[9] 그러므로 중대한 특성들의 집적체에 관한 설의

---

9. Marcel Proust, *In Search of Lost Time, Volume 1: Swan's Way*. [마르셀 프루스

관념 — '중대성' 규준의 근원은 규정되지 않은 채로 있습니다 — 과 달리, 여기서 중대한(또는 유의미한, 중요한) 것으로 판명되는 것은 포식자가 실제로 시험한 현실적인 얼룩말 개체군에 관한 우발적 사실입니다. 만약에 우연하게도 그 표본의 대부분이 위장 무늬가 거의 없는 얼룩말들로 이루어져 있었더라면 원형은 그런 방향으로 편향되었을 것이고, 그리하여 그것은 훨씬 더 뚜렷한 위장 무늬가 있는 또 다른 개체군의 얼룩말을 인식하는 데 쓸모가 없을 것입니다. 이런 자격 요건이 없다면 원형이 본질이 아니게 막을 수 있는 것이 무엇이겠습니까?

변환과 불변자에 관한 더 일반적인 한 가지 논점을 제기하겠습니다. 그 개념은 동물 지각에 관한 생태적 견해로 유명한 제임스 깁슨에 의해 인지과학에 도입되었습니다.[10] 이 견해에 따르면 불변자는 우리에게 오직 **국소적** 정보를 제공할 뿐입니다. 우리가 어떤 한 객체를 조사하면서 우리 손안에서 회전시키면 그 객체의 방향은 변화시키지만 그 위치는 변화시키지 않은 채로 두는 반면에, 그것을 이동시키면 그 방향은 불변인 채로 두지만 그 위치는 변화시킵니다. 변환된 객체는 이런 불변의 패턴들을 (시각에 달라붙도록) 주위 조명에 노출된 채로

트, 『잃어버린 시간을 찾아서 1·2 : 스완네 집 쪽으로 1·2』.]
10. James J. Gibson, *The Senses Considered as Perceptual Systems*. [제임스 깁슨, 『지각체계로 본 감각』.]

두고, 일단 그것들이 망막에 도달하면 다른 패턴들(광학적 흐름)로 번역됩니다. 그리고 이 역동적인 시각적 패턴들은 독자적인 불변자들을 지니고 있습니다. 그러므로 광학적 흐름 속의 일시적 패턴들은 그 객체의 상실된 제3의 차원의 번역물이고, 따라서 후자는 전자로부터 복원될 수 있습니다. 망막에서 생성된 광학적 흐름 역시 그것이 주관적 경험이 되기 전에 뇌 속에서 여러 번 변환되며, 각각의 변환은 특정한 국소적 과업에 유용한 독자적인 국소적 불변자들을 추출합니다. 그러므로 시각적 입력물을 처리하는 과정에서 비교적 이른 시기에, 어떤 한 객체의 정체성을 결정하는 데 유용한 정보가 그것의 위치를 결정하는 데 유용한 정보와 별개로 처리됩니다. (그 흐름은 무엇 성분과 어디 성분으로 분할됩니다.) 객체와 주체 사이에 일련의 변환이 일어나며, 최종 생산물(현상적 경험)은 그 자체로 하나의 변환입니다. 그런데도, 그리고 이것이 당신이 말씀하신 것과 딱 들어맞더라도, 이런 연쇄적인 변환의 모든 지점에서 존재하는 것은 탈신체화된 형태들이 아니라 패턴화된 물질-에너지입니다(깁슨의 구조화된 조명부터가 그렇습니다).

하먼 그런데 저는 다른 것에 훨씬 더 관심이 있습니다. 만약 당신이 (저처럼) 불변자에 대한 우리의 접근이 간접적이고 단지 어떤 종류의 변환을 통해서 이루어질 수 있을 뿐이라고 생각한다면, 물자체에 대하여 의구심을 품을 이유가 있습니까?

데란다 네, 조금 거슬러 올라가 봅시다. 앞서 당신이 주장했듯이, "물자체 = '마음-독립적인 객체' + '가지성의 조건'"입니다. 저는 (그것에 대한 전통적인 관념론적 해석에서) 이것이 존재론과 인식론을 뭉뚱그린다는 이의를 제기했지만, 당신은 실재론적 해석의 견지에서 이것이 인간에 의한 가지성의 조건을 가리킬 필요가 없다고 응답했습니다. 만약 우리가 마음-독립적인 사물들이 서로 인과적으로 상호작용할 수 있다는 점을 인정한다면 가지성에 대한 한계는 이렇게 귀결됩니다. 마음-독립적인 사물들은 상호작용하기 위해 서로에 관한 완전한 '지식'을 갖출 필요가 없습니다. 포식자는 얼룩말이 '정말로 무엇인지'에 관한 어떤 관념도 지니지 않은 채로 얼룩말과 상호작용할 수 있습니다(얼룩말을 인식하고, 얼룩말에 접근하고, 얼룩말을 공격할 수 있습니다). 그리고 저는 이것이 단지 지식은 한계가 있다는 것과 절대적 지식이라는 개념 및 그것에 수반되는 최종 진리라는 개념이 부정합적이라는 것을 함축할 뿐이라는 점을 인정합니다. 그러므로 제가 여전히 어떤 이의를 품고 있는 한에서 그것은 관찰 가능성에 대한 이의와 유사할 것입니다. 적어도 인간의 경우에 지식의 한계가 무엇인지를, 일반적으로 또 **최종적으로**, 확립하고자 하는 것은 쓸모없을 것입니다. 왜냐하면 새로운 기기 사용, 개입 기법, 그리고 새로운 인지적 도구는 모두 이런 한계를 변화시키며, 그것도 실재의 상이한 영역들에 대하여 대단히 상이하게 작동하기 때문입니다.

하먼 우리가 지식의 한계가 무엇인지 최종적으로 말할 수 없다는 의견에 동의합니다. 객체지향 철학은 칸트가 옹호한 유한성은 수용하는 한편, 삼단논법의 구조에서 도출되든 여타의 것에서 도출되든 간에 영구적인 범주 목록을 작성하려는 야망은 전혀 없습니다. 그리고 발견의 진전이 끊임없이 새로운 것들을 알 수 있게 만든다는 점이 사실임은 틀림없습니다. 그런데 저에게 이런 사실이 덜 중요한 이유는 그런 것들이 객체지향적 의미에서 **물러서** 있거나 **감춰져** 있었던 것이 아니라 단순히 이전에 알려지지 않았기 때문입니다. 20세기에 접어들어서까지 놀림을 받았고 현재는 수용된 대륙 이동설을 살펴봅시다. 대륙 이동은 1912년에 알프레트 베게너가 그 이론을 제안하기 전에 '본체적'이지는 않았습니다. 더 정확히 말씀드리자면, 그것은 1912년 이전에 오늘날보다 더 본체적이지는 않았습니다. 물자체의 거리는 시간의 흐름에 따라 증가하지도 않고 감소하지도 않습니다. 그것은 불가사의와 동의어가 아니며, 오히려 어떤 명백한 불가사의도 없는 상황에 처해 있기도 합니다. 앞서 제가 주장했듯이, 물자체는 사물과 그것에 대한 우리의 모형 사이의 차이를 관념론적으로 부인하지 않은 채로 거부될 수는 없습니다.

데란다 잘 알겠습니다. 그런데 이렇게 질문해 보겠습니다. (물러서 있는) 객체의 인식 불가능한 부분은 그것의 특이한 본질입니까?

하먼 네, 그렇습니다.

데란다 글쎄요. 그렇다면 여기서 우리에게 주어진 것은 어떤 존재론적 견해에서 비롯된 우리의 인식론적 견해들의 차이점입니다. 당신의 특이한 본질은 일반적 본질의 결과와는 매우 다른 인지적 결과를 낳습니다. 앞서 제가 이미 주장했듯이, (한 부류의 객체들의 **필연적** 특성들을 포착하는) 일반적 본질들을 가정하는 한 가지 이유는 이런 존재론적 주제가 어떤 인식론적 주제를 정당화하는 데 사용될 수 있다는 것입니다. 특성이 필연적이라면 우리는 그것에 선험적으로 접근할 수 있습니다. 특이한 본질들은 그런 결론을 내리지 못하게 합니다. 그러므로 저는 그것들이 대체로 해롭지 않다고 간주합니다. 반면에, 당신의 작업에서는 그것들이 어떤 인지적 기능을, 언제나 가지성을 벗어나는 것이 있음을 보장하는 기능을 수행합니다. '가지성'이라는 용어가 인간을 가리킬 뿐만 아니라 상호작용하는 모든 객체를 가리킨다는 단서가 붙지만 말입니다.

그런데 저는 특이한 본질들을 사용하여 객체의 지속적인 정체성을 설명하지 않기에 어떤 **근본적인 물러섬도 가정할 필요가 없습니다**. 앞서 저는 객체들이 오직 다른 객체들의 바깥 표면들을 '감지할' 뿐이라는 점에 의거하여 제가 당신의 통찰을 수용할 수 있는 방법을 언급했습니다. 그러므로 저는 절대적 지식 같은 것이 전혀 없는 이유에 대한 그 밖의 설명들에 끌리는 경향이 있습니다. 첫 번째 것은 기술 및 과학적 혁신의 층위에서뿐만 아니라 분자 및 생물학적 진화의 층위에서도 나타나는 세계 속 참신성의 현존입니다. 해마다 화학자들은 대단히 많은 새로운 화학물질을 합성하기에 이 화학물질들을 온전히 연구하는 작업을 결코 끝낼 수 없을 것이고, 그것들이 서로 화학 작용을 일으키는 경우에 무슨 일이 일어나는지 알아내는 작업은 더욱더 끝이 없을 것입니다. 최종 진리의 꿈을 사라지게 하는 것은 근본적인 물러섬이라기보다는 오히려 세계의 **완결되지 않는 본성**입니다.

하먼 그런데 참신성이 우리가 절대적 지식에 대하여 인식하는 유일한 제약이라면 우리는 모든 놀라움을 미래에 자리하게 하는 셈입니다. 현재는 어쩔 것입니까? 그렇다면 당신은 우리가 현재의 실재적인 것들에 관한 절대적 지식을 가질 수 있다고 생각하십니까? 아니면 우리가 절대적인 것을 획득하지 못하게 막을 것은 단지 예측 불가능한 미래의 실재적인 것들뿐입니까?

데란다 그렇지 않습니다. 왜냐하면 다른 제약들도 있기 때문입니다. 미래에 덧붙여 과거도 있습니다. 당신이 한 객체의 탄생을 둘러싼 환경이 그것의 현행 정체성을 규정하는 것의 일부라는 저의 견해에 동의하지 않는 한 가지 이유는 많은 경우에 그런 환경이 현재까지 지속하는 흔적을 남기지 않는다는 것입니다. 그리고 저는 이것을 인정했습니다. 한 객체의 과거 역사가 그것의 현재 상태에 어떤 흔적을 남겼는지는 사례별로 결정되어야 합니다만, 우리는 둘 다 그런 흔적 중 많은 것이 상실된다는 점에 동의했습니다. 우리는 그런 정보를 복원할 수 없기에 그것은 우리 지식을 넘어서는 객체의 또 다른 측면입니다. 그다음에 정신물리학이 주의 깊게 입증한 모든 문턱이 있습니다. 우리는 단지 전자기 스펙트럼의 일부를 볼 수 있을 뿐이며, 그 밖의 부분들은 특수한 기기를 사용하지 않으면 보이지 않습니다. 게다가 우리는 모든 소리의 일부를 들을 수 있을 따름이며, 어떤 소리는 우리가 감지하기에는 너무 낮거나 너무 높습니다. 그다음에 공간적 규모와 시간적 규모에 관한 물음들이 있습니다. 우리는 매우 작은 사물들(원자)이나 매우 큰 사물들(은하)에 관한 지식보다 우리 자신의 공간적 규모에 해당하는 사물들이나 우리 자신의 시간적 규모에서 발생하는 사건들에 관한 지식을 획득하는 데 훨씬 더 능숙합니다. 그리고 극히 느린 사건이나 극히 빠른 사건의 경우에도 사정은 마찬가지입니다. 우리는 정지 화면이나 느린 동작 화면을 사용하여 가속하거나 감속하지 않는다면 목표를 타격하는 (너무 빠른) 총알도 (너무 느린) 개화도 그야말로 지각할 수 없습니다. (이런 사진 기법들은 사실상 시간상의 현미경과 망원경처럼 작동합니다.)

마지막으로, 의의에 관한 물음이 있습니다. 어떤 한 객체의 현행 정체성의 모든 세부를 서술하는 것은 불가능할 것입니다만, 인식 불가능한 모든 세부 중에서 어떤 것들이 그 객체에 관한 우리의 지식에 실제적 차이를 만들어낼까요? 그 객체에 대한 우리의 인지적 파악에 관한 한, 사소한 세부에 대한 무지가 중요한 것일까요? 그러므로 우리를 세계에 연결하는 것이 일련의 변환 — 각기 독자적인 방식으로 불변자들을 보존하는 변환들의 연쇄 — 이라면 우리는 하나의 객체에 대하여 그것의 특이한 본성을 망라하는 정보를 결코 얻지 못한다는 당신의 진술은 옳습니다. 하지만 저는 그 잔류물을 인식론적으로 형언할 수 없는 것으로, 즉 본체를 형이상학적으로 인식할 수 없는 것으로 간주하는 것이 무슨 의미가 있는지 모르겠습니다.

하먼 저는 그 잔류물이 형언할 수 없는 것이라고 생각하지 않습니다. 그것은 성질들에 관한 담론적인 명제적 언표들에 의거하여 '형언할 수 없는' 것에 불과합니다. 왜냐하면 이런 일이 실행될 수 있다고 생각하는 것은 객체가 그 성질들에 의거하여 환언될 수 있다고 생각하는 것에 해당할 것이기 때문입니다. 이런 까닭에 저는 비유의 인지적 역량을 높이 평가합니다. 비록 비유는 우리에게 담론적 의미에서의 지식을 제공하지는 않지만 말입니다. 비유가 직서적 표현들로 환언될 수 없다는 것은 문학 이론가들[11]과 철학자들[12]에 의해 알려진 지 오래되었습니다.

데란다 잘 알겠습니다. 그런데 비유뿐만 아니라 그 밖의 많은 형태의 지식도 명제적 용어들로 표현될 수 없습니다. 여기서 우리는 길버트 라일이 제시한 구분을, "… 임을 아는 것"(여기서 '…'는 서술적 언표로 채워집니다)과 자전거를 타는 법이

---

11. Brooks, *The Well Wrought Urn*. [브룩스, 『잘 빚어진 항아리』.]
12. José Ortega y Gasset, "An Essay in Esthetics by Way of a Preface"; Max Black, "Metaphor."

나 수영을 하는 법의 경우처럼 "…하는 법을 아는 것"(여기서 '…'는 부정사로 채워집니다) 사이의 구분을 도입해야 합니다. 그 둘 사이의 주요한 차이점은, 전자는 명시적이고 후자는 암시적이라는 것이 아니라 오히려 전자는 책과 강의를 통해서 전달되는 반면에 후자는 실례를 통해서 가르치고 실습 또는 실행함으로써 배우게 된다는 것입니다. 또한, 전자를 어떤 탈신체화된 관찰자(통 속의 뇌)에 귀속시키는 것은 가능한 반면에 후자를 그것에 귀속시키는 것은 불가능합니다. 왜냐하면 후자는 신체적 기량을 발휘하는 것을 포함하기 때문입니다. 이제 주요 논점으로 되돌아가면, 대다수 사람은 자신이 수영할 수 있다는 것 또는 자신이 자전거를 탈 수 있다는 것이 정확히 어떠한 것인지 명제적 형식으로 명확히 표명할 수 없을 것입니다.

하먼 철학의 여타 분야와 비교할 때 인식론이 차지하는 지위에 관한 당신의 생각을 말씀해 주시겠습니까? 그런데 우선, 저는 그 낱말에 대하여 제가 아는 어떤 다른 사람보다도 더 부정적인 관점을 지니고 있다고 말씀드리고 싶습니다. 일반적으로, 존재론을 인식론과 융합하는 잘못을 저지르는 것처럼 보이는 사람들은 우리 둘 다를 은밀한 관념론자로, 예를 들면 경험론자 또는 실증주의자로 간주하는 사람들입니다. 그런데 개인적으로 저는 정반대의 이유로 그것들을 '융합'하고 싶어 합니다. 제가 보기에 인식론에 관한 이야기는 제가 수용하기를 꺼리는 인간과 비인간 존재자들 사이의 분류학적 구분을 가정합니다. 달리 말씀드리자면, 인식론은 언제나 저에게 잘못된 종류의 이원론적 존재론이라는 인상을 불러일으킵니다. 몇몇 사람이 말하듯이, 우리는 세계를 알 수 있는 우리의 능력을 먼저 질문에 부치지 않은 채로 세계에 관해 이야기할 수 없다고 말하는 것은 인간-세계 관계가 여타의 모든 관계에 비해 철학적으로 특별하다는 A7 가정을 만들어냅니다. 누군가는 우리가 여타의 모든 것에 대한 접근권과는 다른 방식으로 우리 마음의 내용에 대한 접근권을 지니고 있다고 말함으로써 A7을 정당화할 것입니다. 저는 동의하지 않습니다. 제가 대체로 감춰진 저의 사유에 관해 생각하든 멀리 떨어진 세계에서 지배적인 대기 조건에 관해 생각하든 간에 둘 다 일종의 직접적인 접근이라기보다는 오히려 근사적인 모형입니다. 그것을 약간 가혹하게 표현하면, 인식론에의 호소는 종종 단적으로 나쁜 존재론에의 호소에 지나지 않습니다.

데란다 저는 '인식론'이라는 용어가 부적절하다는 점에 동의하지만, 다른 이유로 그렇습니다. 글을 쓰면서 저는 '인식적'epistemic이라는 용어를 자제하면서 그 대신에 '인지적'cognitive이라는 용어를 사용하는 경향이 있습니다. 왜냐하면 전자는 궁극적으로 진리와 관련되어 있는 반면에 후자는 온갖 종류의 적합성을 수용할 수 있기 때문입니다. 단일한 언표들의 경우에는 진리론이 필요함이 확실하지만(왜냐하면 지금까지 우리는 대화를 나누면서 다양한 형태의 단일한 언표들을 사용했기에 그것들의 현존을 부인하는 것은 자기준거적으로 정합적이지 않을 것이기 때문입니다), 우리는 여러 가지 다른 일도 행했습니다. 우리는 문제를 제기하고, 설명을 가정하고, 분류학을 서술하는 등의 일을 행했습니다. 이 모든 인지적 도구에 공통적인 유일한 요소는 의의라는 개념입니다. 묘사는 두드러진 특색을 포착해야 합니다. 설명은 차이를 만들어내는 요인을 포착해야 합니다. 분류는 중요하거나 적절한 공동의 특징을 밝혀야 합니다. 변환 조작 아래에서 변치 않는 불변자들은 사실상 유의미한 것을 선별합니다. 그런데 불변자들뿐만 아니라, 잘 제기된 문제들, 적절한 설명들, 시사적인 시뮬레이션들, 그리고 심지어 통찰력 있는 비유들도 모두 사소한 것과 사소하지 않은 것을 분리하는 작업을 수행합니다.

이제 이것을 비인간 행위자로 확장합시다. 동물은 명제적 지식은 보유하고 있지 않지만(왜냐하면 동물은 언어를 갖추고 있지 않기 때문입니다), 사냥하는 법, 사냥당하지 않는 법 등을 습득할 수 있기에 기량(또는 노하우)은 보유하고 있음이 확실합니다. 노하우를 '인지적'이라는 용어의 지시대상의 일부로서 포함함으로써 우리는 동물-동물 관계와 동물-식물 관계(예를 들면, 벌과 꽃)를 포함할 수 있게 될 것입니다. 마지막으로, 우리는 '적합성'이라는 개념을 금속 촉매와 촉매 화학 반응 사이의 관계처럼 지표에 의해 매개되는 객체-객체 상호작용으로 확장할 수 있을 것입니다. 예를 들면, 생물학자들은 어떤 한 촉매 효소가 자신의 표적을 찾아내는 방법을 논의할 때 '분자적 인식'에 관해 이야기하는 것을 꺼리지 않습니다.

하먼 저는 '적합성'이라는 표제어 아래 객체-객체 관계를 기꺼이 다루는 당신의 태도가 마음에 듭니다. 오늘날 그런 작업을 기꺼이 수행하려는 사람은 그다지 많지 않습니다. 예를 들면, 지금까지 많은 분석철학자는 휴버트 드레이퍼스의 해석을 통해서 하이데거에게 열띤 관심을 가지게 되었습니다.[13] 그 해석은 그들이 이해할 수 있는 어법으로 처음 수행된 것 중 하나입니다. 그런데 드레이퍼스에 대하여 제가 실망하는 것은, 한편으로는 실천적 '대처'와 다른 한편으로는 명시적인 지각적/이론적 처신 사이에 어떤 종류의 거대한 우주적 대립이 존재한다는 그의 관념입니다. 당신의 용어를 사용하면 매우 다양한 종류의 '적합성'이 있으며, 그리고 그중 대다수는 인간의 대처

---

13. Hubert Dreyfus, *Being-in-the-World*.

행위, 인간의 지각, 또는 인간의 이론과 아무 관계도 없습니다. 그러므로 저는 여전히 명명되지 않은 당신의 적합성 이론을 전적으로 지지하는데, 비록 이 경우에 사람들이 '인지적'이라는 용어를 선뜻 수용하지 않을 것이라고 생각하지만 말입니다(저는 기꺼이 수용할 것입니다). 왜냐하면 조금이나마 범심론처럼 들리는 것이라면 무엇이든 타파하겠다는 영구적인 경계 태세를 보이는 사람들이 많이 있기 때문입니다.

데란다 3부의 말미에서 저는 우리 사이의 한 가지 차이점(특이한 본질 대 창발 메커니즘)이 비교적 문제가 없다고 말씀드렸습니다. 왜냐하면 저는 언제나 '특이한 본질'이라는 어구를 "무엇이든 객체 정체성을 유지하는 것"으로 환언하고 저 자신의 견해를 사용하여 그 환언된 판본을 상세히 설명할 수 있기 때문입니다. 이제 특이한 본질의 '물러서 있는 객체'로서의 나머지 역할에 대해서도 마찬가지의 논점이 적용될 수 있습니다. 저는 언제나 이것을 "무엇이든 우리로 하여금 객체에 관한 완전한 지식을 획득하지 못하게 막는 것"을 뜻하도록 환언한 다음에 그것을 상세히 설명하기 위해 미래 참신성의 가능성, 과거 흔적의 불완전한 기록, 세계의 현시물의 공간적·시간적 규모-의존성 등을 사용할 수 있습니다.

하먼 저는 당신이 물러서 있는 객체에 관한 이론의 인지적 결과에 많은 문제가 있다고 생각하지 않아서 기쁩니다. 왜냐하면 저에 대한 대다수 비판자는 바로 이 지점에서 순식간에 엉망진창이 된다고 생각하기 때문입니다. 그들은, 제가 취할 수밖에 없는 유일한 진리 모형은 어떤 키치적인 종류의 후기 하이데거 입장, 즉 존재의 물러섬을 암시하는 시인들의 모형이라고 생각합니다.[14] 하지만 저는 이런 비판이 사물의 특성에 관한 명시적인 담론적 지식과 순전한 무지 사이의 그릇된 대립에 의지한다고 생각합니다. 우리의 인지적 삶의 대부분은, 그것이 암시적 비유를 사용하여 새로운 탐구 분야를 개척하는 것이든, 빗댐과 풍자의 언어로 강력한 효과를 모색하는 것이든, 또는 여러 해에 걸쳐 목격된 주변 사람들의 수행 행위들의 전체 목록 이외에 우리가 우리 주변의 인간 기질들에 대해 갖는 모호한 감각을 나타내는 것이든 간에, 그런 두 극단 사이에 자리합니다. 실존주의는 우리가 자신의 행위들에 지나지 않는다고 진술함으로써 반본질주의적 독단을 보여줍니다. [실존주의적 독단과 달리] 우리가 동일한 행위를 저지르는 사람들에게 [행위는 동일하더라도] 상이하게 응대하는 것은 다반사입니다. 그리고 이것은 그저 위선의 문제에 불과한 것이 아닙니다. 그러

---

14. Ray Brassier, "Concepts and Objects."

므로 저는 그저 객체를 더 뚜렷한 성질들을 위한 가장 기본적인 특수자 또는 기체基體로서 도입하고 있지는 않습니다. 오히려 저는 객체가 성질들에 대한 모든 목록을 불충분하게 만든다고 말하고 있습니다.

데란다 그뿐만 아니라, 객체를 어떤 특성들의 목록으로 환원시킬 때, 그리하여 그 **목록을 사물화할 때도 그 결과는 일반적 본질입니다.**

하먼 제가 당신이 좋아하지 않는 의미에서의 일반적 본질을 피한다고 주장하는 이유가 바로 그것입니다. 저는 객체가 특성들의 목록이라는 관념을 받아들이지 않습니다.

데란다 그런데 저는 지각과 이해에 관한 물음들로 돌아가 봅시다. 앞서 저는 구조화된 조명에서, 그다음에 망막으로의 광학적 흐름에서, 그다음에 많은 병렬적인 뇌 상태들에서 이어지는 불변자들의 긴 연쇄가 결국 우리에게 유의미한 경험의 장 – 즉, 예를 들면, 중요한 것(형상figure)이 대수롭지 않은 것(배경)과 분리되는 장 – 을 제공하게 된다는 생각을 간략히 말씀드렸습니다. **하지만 저는 이 장의 내용, 즉 신체화된 주체가 체험하는 대로의 객체들에 대해서는 아무것도 말씀드리지 않았습**

4부 인지와 경험

니다. 저는 (시각에 달라붙는) 구조화된 조명으로부터 추출된 불변자들이 하위인격적 층위에서 사용됨으로써 궁극적으로, 체험된 객체들을 생성하는 데 중요한 역할을 수행한다고 주장했습니다. 그런데 경험의 내용에 관한 서술뿐만 아니라 이 내용 속 요소들 사이의 상호작용들에 관한 설명도 필요합니다. 당신의 존재론에서는 감각적 객체라는 개념이 이런 서술적·설명적 작업의 대부분을 수행합니다. 당신은 본질과 형상^{eidos}을 구분하는데, 전자는 우리가 지금까지 고찰한 특이한 본질들이고 후자는 후설이 경험 속 다채로운 음영에서 추출된다고 가정하는 어렴풋한 본질들입니다. 당신은 감각적 객체가 형상을 본떠서 만들어진다(또는 형상에 고무되어 생겨난다)고 언급했습니다. 이 논점에 대하여 구체적으로 말씀해 주시겠습니까?

하먼 객체지향 철학은 우선 실재적인 것과 감각적인 것에 관해 이야기합니다. 그리고 몇몇 비판자는, 철학의 역사가 이미 두-세계 이론들 — 예를 들면, 플라톤과 칸트의 이론들 — 로 넘쳐난다는 사실을 고려하면, 이 이론이 특별히 새로운 것처럼 보이지 않는다는 불평을 제기했습니다. 이런 주장조차도 전혀 옳지 않습니다. 왜냐하면 저에게 실재적인 것과 감각적인 것은 두 가지 상이한 세계가 아니라 오히려 동일한 세계에 거주하는 두 가지 상이한 동물이기 때문입니다. 그런데 지금으로서는 당신이 제기한 논점 — 실재적인 것과 감각적인 것 사이의 구분을 가로지르는 객체와 그 성질들 사이의 구분 — 이 더 중요합니다. 라이프니츠는 사물의 단일성과 질적 복수성 사이의 긴장을 이미 논의했습니다. 『모나드론』에서 라이프니츠는 모든 모나드가 마찬가지로 통일된 단일체여야 한다고 주장한 다음에 또한 각각의 모나드가 복수의 특질도 갖추고 있어야 한다 — 왜냐하면 그렇지 않다면 모든 모나드가 똑같을 것이기 때문입니다 — 는 명백한 사실을 언급합니다.[15] 라이프니츠는 그런 모든 특질을 다른 사물들의 관계적 반영으로 만드는 잘못을 저질렀지만, 그것은 또 다른 이야기입니다.

그런데 정말로 놀라운 통찰은 후설에게서 비롯되었습니다. 그리고 이것은 제가 간략히 설명할 이유로 인해 학자들에 의해 간과되고 있습니다. 브렌타노는 (아비센나에게서 비롯된 이슬람적 기원을 갖는) 지향성이라는 개념을 되살렸고, 지향적 객체를 자주 언급했습니다. 몇몇 분석철학자는 우리의 감각 행위와 언표 행위 중에 우리가 가리키고 있는 마음 **바깥**의 객체를 뜻하는 데 이 용어를 사용합니다. 하지만 브렌타노는 자신이

---

15. G. W. Leibniz, "Monadology." [고트프리트 빌헬름 라이프니츠, 『모나드론 외』.]

내재적 객체성 — 마음속에 현존하는 객체들로, 그것들이 마음 바깥의 가능한 객체들과 맺는 관계는 브렌타노에 의해 결코 충분히 밝혀지지 않았습니다 — 에 관해 이야기하고 있다는 점을 분명히 합니다. 이것은 그의 많은 신봉자에게 해결되지 않은 문제로 남게 되었고, 따라서 그들은 그 문제를 해결하는 작업에 열정적으로 착수합니다. 우선 브렌타노의 제자 카지미에르츠 트바르도프스키(폴란드의 국민 영웅)는 1890년대에 『표상의 내용과 대상에 관하여』라는 경이로운 소책자에서 그 문제를 공략했습니다.[16] 이 책은 마음 바깥의 대상(객체)과 마음속 내용 사이의 이중화를 단언했습니다. 달리 진술하면, 의식적 삶 속에는 객체가 전혀 없고 단지 내용 — 경험론적 방식으로 성질들의 다발 — 이 있을 뿐입니다. 후설은 이런 이중화를 좋아하지 않았습니다. 왜냐하면 그는 만약 두 개의 베를린(마음 바깥의 베를린-객체와 마음속 베를린-내용)이 있다면 지식이 그 간극을 뛰어넘어 외부로 도약하는 것은 불가능하다고 말했으며, 그리고 훈련받은 수학자인 후설에게 이것은 부조리한 일이었기 때문입니다.[17] 후설의 해결책은 최소한 원칙적으로 의식의 대상이지 않을 실재를 상상하는 것이 터무니없다(여기서 그의

---

16. Kasimir Twardowski, *On the Content and Object of Presentations*.
17. Edmund Husserl, "Intentional Objects."

표적은 칸트의 물자체입니다)고 여겨지는 급진적인 이원론이었습니다.

물론 당신과 저는 둘 다 관념론을 싫어합니다. 그런데 후설은 바로 자신의 관념론적 오류 덕분에 위대한 철학자가 됩니다. 어떤 외부 세계도 현상적 권역에 관계하지 않기에 후설은 어떤 외부에의 준거도 없이 현상적인 것들의 모든 감춰진 짜임새를 찾아낼 수밖에 없게 됩니다. 결과적으로 그가 찾아낸 것 중에서 가장 중요한 것은 지향적 객체와 그것의 다양한 음영 사이의 긴장임이 틀림없습니다. 후설은 브렌타노에 맞서서 의식이 경험된 내용으로 구성되지 않고 오히려 객체를 부여하는 행위들로 구성된다고 단언합니다. 달리 진술하면, 의식은 결코 (경험론자들이 주장했듯이) 성질들의 다발들과 관련되어 있지 않습니다. 오히려 의식은 우유적 성질들의 매우 다양한 변양태, 또는 이른바 음영들로 나타날 수 있는 지향적 객체들과 관련되어 있습니다. 이런 긴장 관계를 이해하려면 후설의 관념론을 인식한 다음에, 그가 관념론을 견지함에도 불구하고 현상적 권역에 얼마나 많은 생명을 불어넣는지 확인해야 합니다. 하지만 대단히 많은 후설주의자가 그의 관념론을 적극 부정하면서 객체를 지향할 때 우리는 언제나 이미 자신의 외부에 있다고 말합니다. 그렇기 때문에 그들은 불가피하게 제한된 후설의 관념론적 실재론의 영광을 결코 누리지 못하는 것입니다.

그러므로 그들은 후설의 철학과 관련된 새로운 것을 전적으로 간과합니다. 비록 게슈탈트 심리학자들은 경험 자체의 내부에서 생겨나는 객체-성질 긴장을 이해하는 법을 언급했지만 말입니다.

데란다 흥미롭습니다. 앞서 제가 간략히 말씀드렸던 접근법(이것에 따르면 외양은 음영에 해당하는 한편, 주체가 자신의 주변을 탐사할 때 외양들로부터 추출되는 불변자들은 지향적 객체를 제공합니다)을 사용하는 몇몇 사상가도 게슈탈트 심리학자들을 선구자들로 언급합니다.

하먼 게슈탈트 심리학은 추종자들이 예전만큼 많지는 않지만, 다시 부활할 수도 있습니다. 그들의 저작에는 정말로 정교한 몇 가지 철학적 통찰이 담겨 있습니다. 저는 최근 들어서야 진지하게 읽기 시작했지만 말입니다.[18]

어쨌든 지향적 객체와 관련하여 흥미로운 것은 그것이 두 가지 종류의 성질들을 지닌 것으로 판명된다는 점입니다. 한편으로 모든 지향적 객체는 음영에 속하는 유동적인 우유적 성

---

18. Max Wertheimer, "Gestalt Theory"; Kurt Koffka, *Principles of Gestalt Psychology*; Wolfgang Köhler, *Gestalt Psychology*.

질들을 지니고 있습니다. 훌륭한 현상학자는 이 성질들을 점진적으로 제거하여 어떤 특정한 현상의 형상에 도달합니다. 그런데 다른 한편으로 모든 지향적 객체는 현상으로부터 제거될 수 없는 **실재적** 성질들을 지니고 있습니다. 이 성질들이 제거된다면 그 현상은 전적으로 다른 현상이 됩니다. 후설의 현상학은 이처럼 현상에 필요한 성질들을 찾아내려고 노력하는 것이 전부입니다. 또한 후설은 우리가 그런 성질들을 찾아낼 수 있다고 생각합니다. 감각으로는 결코 찾을 수 없고 오직 지성으로만 찾을 수 있다고 생각하지만 말입니다. 여기서 제가 그와 다른 유일한 점은 다음과 같습니다. 이것은 단 하나의 차이점이지만 중대한 것인데요, 저는 지성과 감각 사이의 차이가 크지 않다고 생각한다는 것입니다. 이 역량들은 둘 다 관계적이고, 따라서 둘 다 현상의 본질을 철저히 파악할 수는 없습니다.

후설이 행하는 일은 우리가 경험하는 모든 객체가 어떤 특정한 순간에도 그것이 현시하는 성질들의 끊임없는 변화에도 불구하고 불변적이라는 것을 보여줌으로써 감각적 객체와 그것의 감각적 성질들 사이의 긴장을 입증하는 것입니다. 바로 그런 작업으로부터 성질들의 다발은 이차적이고 객체가 일차적이라는 점이 명백해집니다. 여기서 우리가 때때로 잘못을 저지른다는 사실은 정말로 중요하지 않습니다. 왜냐하면 우리는 실재적 객체가 아니라 감각적 객체에 관하여 이야기하고 있기 때문입니다. 제가 용의 환영을 보고 있다면 감각적 객체로서의 용이 존재하며, 그리고 그 용은 제가 다양한 순간에 경험하는 다양한 용-음영에 대하여 불변적입니다. 오늘날 대륙철학에서는 토마스 메칭거처럼 분석적 신경철학자들에게서 영감을 받는 상당히 떠들썩한 반反후설주의자들이 일부 있습니다.[19] 그리고 이 저자들 중 많은 사람이 어쨌든 후설의 내재적 객체(저의 감각적 객체)가 존재한다는 점을 공개적으로 부정합니다. 하지만 그들의 논증은 근거가 빈약합니다. 그들은 다음과 같이 진술할 것입니다. "제가 매 순간에 환영적인 용의 상이한 측면들을 보고 있는 경우에도 동일한 환영적인 용을 보고 있다는 후설의 내성적 확신을 왜 신뢰해야 합니까? 내성은 신뢰할 만한 것이 아닙니다. 우리가 정말로 해야 할 일은 그 환영 전체에 걸쳐서 동일한 신경 활성 패턴이 존재하는지 확인하기 위해 뇌에 기기를 연결하는 것입니다. 오직 이것만이 그 용이 내내 동일함을 증명할 수 있습니다."

그런데 이것은 경험적인 과학적 실천이 모든 철학적 해명을 능가할 수 있다는 소박한 믿음을 필요로 합니다. 다양한 뇌 패턴 사이의 유사성과 차이를 구분하려는 신경과학자의 시도가

---

19. Thomas Metzinger, *Being No One*.

용에 대한 경험이 언제 시작하여 언제 끝났는지에 관한 내성적 회상보다 더 신뢰받아야 하는 이유는 무엇입니까? 우리가 경험들을 적절히 구분할 수 있는 현상학자의 능력보다 어떤 데이터 목록이 어떤 경험과 상관되어 있는지 기억할 수 있는 과학자의 능력을 더 신뢰해야 하는 이유는 무엇입니까? 이것은 단지 과학주의를 위한 과학주의에 불과합니다.

데란다 뇌 과정과 심적 과정 사이의 관계에 관한 우리 지식의 현재 상태를 고려하면, 신경과학자들이 개진하는 환원주의적 언표를 믿는 것은 터무니없다는 의견에 동의합니다. 우리는 우리 신체가 한낱 "아원자 입자들의 구름"에 불과하다고 말하는 양자 물리학자를 일축할 수 있는 것과 마찬가지로 이론 신경과학자들을 일축할 수 있습니다. 창발이라는 개념은 점점 더 자주 이런 조치를 차단하는 데 사용되고 있지만, 사태에 빈틈없이 대처하려면, 특히 하향식 인과관계의 쟁점을 빈틈없이 처리하려면 해야 할 일이 많이 있습니다. 일부 철학자들은 의식적 경험이 신경 활동으로 환원될 수 없다는 점은 인정할 것이지만, 후자가 전자의 인과적 영향을 받을 수 있다고 말하는 것은 주저할 것입니다. 그러므로 저는 어떤 감각적 객체와 그것의 실재적 대응물의 가정된 현존 사이에 정립된 긴장 관계에 관한 실례로서의 환영에 대한 주장에 동의합니다. 다른 한편으로, 우리는 생물학적 진화가 오래전에 이런 긴장 상황을 처리했어야만 했다고 가정할 수 있습니다. 왜냐하면 어떤 동물의 뇌가 외양을 실재적으로 간주했다면 그 뇌는 적응적 행동을 생성할 수 없었을 것이기 때문인데, 적어도 대형 포식자의 뇌에서는 말입니다. 개구리 같은 더 단순한 동물들은 외양에 직접 반응합니다. 개구리의 시야 속으로 들어오는 그림자, 또는 그 시야 속에서 점점 더 커지는 것처럼 보이는 미확인 자극을 개구리는 위험 요인으로 감지하고서 반응하게 됩니다. 이 경우에 외양은 식별되어야 할 어떤 불변의 객체를 추출하지 않은 채로 위험의 현존을 가리키는 기호(지표)로 여겨집니다. 반면에 대형 포식자가 얼룩말들의 변화하는 음영들로부터, 말처럼 보이는 모양, 생소한 리듬의 걸음걸이와 다발을 이룬 흑백 줄무늬의 무리만을 보았더라면, 그리하여 '몸을 다친' 얼룩말이라는 객체, 즉 사냥 시간 내내 바람직한 사냥 대상으로 현시되는 한 객체를 추출해내지 못했더라면, 그 대형 포식자는 성공적으로 사냥할 수 없었을 것입니다. 그런데 이 경우에 불변자들을 추출한 다음에 하나의 감각적 객체를 그것이 동물에 현시되는 계속 변화하는 방식들로부터 종합하는 것은 뇌의 특화된 회로이지, 지성이 아닙니다.

여기서 동물 지각에 관해 한 가지 더 말씀드리겠습니다. 지향성, 무언가의 '대상성'은 기호(예컨대, 상징, 도상, 그리고 지표)에, 마음의 행위에, 또는 실제 행동에 귀속될 수 있습니다. 제가 보기에 단순한 동물의 경우에는 마음의 행위나 실제 행동 ─ 배고픔, 갈증, 성적 흥분 ─ 에의 귀속이 가장 적절한 것입니다. 모든 것은 하나의 감각적 객체(지각된 먹이, 물, 성행위 상대자)에 정향된 행동 형태이지만, 그 감각적 객체가 실재적 객체로 이어지지 않는다면 충족될 수 없을 것이 분명합니다. 지표(발자국, 냄새 등)를 사용하여 먹이를 추적할 수 있는 대형 포식자 동물은 그 지향성이 실제 행동과 더 간접적으로 연계되어 있고 어떤 미래 상태(먹이의 포획)를 가리킨다는 점에서 다릅니다. 그런데 또다시, 포식자가 정향되어 있는 기호가 사실상 먹이의 현존을 가리키지 않는다면 결과적인 행동은 적응적이지 않을 것이기에 도태될 것이 분명합니다. 지금까지 자연선택이 (많은 세대를 거쳐) 감각적 객체와 실재적 객체 사이의 적합성을 강화하고 (한 세대 안에서) 그런 적합성이 동물 자체에 의해 미세조정될 수 있게 하는 주의집중 메커니즘을 발전시키는 데 주요한 역할을 수행했다는 것은 분명합니다.

하먼 저는 호모 속을 비롯한 다양한 동물이 객체와 음영을 구분할 수 있는 능력을 향상시킨 사태가 자연선택과 밀접히 관련되어 있다는 것이 분명하다는 점에 대해 동의합니다. 그런데 이것은 하나의 인과-유전적 설명이고, 따라서 모든 그런 설명과 마찬가지로 (a) 그것은 우선 정확히 무엇을 설명하고 있는지 제대로 밝혀야 하며, 그리고 (b) 그것은 그 과정의 시작점을 설명하는 데 어려움을 겪습니다. 달리 진술하면, 진화가 객체/성질 분리를 개선하고 다듬기 위해 계속 작동시킨 그런 분리의 최초 기원은 무엇이었습니까?

데란다 (a)에 대한 답변은, 설명이 필요한 것은 다음과 같은 진화적 계열이라는 것입니다. 별개의 성질들을 탐지하는 것과 이 성질들에 의의를 귀속시키는 것, 집단화 자체가 중요한 공동-발생적 성질들의 다발들을 탐지하는 것, 불변자들을 추출함으로써 성질들의 다발을 감각적 객체로 전환하는 것입니다. (b)에 대해서는 박테리아의 세포막에 의해 제공된 폐쇄성과 자율성이 최초의 기원이라는, 앞서 제가 언급한 자연화된 후설주의자들(바렐라, 톰슨)의 견해에 우리는 동의할 수 있습니다. 그 세포막은 외부와 분리된 내부 공간을 창출함으로써, 그리고 외부로부터의 지표들(예를 들면, 먹이가 어떤 특정한 장소에서 발견될 수 있음을 시사하는 영양분 농도의 차이)에 정향되는 다양한 분자 수용체를 생성함으로써 탐지될 수 있는 지표들을 증가시킵니다. 또한, 포식자 아메바의 등장과 더불어, 그 세포막은 그런 지표들에 의거하여 수행될 수 있는 새로운 종류들의 지향적 행동(예를 들면, 박테리아를 둘러싸서 삼키기 위해 자신을 접는 행동)을 생성하기 위한 선택 과정의 현장이 됩니다. (히드라의 경우처럼 기껏해야 일고여덟 개의 신경세포를 갖춘) 단순한 신경계의 등장과 더불어 성질들에 의의를 귀속시키는 한 가지 새로운 방식, 즉 습관화가 출현했습니다. 히드라는 어떤 새로운 성질이 탐지될 때(예를 들면, 인간의 손가락이 그것을 건드릴 때)는 활발히 반응하겠지만 각각의 새로운 표상에 익숙해짐으로써 점점 더 약하게 반응하게 되고 마침내는 그 성질을 무시할 것입니다. 즉, 그 성질은 히드라에게 사소한 것이 될 것입니다. 예컨대 곤충 층위에서 신경 회로의 복잡성이 심화함으로써, 고전적 조건형성 동안 어떤 지향성이 생겨나듯이, 공동-발생적 성질들을 어떤 반사적 행동들과 관련시킬 수 있는 역량 같은 새로운 형태들의 지향성이 생겨날 수 있게 됩니다. 예를 들면, 벌은 자신의 더듬이를 사용하여 과당 물질을 탐지한 다음에 이에 대응하여 자신의 '혀'를 내밀어서 그 물질을 핥습니다. 그런데 어떤 밝은 색깔이나 강한 냄새가 여러 번 동시에 제시되면 결국 벌은 (마치 파블로프의 개처럼) 이런 다른 성질들에 대한 반응으로서 핥기 행동을 수행하게 될 것입니다. 그런데 이 경우에도 우리는 여전히 성질들의 다발의 층위에 머무르고 있습니다. 하지만 이런 다발은 그 자체의 자연적 환경에서 유의미합니다. 벌은 과즙의 현존을 색깔, 꽃향기, 그리고 심지어 객체의 꽃잎 같은 대칭성의 확장과 관련시킵니다. 벌은 본연의 객체 꽃을 경험하지 않음이 분명하지만, 모든 관련된 성질이 사실상 꽃에 속하기에 벌이 수행하는 성질들의 집단화는 어떤 지속적인 객체를 가리키기 시작합니다.

그런데 이 모든 것이 인간의 지향성에 도달하는 데 충분하지 않다는 것은 분명합니다. 하지만 인간은 더 원시적인 이런 형태들을 공유하고 있습니다. 우리는 따뜻한 장소에서 서늘한 장소로 이동하면 몇 달 후에 그 장소에 익숙해집니다. 즉, 우리는 그것에 익숙해짐에 따라 더는 변화를 인식하지 않습니다. 게다가 우리는 새로운 성질을 반사 행동과 연관시키도록 고전적으로 조건화될 수 있습니다. 물론 이런 종류의 연합은 우리로 하여금 습관을 몸에 익히게 하는 도구적 조건형성 같은 다른 형태들에 비해 단지 부차적인 역할을 수행할 뿐일 것입니다. 본연의 지향적인 심적 행위의 궁극적인 출현은 우리의 현행적 행동에 '살아 있는 화석'을 남긴 더 소박한 이런 형태들의 점진적인 축적을 거쳐 가능하게 되었습니다. 본연의 감각적 객체를 낳는 불변자들의 추출 행위는 배경에서 작동하는 더 원초적인 이런 기구를 필요로 합니다.

한 가지 더 말씀드리겠습니다. 이런 논증 노선은 지향성 개념을 행동에 적용되는 것으로 사용합니다. 그런데 우리는 지향적인 심적 행위도 설명해야 합니다. 이와 관련하여 유물론자에게 가장 유망한 개념은 **주의집중**attention이라는 개념입니다. 동물은 그 자신에게 유의미한 것에 주의를 집중합니다. 그리고 무언가에 주의를 집중함으로써 동물의 마음은 자신의 현재 또는 미래 행동에 중요한 것을 **선택합니다**. 주의집중의 이점은 그것이 하나의 지향적 개념이지만 어떤 **활동적** 성분을 지니고 있는 개념이라는 것입니다. 주의집중은 우리가 무언가에 너무 오랫동안 집중하게 된 후에 지칠 수 있게 된다는 의미에서 일종의 정신노동입니다.

이제 감각적 객체들의 종합에 관해 또 다른 질문을 해보겠습니다. 한 주체가 (예컨대, 나무, 바위 등으로 이루어진 자연적 풍경 앞에 서서) 어떤 장면을 응시할 때 그에게는 눈앞 객체들의 전면들이 현시하게 됩니다. 이 부분적인 경관(음영)들은 그 감각적 객체들을 망라하지 못합니다. 왜냐하면 그것들은 현재 가시적이지 않은 후면들도 포함하기 때문입니다. 이 나무와 바위 들에 대한 우리의 체험은 (우리가 그것들 주위를 걸어 다니면 그것들이 속이 비어 있다는 것을 보게 될 것처럼) 오목하거나 볼록한 부동浮動성의 표면들에 관한 것이 아니라 오히려 바깥 면이 완전히 연결된 고형의 닫힌 객체들입니다. 그런데 제가 이해하기에 소여를 넘어서는 이런 감각적 객체는 다양한 음영으로부터 심적으로 구성됩니다. 현재 메를로-퐁티의 추종자 중 한 사람인 알바 노에는 이런 종합이 우리 신체의 성향들에 관한 지식을 통해서 이루어진다고 주장했습니다.[20] 더 정확히 진술하면, 우리는 경험으로부터 우리 신체의 탐색적 움직임이 객체의 외양을 변화시키는 방식(예를 들면, 우리가 그것에 가까이 다가가거나 그것에서 멀어질 때 그것의 크기가 커지거나 작아집니다)을 (비명제적 방식으로) 알게 됩니다. 시간이 흐름에 따라 우리는 우리 관점의 변화가 우리의 시야에 자리하고 있는 것에 미치는 영향과 우리 신체의 움직임 사이의 부수적 의존성에 관한 노하우를 습득합니다. 노에의 테제는 이런 비명제적 지식이 감각적 객체들의 종합에 기여한다는 것입니다. 요컨대 그런 지식은 감각적 객체들의 잠재적 성분(즉, 우리가 객체들의 뒤로 이동한다면 보게 될 것)을 실제로 경험되는 음영들에 못지않게 규정합니다. 당신이 언급한 하이데거의 추종자들(드레이퍼스)이 상황에 대처하는 데 필요한 기량을 중시한 것과 마찬가지로, 자연화된 후설주의자들 역시 감각적 기량과 운동적 기량 사이의 상호작용을 대단히 중시합니다. OOO 만신전萬神殿에서 메를로-퐁티(그리고 신체화된 능숙한 관찰자)는 다른 현상학자들만큼 중요하지 않은 것처럼 보입니다. 그 이유는 무엇입니까?

---

20. Alva Noë, *Action in Perception*.

하면 노에가 서술하는 그런 종류의 사례들이 있음은 확실하지만, 정반대의 사태, 즉 마음이 신체의 '오류'를 바로잡는 사태가 발생하는 사례들도 있습니다. 예를 들면, 객체들이 수직으로 정위되어 있는 것으로 보이도록 우리의 머리가 완전히 조정되는 경우는 드물기 때문에 지향성이 일종의 지각적 명령에 의거하여 소여를 바로잡습니다.[21] 그런데 더 일반적으로 저는 신체적 기량이 실재에 대한 우리의 지각에 영향을 미친다고 진술하는 것은 아무런 문제가 없다고 생각합니다. 새는 무언가를 위에서 바라보면서 그것이 어떠한 것인지 식별하는 상황과 관련하여 우리보다 더 강한 감각을 갖추고 있음이 확실합니다.

그렇지만 저는 두 가지 관련된 이유로 인해 심리철학자들 사이에서 널리 퍼진 메를로-퐁티의 평판에 대하여 여전히 약간의 의구심을 품고 있습니다. 첫 번째 이유는 메를로-퐁티가 비인간 세계를 진지하게 다룬다는 그의 명성에도 불구하고 실재론자가 아니라는 것입니다. 그의 살^{flesh} 개념을 살펴봅시다.[22] 그 개념은 내가 세계를 바라보는 것과 마찬가지로 세계도 나를 바라본다는 점을 수반하는 한에서 철학의 미래주의

---

21. Alponso Lingis, *Impertive*.
22. Maurice Merleau-Ponty, *The Visible and the Invisible*. [모리스 메를로-퐁티, 『보이는 것과 보이지 않는 것』.]

적 진보로 여겨진 지가 오래되었습니다. 그런데 이것은 인간이 우주의 온전한 절반을 구성하고 '세계'가 나머지 절반을 구성하는, 미심쩍은 통상의 근대적 균열을 여전히 간직하고 있다는 사실을 인식합시다. 게다가 '세계'는 존재론의 절반에 담기에는 그 양이 너무 많은 것입니다! 인간과 세계의 상호얽힘 행위는 메를로-퐁티가 존재자들의 근대적 이중 분류학이 지닌 한계를 벗어난다는 것을 뜻하지는 않습니다.

이렇게 해서 저는 메를로-퐁티의 존재론적 참신성으로 가정되는 것에 대하여 의구심을 품게 되는 두 번째 이유에 이르게 됩니다. 즉, 때때로 철학은 '신체'에 관한 논의로 이행할 때마다 더 일반적으로 비인간 존재자들에 관하여 말할 거리가 그다지 없다는 것에 대한 구실에 불과한 것처럼 느껴집니다. 하나의 집단으로서 철학자들은 거의 대동소이하게, 자연과학이 비인간에 대한 독점권을 계속 보유할 수 있다고 결정했습니다. 그러므로 우리가 기꺼이 우리 자신에게 허용할 수 있는 최대한의 것은 우리 자신의 신체와 그 역량들에 집중하는 비교적 덜 야심만만한 행위라는 것입니다.

데란다 당연히 저는 메를로-퐁티가 실재론자가 아니라는 점에는 동의하지만, 그는 철저한 관념론자도 아닙니다. 메를로-퐁티는, 예를 들면, 세계 속에는 의식이 그것에 부여한 것보다 더 많은 것이 존재한다고 주장합니다. 이것은 칸트에 대한 부분적인 거부임이 분명합니다. 더욱이 자신의 자연철학에서 메를로-퐁티는 하마터면 제가 옹호하는 견해 중 많은 것을 진술할 뻔했습니다. 예를 들면, 그는 유기체를 "생물학적 시공간에서 특이한 점"이라고 일컫습니다.[23] 또한 저는 메를로-퐁티가 인간과 비인간 사이의 비대칭성을 유지했다는 점에 동의합니다. 그 이유는 어쩌면 그가 내부성의 관계들을 사용하여 주체와 그 체험 세계(뿐만 아니라 감각적 객체들 사이)를 연계함으로써 체험의 장이 객관적 세계로부터 근본적으로 단절되게 하기 때문일 것입니다. 그런데도 메를로-퐁티가 어떤 상황에 처한 신체화된 관찰자를 강조하는 점은 저 같은 유물론자가 보기에 신선한 것입니다. 비실재론적 존재론에서 신체의 개념이 수행하는 경향이 있는 역할, 즉 일종의 명목상의 물질적 객체로서의 역할 – 단지 적어도 한 가지라도 존재론에 소수자적 구성요소를 포함하기 위한 것 – 에 대한 당신의 주장 역시 이해가 됩니다. 하지만 그 개념은 과거 이십여 년 동안 엄청난 변화를 겪었고, 그리하여 그것은 뇌와 세계 둘 다와 접촉하는 데 필요한 계면interface을 제공하고 있습니다.

뇌와의 계면이 형성되는 이유는 어떤 지향적 움직임이 산

---

23. Maurice Merlo-Ponty, *Nature*, 207.

출될 때 활성화되는 영역이 그 움직임이 타자들에게서 관찰될 때뿐만 아니라 하나의 가능성으로만 여겨질 때도 마찬가지로 활성화되기 때문입니다. 이것은, 예를 들면, 사람들이 스포츠와 액션 영화에 대하여 갖는 그런 종류의 감정이입을 설명할 것입니다. 운동선수 또는 등장인물이 어떤 외향적 움직임을 수행하는 것(공을 차기, 총을 향해 손을 뻗기)을 단순히 관찰함으로써 어떤 의미로는 우리의 마음속에서 동일한 움직임을 흉내 내는 뇌 영역이 활성화됩니다.[24] 심지어 짧은 꼬리 원숭이들은 자신이 객체를 향해 손을 뻗거나 다른 원숭이들이 객체들을 향해 손을 뻗는 것을 관찰할 때 발화하는 어떤 특화된 신경들을 지니고 있습니다. (이것들은 이른바 '거울 신경세포'입니다.)

하먼 메를로-퐁티는 당신이 제시한 바로 그 이유들로 인해 여러 해 동안 격렬한 논쟁의 대상이었습니다. 그는 어쩌면 지난 이십 년 동안 철학에서 가장 큰 붐을 일으킨 하위분야일 심리철학에 중요한 새로운 도구를 제공합니다. 더군다나 메를로-퐁티는 철학사에서 발견될 수 있는 가장 생생한 언표에 속할 문장들을 이따금 작성합니다. 그리고 그것은, OOO에서 미학이 갖는 중요한 역할을 참작하면, 저에게 사소한 일이 아닙

---

24. Bejamin Bergen, *Louder Than Words*.

니다. 하지만 저는, 메를로-퐁티의 많은 추종자를 불쾌하게 만들 위험을 무릅쓰고, 그가 '미래주의적' 철학자 – 일단 우리가 모두 그의 선구적인 통찰에 접촉하게 되면 우리를 철학의 다음 단계로 인도할 수 있는 철학자 – 로서의 명성을 누릴 자격이 없다고 말씀드릴 수밖에 없습니다.

이것과 관련하여 저는 『게릴라 형이상학』이라는 저의 두 번째 저서[25]에서 서술했습니다만, 여기서 그 주요 논점을 간략히 다시 말씀드리겠습니다. 문제는 존재론자로서 메를로-퐁티가 종종 우리에게 후설이 이미 행한 것에 지나지 않는 것을 제시하고, 여러 가지 점에서 심지어 하이데거는 너무 총명하여 행하지 않은 방식으로 후설에게 뒤처지게 된다는 것입니다. 메를로-퐁티의 후설주의적 측면에 대한 일례는 『지각의 현상학』에서 찾아볼 수 있습니다. "우리는 우리가 겪는 경험의 바로 그 중심에서 객체의 기원을 찾아내야 한다 … 〔그리고〕 역설적으로 우리에 대하여 즉자가 존재하는 방식을 이해해야 한다."[26] 그런데 '우리에-대한-즉자'를 옹호한다고 여겨질 수 있을 철학자가 적어도 두 명이 있습니다. 그들은 헤겔과 후설입니다. 제가 보기에 후설과 메를로-퐁티는 헤겔에게 조금도 뒤지지 않

---

25. Graham Harman, *Guerrilla Metaphysics*, 45~58.
26. Merleau-Ponty, *Phenomenology of Perception*, 82~3. [메를로-퐁티, 『지각의 현상학』.]

는 관념론자입니다. 비록 그들은 철학적으로 중요한 것으로 판명되는 방식으로 관념론자인 것처럼 보일지라도 말입니다. 그 이유는 그들이 둘 다 객체 자체에 헤겔에게서는 객체 자체가 결코 지니지 못하는 심층 또는 불투명성을 부여하기 때문입니다. 헤겔의 경우에는 주체가 거의 모든 존재론적 작업을 수행합니다. 물론 후설과 메를로-퐁티는 객체에 더 집중하지만, 그것은 여전히 그것을 바라보거나 또는 궁극적으로 그것을 바라볼 사람에 의해 전적으로 규정되는 객체입니다. 그러므로 그 밖의 다양한 미덕에도 불구하고 그들의 견해들은 실재론이 아닙니다.

또한 같은 책에서 메를로-퐁티가 후설의 견해보다 덜 진전된 견해로 되돌아감을 알게 되는 것은 흥미로운 일입니다. 앞서 제가 이미 인용한 일례는 다음과 같습니다. "집 자체는 어디에서도 보이지 않는 집이 아니라 모든 곳에서 보이는 집이다."[27] 그런데 집은 일련의 경관이 아닙니다! 오히려 집은 그런 모든 경관을 가능하게 하는 것입니다. 그리고 이것과 관련하여 실재론자들만이 저에게 동의하는 것은 아닙니다. 후설 자신도 동의합니다. 후설에게 집은 하나의 지향적 객체이며, 그리고 후설

---

27. Merleau-Ponty, *Phenomenology of Perception*, 79. [메를로-퐁티, 『지각의 현상학』.]

에게 그것은 집의 가능한 음영(지각적 윤곽)들의 총체가 절대 아닙니다. 이것에 대한 증명은, 후설의 경우에 어떤 지향적 객체의 형상은 결코 감각될 수 없고 오직 지성만이 접근할 수 있는 것인 반면에 음영은 지각적인 것이라는 사실에서 찾아볼 수 있습니다. 그런데 메를로-퐁티의 이견으로부터 우리는 그가 실재적인 것의 탈실재화에 깊이 전념한다는 것을 깨닫게 됩니다. 『지각의 현상학』의 같은 페이지에서 그는 계속해서 다음과 같이 진술합니다. "완성된 객체는 반투명인데, 그 심층에서 아무것도 감추지 않은 채로 교차하는 무한히 많은 현재의 시선에 의해 모든 측면에서 관통되고 있다."[28] 요컨대 "아무것도 감추지 않은 채로"라는 구절에 주목해 주십시오. 여기서 메를로-퐁티는 화이트헤드의 영토 안에 있으며, 그리하여 모든 객체를 어떤 잉여물도 따로 남겨두지 않은 채 관계들로 망라된 하나의 체계로 전환합니다. 그런데 메를로-퐁티는 화이트헤드보다 훨씬 덜 흥미롭습니다. 왜냐하면 화이트헤드는 **모든 존재자가 지각자임**을 상당히 명시적으로 인정하는 반면에 메를로-퐁티는 여전히 우주에서 단 두 종류의 사물들 – 한편으로는 인간, 그리고 다른 한편으로는 그 밖의 모든 것 – 을 허용할 뿐인 근대적 어법으로 철저히 작업하기 때문입니다. 메를로-퐁티가 그저 인

---

28. 같은 곳.

간이 모든 응시를 수행하도록 허용하기보다는 오히려 인간과 그 밖의 사물이 서로 응시한다고 우리에게 이야기한다는 것은 확실합니다. 하지만 그는 우리가 부재하는 경우에도 서로 응시하는 세계의 다양한 부분에 관하여 절대 언급하지 않기에 인간은 언제나 모든 '응시'의 절반을 차지한 채로 현장에 있을 것입니다.

지금까지 저는 메를로-퐁티를 읽으면서 갖게 되는 유쾌한 순간들을 공유했지만, 그는 은밀한 관념론적 견해들을 단단히 견지하는 채로 있을 따름인 사람들을 위한 기만적인 실재론적 구실을 제공합니다. 그런 까닭에 저는 그의 도를 넘는 행위에 대해서 당신보다 덜 관대합니다.

데란다 방금 말씀하신 내용에 동의합니다. 사실상 제가 메를로-퐁티에게서 취하는 유일한 것은 신체화된 주체라는 관념, 즉 통 속의 뇌가 세계 속에 묻어 들어가 있는 어떤 한 신체에 연결된 뇌와 마찬가지의 현상적 경험을 겪을 수 있을 것이라는 견해를 거부하는 관념입니다. 하지만 저는, 당신과 마찬가지로, 집이 모든 곳에서 보이는 집이라는 관념을 거부할 것입니다. 신체가 움직이는 방식과 이런 운동이 외양에 미치는 효과 사이의 부수적인 상호의존성에서 불변자들을 추출해 내는 것에 대한 저의 논의 전체는, 감각적 객체가 모든 관점의 총합이라는 관념에 불리하게 작용합니다. 더욱이, 이 총합이 우리에게 감각적 객체가 아니라 실재적 객체로서의 집 자체를 제시한다고 여겨진다면 그런 생각은 유물론자가 수용할 모든 것에서 멀리 떨어져 있음이 분명합니다.

그런데 현상적 경험에 대한 우리 각자의 견해와 더불어 이 견해들이 개별적 주체의 층위에서 초래하는 몇몇 인지적 결과를 파악했기에 이제 그런 견해들이 초래할 수 있을 **집단적인 인지적 효과**에 관한 논의로 넘어갑시다. 그리고 이 주제에 집중하기 위해 한 가지 특정한 집단적인 인지적 기획, 즉 과학으로 대표되는 기획, 또는 제가 선호하는 표현에 따르면, 개별적 과학 분야들의 팽창하는 개체군으로 대표되는 기획을 선택합시다.

5부
시간, 공간, 그리고 과학

데란다 4부에서 우리는 감각적 객체들, 주체에 의해 체험되는 대로의 객체들의 종합에 관해 논의했습니다. 그리고 당신은 객체(실재적 객체 또는 감각적 객체)와 그 성질들 사이에 긴장이 존재한다는 점도 언급했습니다. 저는 이 문제를 마치 그런 긴장이 실재적 대응물이 있는 체험된 객체와 매우 생생한 환영 사이의 긴장에 불과한 것처럼 다루었습니다. 이런 긴장은 두 가지 종류의 객체(감각적 객체와 실재적 객체) 사이의 적합성을, 진화론적으로 이해될 수 있는 적합성을 확립함으로써 해소될 수 있을 것이라고 나는 주장했습니다. 그런데 당신은 이런 긴장에 관한 더 정교한 구상을, 여기서 우리가 다루는 의문들에 파생적 결과를 낳을 수 있을 구상을 품고 있는 것처럼 보입니다. 이 점에 대하여 상세히 말씀해 주시겠습니까?

하먼 후설에 따르면, 감각적 객체[SO]는 (다양한 음영 속에 있는) 자신의 감각적 성질[SQ]들과 긴장 관계에 있을 뿐만 아니라, (해당 사물이 그 자체로 남아 있기 위해 필요로 하는) 자신의 실재적 성질[RQ]들, 즉 결코 감각이 아니라 지성에 의해서만 인식될 수 있을 뿐인 본질적 또는 형상적 성질들과도 긴장 관계에 있는 것으로 묘사됩니다. 그런데 우리는 실재적 객체[RO] 역시 (현전의 배후로의 물러섬이라는 하이데거의 사례에서처럼) 자신의 감각적 성질들과 긴장 관계에 있을 뿐만 아니라 (각 사물의 통일성과 질적 복수성 사이의 긴장이라는 라이프니츠의 사례에서처럼) 자신의 실재적 성질들과도 긴장 관계에 있음을 잊지 말아야 합니다. OOO의 경우에는 그런 객체-성질 긴장이 만물의 기반에 자리하고 있기에 네 가지 기본적인 긴장 관계가 형성됩니다. 이것들은 SO-SQ, RO-SQ, RO-RQ, SO-RQ이며, 저는 그것들을 각각 시간, 공간, 본질, 그리고 형상과 동일시합니다. 그러므로 저에게 시간과 공간은 그야말로 견줄 수 없는 두 가지 우주적 구조가 아니라 오히려 더 근본적인 객체-성질 긴장의 네 가지 종류 중 두 가지일 따름입니다.[1]

데란다 잘 이해가 되지 않습니다. 한 지각된 객체의 성질들과 그 지각된 객체 자체 사이의 긴장(당신의 SO-SQ)이 어떻게 해서 시간에 해당합니까? 이것은 시계로 측정되는 실재적 시간입니까, 아니면 주관적으로 경험되는 시간입니까?

하먼 여기서 저는 경험의 체험된 시간에 관하여 이야기하

---

1. Graham Harman, *The Quadruple Object*. [그레이엄 하먼, 『쿼드러플 오브젝트』.]

고 있습니다. 우리에게 시간 이행의 감각을 부여하는 것은 우리 주변의 사물들이 가만히 있지 않는다는 사실과 더불어 한 순간이 그다음 한 순간과 전혀 연계되지 않는 어떤 종류의 광란적 흐름에 동참하지도 않는다는 사실입니다. 시간에 대한 경험은 연속체 내에서 이루어지는 변화에 대한 경험입니다. 후설적 어법으로 표현하면, 그것은 음영들이 끊임없이 변화하는 와중에서 감각적 객체들이 비교적 지속하는 사태입니다. 심지어 우리가 모든 것이 가만히 있는 어느 조용한 방에 자리하고 있더라도 우리의 기분과 꼬리를 물고 이어지는 사유가 음영들의 끊임없는 변화를 초래합니다. 당신이 시계로 측정되는 실재적 시간으로 일컫고 있는 것은 저의 경우에 공간에 속합니다. 왜냐하면 그것은 한낱 감각적 경험에 불과한 것이라기보다는 오히려 실재적 객체들의 변화와 관련이 있기 때문입니다.

데란다 저의 어법으로 번역하면, 이것은 어떤 신체화된 관찰자가 자기 주변의 객체들을 탐사할 때 (다양한 관점에서 관찰되는) 그 객체들의 외양이 끊임없이 변화하고 있다고 말하는 것과 같을 것입니다. 하지만 그 주체의 변형적 움직임들에서 불변적인 것들을 추출함으로써 우리는 감각적 객체로서 자신의 정체성을 유지하는 객체들을 지각할 수 있습니다. 감각적 객체가 우리의 뇌에 올바른 불변자들을 제공하기 위해서는 실재적 객체 역시 객관적 시간 속에서 지속해야 한다는 점을 덧붙이겠습니다. 실재적 객체는 다소 빠르게, 다소 느리게 변화할 수 있으며, 이런 빠름과 느림은 관찰자에 의해 결정되지 않습니다. 그러므로 이렇게 질문해 보겠습니다. 당신은 시간에 대한 실재론자가 아닙니까? 즉, 그 속에서 사건들의 계열들은 일정한 방향을 나타내고, 살아 있는 객체들은 죽는 경향이 있으며, 그리고 살아 있지 않은 객체들은 해체되거나 훼손되는 경향이 있는 객관적인 비가역적 시간에 대한 실재론자가 아닙니까?

하먼 저에게는 '시간의 화살'과 관련하여 어떤 불가사의도 없습니다. 왜냐하면 그러한 추정상의 불가사의는 시간이 이런 저런 식으로 작용할 수 있을 어떤 종류의 객체-외적인 힘이라는 점을 전제하기 때문입니다. 그것에서 벗어나는 한 가지 방식은 열역학으로, 저는 이것이 『강도의 과학과 잠재성의 철학』에서 당신이 실행한 방식이라고 생각합니다. 그런데 저는 다른 방식을 따르는데, 그것은 단순히 객체들의 회집체가 비대칭적이라는 점을 인식하는 것입니다. 결합된 화학물질이 언제나 원래의 분리된 원소들로 분해될 수 있는 것은 아닙니다. 결혼은 이혼을 거치더라도 일반적으로 가역적이지 않습니다. 이혼한 부부는 법적으로도 정서적으로도 결혼 이전의 상태와 동일하지 않습니다. 이런 까닭에 저에게 시간은 순전히 감각적인 영역에 속합니다. 공간은 객체들 사이의 관계들과 비관계들의 네트워크입니다. 이런 네트워크는 불안정하며, 그리고 우리가 비체험적 의미에서 시간이라고 일컫는 것은 사실상 시간이 아니라 오히려 객체들의 한 불안정한 집합이 다른 한 불안정한 집합으로 대체되는 것의 문제일 따름입니다.

데란다 우리가 '시간의 화살'이라는 표현에 너무 어리둥절해질 필요는 없다는 점에는 동의합니다. 왜냐하면 과학에서 이루어진 실제 논증은 사건들을 담는 어떤 우주적 용기에 관련된 것이 아니라 오히려 사건들의 계열적 배열들의 시간적 순서가 관찰자와 무관하게 그 결과물에 차이를 만들어내는지 여부와 관련된 것이기 때문입니다. 우리가 어떤 하나의 단순한 형태생성 과정을 일련의 이산적인 사건으로 간주한다면 '시간의 화살'에 관한 물음은 단적으로 이렇습니다. 이 과정의 결과물(생성된 형태)은 우리가 그 사건들의 계열을 뒤집어도, 그리하여 그 과정이 마지막 사건으로 시작하여 최초 사건으로 끝나더라도 동일할까요? 또는, 더 친숙한 어법으로 서술하면, 시간적 순서의 반전 변환에 대하여 불변적인 결과물이 존재할까요? 열역학은 그 물음에 부정적으로 답변하겠지만, 물리학의 대다수 다른 분야는 긍정적으로 답변할 것입니다. 그런데 과학에서의 논란과 무관하게, 여기서 문제는 사건들의 (이전, 이후, 사이 같은 비본질적 관계들을 사용하여 규정된) 시간적 순서에 관한 것입니다. 저는 여기서 문제가 OOO에서 '객체'라는 용어는 공간적 객체와 시간적 사건을 모두 지칭하지만 전자에 역점을 두고 있다는 점이 아닐까 생각합니다.

하먼 우리가 시간을 실재적인 것 자체에 속하는 것으로 간주한다면, 저는 제가 시간에 대한 실재론자가 아니라고 생각합니다. 게다가 저는, 화학 반응이 두 가지 이상의 반응물이 상호작용할 때 현존하는 크고 작은 장벽으로 인해 더 느리거나 더 빠르게 진전하는 한에서, 당신이 사건의 느림과 빠름이라고 일컫는 것이 시간적 현상이라기보다는 오히려 공간적 현상이라고 생각합니다. 목표를 타격하는 발사체의 경우에도 사정은 마찬가지입니다. 총알과 화살이 지구 위의 동일한 목표를 향해 발사된다면 총알이 먼저 도달할 것입니다. 왜냐하면 더 큰 운동량을 부여받은 총알이 화살보다 더 쉽게 목표와의 공간적 거리를 가르며 나아갈 수 있기 때문입니다.

데란다 글쎄요. 저는 시간, 공간, 그리고 속력이 서로 밀접히 연관되어 있다는 점을 인정하지만, 이런 밀접성이 객관적 시간을 공간으로 환원하는 것은 결코 아닙니다. 여기서 상대성 이론을 잠깐 살펴보면 상황이 분명해질 것입니다. 특수 상대성 이론으로 시작합시다. 왜냐하면 그 이론은, 시간적·공간적 관계들이 속력에 따라 변화하는 관계를 다루는 분야이기 때문입니다. 우리가 '동시에 일어나는'이라는 어구로 표현하는 객체들 사이의 시간적 관계는, 우리가 그런 동시성을 객체들이 인과적으로 상호작용할 수 있는 능력에 기반을 둔 것으로 규정한다면, 바로 구체화될 수 있습니다. 인과적 영향이 순간적으로 전달될 수 있다면 어떤 두 객체도, 서로 아무리 멀리 떨어져 있더라도, 동시적일 수 있을 것입니다. 하지만 인과적 신호 전달에 대한 최대 속력(광속)이 있기에, 일단 그것들의 공간적 분리가 그 두 객체가 순간적으로 상호작용할 수 없을 만큼(지연이 있을 만큼) 커지게 된다면, 그것들은 동시에 현존한다고 할 수 없게 됩니다. 이 경우에 시간적·공간적 관계들(동시성, 인접성)은 사실상 속력에 의해 밀접히 관련되지만, 그 두 관계는 서로 환원될 수 없습니다. 그런데 주관적 시간의 층위에서는 이런 밀접성이 극적인 사건을 초래할 수 있습니다. 우리가 두 행성 사이의 정중앙에 정박한 우주선을 타고 있고 뚜렷한 폭발 사건들이 두 행성에서 동시에 발생한다면, 우리는 이 사건들을 동시에 발생하는 것으로 경험할 것입니다. 하지만 그 우주선이 두 행성 중 한 행성을 향해 움직임으로써 다른 한 행성으로부터 멀어지고 있다면, 우리는 전자에서 발생한 섬광을 후자에서 발생한 섬광보다 먼저 경험할 것입니다. 그런데도 시간적 관계들의 객관성에 관한 한, 우리가 우주선을 어떻게 조종하는지는 중요하지 않은데, 요컨대 우리는 섬광을 그것이 산출되기 전에 경험할 수 있는 상황에 결코 처하게 되지 않을 것입니다. 그리고 이것은 시간적 관계들의 객관성과 관련하여 중요한 점입니다. 달리 진술하면, 원인은 관찰자가 무슨 일을 행하든 간에 결과에 앞서 생겨납니다.

하면 여기서 어쩌면 우리는 한낱 용어 차이에 불과한 것에 걸려 비틀거리고 있는 것인지도 모릅니다. 확실히 저는 시간적 순서열이 가역적일 수 있다고 생각하지 않습니다. 저는 그런 순서열에 대하여 실재론자이지만, '시간'이라는 용어를 무언가 다른 것을 위해 따로 간직합니다. 저는, 뉴턴과 클라크가 생각했던 것처럼 '시간'이라고 일컬어지는, 그 자체로 계속해서 전진하는 어떤 독립적인 실재적 연속체가 존재한다고 생각하지 않습니다. 오히려 저는 이런 의미의 시간이 정말로 실재적인 무언가 – 객체들의 상태들의 비가역적인 순서열 – 의 파생물이라고 간주합니다. 클라크에 대한 라이프니츠의 대응과 제 견해를 분별하는 것은, 라이프니츠에게 공간은 관계적인 반면에 저에게 공간은 관계적인 것들과 비관계적인 것들의 상호작용이라는 점입니다. 제가 실재적 시간은 사실상 공간이라고 말할 때 제가 의미하는 유일한 것은 시간이라고 일컬어지는 탈신체화된 힘이 전혀 없고 오히려 다양한 속력으로 상호작용하거나 상호작용하지 못하는 수많은 객체가 있을 따름이라는 점입니다.

데란다 글쎄요. 저에게 당신의 주장은 일반 상대성 이론에서 이루어진 시간의 공간화처럼 들립니다. 여기서 아인슈타인은 이상적 현상을 다룰 때는 정당하지만 실제 사건을 다룰 때는 정당하지 않은 책략을 구사합니다. 구체적으로 그는 시간을 그저 모든 면에서 공간의 세 차원과 동등한 또 하나의 공간적 차원에 불과한 것으로 만들었습니다. 물론 이것은 그 유명한 시공간 연속체입니다. 저는 여러 가지 이유로 인해 시공간 연속체라는 존재자에 대한 실재론자가 아닙니다. 첫째, 이런 이상적 모형을 창안하는 데 사용된 수학적 객체들(여러 가지의 4차원 다양체)은 급격히 변화할 수 있기에 우리가 어떤 특성들에 전념해야 하는지에 대한 의문을 불러일으킵니다.[2] 그리고 둘째, 그 이상적 모형에서 사용된 시간 개념은 고전 물리학의 가역적 시간으로, 그것은 사건들의 계열의 시간적 순서가 결과물에 어떠한

---

2. van Fraassen, *The Scientific Image*.

차이도 만들어내지 않는 시간입니다. 시간 반전에 대한 불변성 [즉, 시간의 진전 방향을 뒤집더라도 결과물이 다르지 않게 되는 특성]은 시간의 공간화를 위한 전제조건이고, 따라서 누군가가 (저처럼) 전자를 거부한다면 후자도 거부해야 합니다.

하먼 좋습니다. 지금까지 저 역시 아인슈타인-민코프스키 4차원 시공간 모형을 편하게 생각한 적이 결코 없습니다. 그리하여 리 스몰린이 독자 대중에게 자신은 시간을 네 번째 차원으로 간주하는 이런 방식에 무언가 잘못된 것이 있다고 생각한다고 이야기하기 시작했을 때 저는 기뻤습니다.[3] 그리고 저의 모형이 이런 의미에서, 즉 시간과 공간을 단일한 4차원 연속체로 결합한다는 의미에서 시간을 공간화하려고 시도하고 있지 않다는 것은 확실한 사실입니다. 사실상 저의 모형은 정반대의 것으로, 시간을 SO-SQ 긴장으로 간주하고 공간을 RO-SQ 긴장으로 간주합니다.

데란다 어쩌면 저는, 경험된 공간이 실재적 객체와 그것에 대응하는 감각적 객체의 성질들 사이의 관계에 의해 생성된다는 의미가 무엇인지를 이해함으로써 당신의 진술을 이해할

---

3. Lee Smolin, *Time Reborn*. [리 스몰린, 『리 스몰린의 시간의 물리학』.]

수 있을 것입니다. RO-SQ에 관하여 조금 더 말씀해 주시겠습니까?

하먼 네, 그렇게 하겠습니다. 조금 전에 제가 말씀드렸듯이, 공간에 관한 고전적인 철학적 논쟁 중 하나는 당연히 라이프니츠-클라크의 서신교환이며, 클라크는 그 논쟁의 배후에 숨어 있는 뉴턴의 대리인 역할을 수행했습니다. 주지하다시피, 클라크/뉴턴의 견해는 공간이 (시간처럼) 사물들을 담기 위한 텅 빈 객관적 용기라는 것인 반면에 라이프니츠의 견해는 시간과 공간이 순전히 관계적이라는 것이었습니다. 라이프니츠는 강력한 논증도 제시했습니다. 우주가 십 분 일찍 또는 서쪽으로 몇 킬로미터 떨어진 지점에서 창조될 수 있었을 것인지 묻는 것은 터무니없을 것입니다. 왜냐하면 분과 킬로미터는 우주 자체에 대해서가 아니라 오직 우주 속 사물들에 대해서만 의미가 있을 것이기 때문입니다. 그리고 적어도 아인슈타인 이후로는 라이프니츠의 견해가 그 두 견해 중 더 정교한 것처럼 보였습니다.

그런데도 라이프니츠의 모형에는 여전히 무언가가 빠져 있습니다. 공간은 단지 사물들 사이의 관계들의 문제에 불과한 것이 아니라 사물들 사이의 비관계들의 문제이기도 합니다. 물론 라이프니츠는 모든 관계가 내부 관계라고 생각합니다. 왜냐하면 모나드들은 창조의 순간부터 여타 사물들과 맺는 현재와 미래의 모든 관계를 갖추도록 프로그램되어 있기 때문입니다. 모나드들은 창이 없는데, 그 이유는 그것들이 아무 관계도 맺지 않는다는 것이 아니라 오히려 그것들이 애초에 관계들로 충만하기에 창이 불필요하다는 것입니다. 이러한 견해가 빠뜨리고 있는 것은 공간의 명백한 비관계적 측면입니다. 우리는 모든 것을 포괄하는 연속체로서의 공간에 관해 이야기하고 있을 뿐만 아니라 또한 복수의 공간들에 관해 이야기하고 있습니다. 모든 인간과 모든 사물은 한 특정한 공간에 자리하고 있고 그 밖의 공간들에는 자리하고 있지 않습니다. 공간들은 어느 정도 밀폐되어 있습니다. 우리는 공간에서 자신의 위치를 바꿀 수 있고 그 밖의 객체들로부터의 거리를 바꿀 수 있지만, 이것은 언제나 노동을 필요로 하고 때때로 실패합니다. 그런데 우리는 라이프니츠의 테제를 조금 수정하여 공간을 관계와 비관계의 동시적 현장으로 간주할 수 있습니다. 저는 리우데자네이루[브라질의 해안도시]와 같은 세계에 자리하고 있기에 제가 정말로 원한다면 그곳에 갈 수 있지만, 입국 절차, 이용해야 할 이동 수단과 숙박 시설이 있으며, 이런 최소한의 장애물들은 각각 어떤 실패의 위험을 수반합니다.

궁극적으로, 저를 비롯하여 객체들 사이의 격리와 인접성의 상호작용이 아니라면 공간이란 무엇이겠습니까? 제 생각에 하이데거는 전체론적 감성이 넘쳐나지만 이 주제를 잘 다룹니다.[4] 그런데 이제 다음과 같이 물읍시다. 우리에게서 격리되어 있는 것은 무엇입니까? 그것은 감각적인 것일 수가 없습니다. 왜냐하면 감각적인 것은 우리가 즉시 경험하고 향유하는 것이기 때문입니다. 오히려 우리에게서 여전히 격리되어 있는 것은 실재적 객체입니다. 우리는 그것의 감각적 성질들에는 접근할 수 있지만 말입니다. 감각적 성질들은 행성에 종속된 위성들처럼 단지 감각적 객체에 종속되어 있을 뿐인 것은 아닙니다. 왜냐하면 그것들은 더 어두운 또 하나의 행성, 즉 실재적 객체의 주위를 동시에 공전하고 있기 때문입니다.

데란다 글쎄요. 당신의 마지막 단락은 '격리되어 있는'distant이라는 공간적 용어를 비유적 방식으로 사용하는데, 저는 잘 모르겠습니다. 그래서 직서적 공간으로 돌아갑시다. 공간의 관계적 본성을 옹호하는 논증에서 제가 흥미롭다고 깨닫는 부분은 공간과 공간 속 객체들 사이의 관계들에 관한 부분입니다. 공간이 객체들을 담기 위한 수동적 용기로 여겨질 수 없는 이유는 객체들(적어도 매우 무거운 객체들)이 자신의 주변 공간의 특성들에 영향을 미칠 수 있는 역량을 갖추고 있기 때문

---

4. Martin Heidegger, "Insight Into That Which Is."

입니다. 예를 들면, 거대한 항성은 공간을 구부릴 수 있으며, 그리하여 그 항성이 공간에 영향을 미칠 수 없다면 직선으로 나아갈 광선이 다른 최단 거리의 측지선을 따를 수밖에 없게 됩니다. 이 경우에 공간의 곡률 변화는 중력장의 강도에 상응합니다. 우리는 체험을 논의했지만 지금까지 강도에 대해서는 아무것도 언급하지 않았습니다. 그런데 강도는 우리가 그것에 대하여 실재론자여야만 하는 것입니다. 객체들의 특성 중에서 우리는 공간적 관계들에 대한 기본 어휘를 제공하는 (길이, 넓이, 부피, 각도처럼) 외연적인 것들과 (온도, 압력, 속력, 밀도처럼) 강도적인 것들을 구분할 수 있습니다. 체험의 견지에서 우리는 심해 잠수부들이 탐사하는 높은 압력의 영역들, 우주인들이 체험하는 낮은 중력의 영역들, 극지 탐험가들이 경험하는 낮은 온도의 영역들, 시험 조종사들이 가로지르는 높은 속력의 영역들을 생각할 수 있습니다. 이것들은 모두 객관적 측면(측정 가능한 강도)과 아울러 주관적 측면도 지니고 있습니다. 우리는 납작하게 만드는 압력, 부유하는 신체, 얼어붙는 뼈, 그리고 늘어지는 뺨을 느낄 수 있습니다. 이것들은 모두 당신이 방금 언급한 그런 유형의 ([하나가 아닌] 복수의) 공간들의 사례입니다. 그런데 또한 강도는 객관적으로 중요합니다. 왜냐하면 비선형적이고 비가역적인 많은 과정이 매우 낮은 강도에서는 선형적이고 가역적인 것이 되기 때문입니다. 이런 까닭에 낮은 강도의 한계에서 이상적 현상을 모형화하는 것은 물리학에서 대단히 인기 있는 절차입니다. 이상 기체는 낮은 밀도의 한계에 놓여 있는 실제 기체일 따름입니다(밀도가 사실상 매우 낮아서 남겨진 소수의 분자가 상호 작용하지 않습니다). 그리고 이상적 진자는 실제 진자와 유사하지만 그 진자의 평형점 근처에서 매우 작게 진동합니다(그것의 주기와 진폭 사이의 복잡한 관계가 간편하게 비례 관계가 될 정도로 말입니다). 화학이나 생물학에서 중요한 대다수 과정은 평형에서 멀리 떨어진 상태에서 진행될 때에만, 즉 강도적 특성들의 값이 충분히 높을 때에만 진정한 형태생성적 역능을 현시합니다.

하면 일반 상대성에 따른 공간의 곡률은 라이프니츠주의적 공간 개념에 대한 훌륭한 후속 증거입니다. 하지만 저는 우리가 운이 없어서 아인슈타인이 지구에 현존하지 않았더라도 라이프니츠의 논변은 여전히 작동했을 것이라고 생각합니다. 그리고 또다시 우리는 일반 상대성으로부터 **전체론적** 결론을 끌어내지 않도록 주의해야 합니다. 왜냐하면 공간들은 여전히 서로 분리되어 있기에 어떤 한 공간을 여타의 공간들이 뚫고 들어가는 일은 하여간 일어날 수 없기 때문입니다.

데란다 그런데 시간이라는 주제로 돌아가 봅시다. 객관적 시간과 주관적 시간 사이의 차이와 관련하여 논의할 것이 훨씬 더 많이 있습니다. 그리고 우리는 이 논점을 분명히 하기 위해 들뢰즈의 관념들을 사용할 수 있습니다. 지속하는 객체의 체험 너머에 들뢰즈가 바로 직전의 경험(하지만 아직 기억이 되지 않은 경험)과 바로 직후의 기대(하지만 아직 주도면밀한 계획의 대상이 되지 않은 기대) 사이의 종합으로 간주하는 (과거와 미래를 분리하는 시점보다 더 '두꺼운' 지각적 현재인) 현재 시간의 종합이 있습니다. 제 생각에 이런 체험된 시간의 종합은 감각적 객체가 생성되는 방식에 대한 모든 제안에 포함되는 하나의 성분이어야 합니다. 체험된 시간은 일종의 연속체일 것입니다. 그 이유는 계속 이어지면서 중첩하는 현재들이 서로 융합하기 때문입니다.

하먼 종합으로서의 현재에 관한 들뢰즈의 견해에 대하여 당신이 제기한 논점에 의거함으로써 시간에 관한 우리의 견해차 중 하나가 명료해집니다. 저는, 들뢰즈, 베르그손, 그리고 심지어 『자연학』의 아리스토텔레스가 주장하듯이, 시간은 하나의 연속체라는 견해에 분명히 동의합니다. 하지만 저에게 그 연속체는 실재적 객체들의 영역으로 확대되지는 않습니다. 저에게 그 연속체는 순전히 감각적 권역의 문제이고, 따라서 저는 별개의 양자ᵚ子들이 아니라 하나의 종합이 존재한다는 점에 동의할 것입니다. 그런 종합에 대해서는 후설 역시 나름의 판본을 제시합니다. 하지만 저의 경우에 실재적인 것들은 아리스토텔레스의 실체들과 마찬가지로 전적으로 양자화되어 있습니다. 사물들은 점진적으로 강도를 변화시키면서 다른 것들이 되지는 않습니다. 그런 의미에서 실재적인 것이 일시적으로 정적인 자태들poses로 이루어져 있다고 간주하는 것은 결코 터무니없는 구상이 아닙니다. 왜냐하면 실제로 사물은 언제나 변화하고 있지는 않기 때문입니다. 단지 실재적 객체들의 관계 중 일부만이 그것들을 파괴하거나 또는 그것들이 새로운 혼종 복합 사물들을 형성하도록 이끌 것입니다.

데란다 동의합니다만, 그렇다고 해서 객관적 시간 – 들뢰즈가 **크로노스**chronos라고 일컫는 시간5 – 이라는 개념이 무효화되는 것은 아닙니다. 크로노스가 연속체가 아닌 이유는 그것이 진동들로 양자화되어 있기 때문입니다. 우리는 진동들(시계의 시침과 분침이 회전한 횟수, 지구가 태양 주위를 공전한 횟수)을 셈으로써 시간을 측정합니다. 하지만 시간을 측정하는 우리의 실천을 가능하게 하는 것은 시간이 가장 **빠른** 원자적

---

5. Gilles Deleuze, *The Logic of Sense*. [질 들뢰즈, 『의미의 논리』.]

및 아원자적 진동들에서 가장 느린 우주적 진동들에 이르기까지 객관적 진동들에 의해 주어지는 척도 구조를 갖추고 있다는 사실입니다. 그렇습니다. 이 모든 사례에서 진동하는 것은 공간적 객체들이지만, 진동들은 주기, 즉 (베르그손주의적 의미가 아니라 통상적인 의미에서의) 시간적 지속 또는 규모가 있습니다. 그러므로 객관적 공간이 불활성 용기가 아니라 효과이고 무거운 객체들의 영향을 받는 것과 마찬가지로, 객관적 시간은 사건들을 담기 위한 용기가 아니며 (주어진 척도에서) 사건들의 영향을 받습니다.

하먼 그런데 시간의 측정이 진동들을 통해서 수행되더라도 진동의 움직임은 연속적이거나 아니면 정적인 자태들로 이루어져 있습니다. 그리고 베르그손과 심지어 『자연학』의 아리스토텔레스가 제시한 이유들을 고려하면 전자가 훨씬 더 가능성이 높은 것처럼 보입니다.

데란다 한 가지 다른 물음을 던져 보겠습니다. 당신이 객관적인 시간적 관계들(빠름과 느림, 선행성과 동시성)이 사실상 공간적이라는 것과 시간 자체는 오로지 주관적으로 현존할 뿐이라는 것을 단언할 때, 이것은 당신의 원리 R7에 위배되지 않습니까? 다시 말씀드리면,

R7/A7 철학의 경우에 인간 주체가 세계와 맺은 관계는 특권적
인 관계가 아니다/관계이다.

R7은 우리가 비인간 존재자들에 귀속시키기를 거부하는 역능들을 인간에게 절대 귀속시키지 말아야 한다고 말합니다. 지금까지 우리는 R7을 고수하려고 노력했습니다. 심지어 전통적으로 그런 역능들의 비대칭성이 유지된 (인지 같은) 경우들에 대해서도 말입니다. 그런데 우리가 시간(그리고 시간적 관계들)을 순전히 주관적인 것으로 만들 때, 그리고 시간을 객관적 세계에서 공간화할 때, 우리는 인식하는 주체와 인식되는 객체 사이의 비대칭성과 흡사한 비대칭성을 만들어내고 있지 않습니까? 아시다시피, 우리 인간만이 시간을 경험할 수 있을 뿐이고, 그 밖의 모든 객체는 시간을 경험할 수 없습니다. 인간만이 사건들의 순서열의 시간적 질서(예를 들면, 올바른 물질대사 생산물들을 산출할 수 있도록 화학 반응들이 일어나야만 하는 순서)에 신경 쓸 뿐이지, 효소와 세포들은 신경 쓰지 않습니다. 이것이 어떻게 해서 일종의 A7이 아닙니까?

하먼 저는 시간이 인간적 의미에서 주관적이라고 절대 말씀드리지 않았습니다. 저는 그것이 관계적 층위를 뜻하는 감각적 층위에서만 생겨날 뿐이라고 말씀드렸습니다. 그리고 저의

경우에 감각적/관계적인 것은 인간적인 것과 동일시되지 않습니다. 저는 여전히 R7을 철저히 고수합니다. 심지어 세계의 어떤 양태들을 '의인화하는' 것처럼 보일 위험을 무릅쓰고 말입니다. 여기서 저는 (메이야수와 정반대의 인물인) 제인 베넷이 약간의 의인화가 때때로 인간중심주의에 대항하는 데 유용하다고 말할 때 그에게 동조합니다.

데란다 알겠습니다. 이것이 R7에 위배되지 않는 이유는 (원자를 비롯하여) 모든 객체가 다른 객체들과 이 다른 객체들이 무엇인지 '완전히 감지하'지는 않은 채로(예를 들면, 핵이 아니라 전자들의 최외각만을 '감지한' 채로) 상호작용하기 때문입니다. 그러므로 그것들이 감지하는 것(원자가 전자들의 껍질 valence shell)은 일종의 감각적 객체입니다. 좋습니다. 여기서 저는 이런 식으로 당신이 약간의 여유를 갖게 되는 사태를 이해할 수 있지만, (의인화의 견지에서) 치러야 하는 대가가 약간 과도하지 않을까 생각합니다.

하먼 그런데 우리는 의인화를 회피하기 위해 치러야 하는 대가 역시 상당히 크다는 것을 잊지 말아야 합니다. 의인화를 회피하기 위해 우리는 존재론을 하나의 분류학으로, 즉 인간에게 독특한 것처럼 보이는 면모들을 우주의 어딘가 다른 곳에서 현존하는 모든 것과 근본적으로 다른 것으로 존재론화하는 분류학으로 전환합니다. 이렇게 해서 평평한 존재론의 미덕들이 위태로워집니다.

데란다 이제 우리 각자의 존재론이 과학 분야들의 결과물, 즉 그것들이 생산하는 인지적 내용에 할당하는 역할을 논의해 봅시다. 그런데 당신은 라투르의 영향을 받았습니다. 라투르는 과학적 실천을 연구하기 위해 일종의 인류학적 방법을, 인지적 내용을 의도적으로 무시하는 방법을 개발한 것으로 유명합니다. 라투르가 실제 실험실에서 두 해를 보냈을 때, 그는 방정식, 전문적 도표, 화학 공식, 컴퓨터 출력물, 그리고 일지에 기록된 신중한 메모 — 그것들은 모두 '기입물'이 되었습니다 — 를 무시하기로 선택했습니다. 현미경 같은 복잡한 도구들뿐만 아니라 온도계 같은 단순한 도구들도 '블랙박스'가 되었습니다. 과학자들의 머릿속 내용(그리고 그들의 신체적 기량)은 그들의 주장들에 대한 유효성의 원천으로서 무시당했으며, 그들의 상호작용은 한낱 '협상'에 불과한 것이 되었습니다. 라투르는 과학자들이 그 밖의 인간 공동체들이 생산하는 것(담론, 억견)과 질적으로 다른 무언가(지식)를 생산하지 않는다는 결론을 내렸습니다. 그리고 물론 이렇게 해서 라투르는 큰 소동을 일으켰습니다. 특히 관념론적인 인문학 교수들 사이에서 말입니다. 결국 라투르는 그들에게 과학을 무시할 자유를 인가했고, 그리하여 그들에게 많은 작업을 면제시켜 주었고 그들로 하여금 문학비평에 계속해서 집중할 수 있게 만들었습니다. 이것은 '부르주아 경제학'의 개념이 맑스주의자들에게 미친 영향과 비슷합니다. 요컨대 그 개념은 다른 경제 모형들(이것들은 모두 '자본주의에 대한 변명'이 되었습니다)에 대한 맑스주의자들의 무지를 정당화할 방법을 제공했습니다. **라투르 효과에 대하여 신경이 쓰이지 않습니까?**

하먼 그렇지 않습니다. 저는 앨런 소칼이 『소셜 텍스트』*Social Text*로 하여금, 양자 중력에 관해 의도적으로 엉터리로 작성된 포스트모더니즘적인 위조 논문을 출판하도록 했던 1996년에 발생한 그 유명한 소칼 사건을 즐겼습니다. 제 주변의 대다수 인문학자는 그 지적 사기 사건에 격분한 것처럼 보였지만, 저는 그 사건을 접하고서 큰 소리로 웃었습니다.[6] 그렇지만 저는 그 사건에 대한 소칼 자신의 평가가 정말 마음에 들지 않았습니다. 요컨대 저에게 그것은 단지 독선적인 판본의 주류 과학주의에 불과한 것처럼 보였습니다. 저는 그 사건의 실제 무게

---

6. Alan Sokal and Jean-Luc Bricmont, *Fashionable Nonsense*. [앨런 소칼·장 브리크몽, 『지적 사기』.]

가 자연과학을 비롯하여 모든 분야에서 횡행할 수 있는 전문 용어의 공허함과 관련이 있다고 생각했습니다. 저는 전문 용어가 인문학과 사회과학(더 적게 말하기 위해 더 많은 낱말을 사용하는 분야들)보다 과학(더 많이 말하기 위해 더 적은 낱말을 사용하는 분야)에서 더 건전한 기능을 지니고 있다는 미셸 세르의 주장을 받아들입니다.[7] 하지만 또한 저는 인문학의 한 특정한 하위분야인 분석철학이 자연과학이 그 밖의 모든 인지 형식보다 뛰어나다는 것을 과장했고 그런 과장을 체계적으로 사용하여 다른 형태들의 철학을 괴롭힌 방식을 예민하게 의식하고 있습니다. 이런 종류의 과학주의와 사회구성주의자들의 공허한 반실재론 중에서 선택하도록 강요받는다면 저는 둘 다 선택하지 않을 것입니다. 물론 독단적으로 반철학적인 그런 과학주의는 열거할 수 있는 유한한 수의 사례들(호킹, 와인버그 등)에서만 나타날 뿐이지, 실제로 실천되는 대로의 과학과는 아무 관계도 없는 문제입니다. 이것은 유럽 대륙의 국가들보다 반지성주의 전통이 더 발달한 앵글로-색슨 국가들과 주로 연계된 문제인 것처럼 보이는 경우가 많은 것 같습니다. 이탈리아의 카를로 로벨리 또는 오스트리아의 안톤 차일링

---

7. Michel Serres and Bruno Latour, *Conversations on Science, Culture, and Time*.

거는 결코 반철학적이지 않음이 확실합니다.

데란다 당신이 언급하신 과학자들(파인만이 또 하나의 실례입니다)은 모두 모든 존재론적 의문이 오래전에 흄에 의해 해결되었기에 철학적 논증에 관여할 필요가 더는 없다고 생각하는 경험론자입니다. 그들에게 경험론은 홍보 도구에 더 가깝습니다. 그들은 모든 과학이 행하는 것은 예측하고 통제하는 데 유용한, 현상에 대한 간결한 서술을 생산하는 것이라고 흥겹게 단언할 것입니다. 달리 진술하면, 그들이 행하는 것은 '현상을 구하기'일 뿐이지, 세계가 작동하는 방식이나 그 내용을 밝히는 존재론에 대한 설명을 제공하는 일이 아닙니다. 그런데 사적으로는 그들 모두가, 감각에서 비롯되는 모든 증거에 공공연히 위배되는 언명들(예를 들면, 시간은 가역적이다)을 계속해서 단언합니다. 이제 유사 과학학으로 되돌아갑시다.

하먼 실재론자로서 저는 라투르의 [구성주의적] 견해에 결코 찬성하지 않지만 그의 작업에는 열광합니다. 그 이유를 밝히려면, 저는 라투르가 자신의 작업에서 무엇을 하고 있는지 평가해야 할 것입니다. 라투르가 스티브 울거와 공동으로 저술한 그의 첫 번째 저서 『실험실 생활』을 앞에서 언급하셨습니다.[8] 라투르는 그 당시에 자신이 지나치게 사회구성주의자였음을 인정할 것입니다. 이런 까닭에 그 책의 2판의 부제는 "과학적 사실의 사회적 구성"에서 간단히 "과학적 사실의 구성"으로 바뀌었습니다. 그런데도 저는 『젊은 과학의 전선』 같은 이후의 저작을 겨냥할 때도 비슷한 이의가 종종 핵심을 찌른다는 사실을 인정합니다.[9]

라투르는 철학에서 매우 성공적인 학생으로 출발했으며, 심지어는 프랑스의 철학 교원자격시험인 아그레가시옹 agrégation에서 전국 수석을 차지했습니다. 다양한 이유로 인해 라투르는 전통적인 강단 철학과는 다른 경로를 선택했습니다. 그는 결국 샌디에이고 San Diego에 자리한 조너스 소크 연구소 Jonas Salk Institute에 머무르게 되는데, 그곳에서 과학인류학을 연구하기를 원했습니다. 그전까지 인류학은, 몇몇 문화가 서양인이 보기에 '불합리한' 믿음과 실천을 견지하는 이유를 설명하는 데 사용되었습니다. 인류학은 서양이 품은 우월감의 핵심, 즉 조직적인 과학적 지식에 철저히 적용된 적이 결코 없었습니다. 당시에 라투르는 철학자라기보다는 오히려 사회과학자로서 작업하고 있었고, 따라서 그는 모든 것에 대한 '사회적 설명'을 선

---

8. Bruno Latour and Steve Woolgar, *Laboratory Life*. [브뤼노 라투르·스티브 울거, 『실험실 생활』.]
9. Bruno Latour, *Science in Action*. [브뤼노 라투르, 『젊은 과학의 전선』.]

호하는 사회과학자의 전형적인 성향을 몸에 익혔습니다. 그 성향은 오늘날까지도 라투르의 작업에서 어느 정도 지속되고 있습니다. 그는 이런 편향성을 상당히 비판적으로 의식하게 되었기 때문에 '사회'는 자연과학에 의해 종종 연구되는 생기 없는 존재자들을 비롯하여 모든 존재자를 포함해야 한다고 강력히 주장하고 있습니다.

데란다 이야기를 더 듣기 전에 두 가지 논점을 제기하겠습니다. 첫째, 하나의 인류학적 방법으로서도 라투르의 접근법은 이치에 맞지 않습니다. 예를 들면, 라투르는 '토착화하기'를 거부합니다. 즉, 그는 토착민들의 언어를 익히고, 정보원들을 선택하고, 그들 사이에서 살며, 천천히 그들의 습관을 터득하고 관습을 익히기를 거부합니다. 인류학자들이 토착화하기를 실패했을 때(완벽한 실례는 사모아에서의 마거릿 미드였습니다), 그들은 대체로 스스로를 기만했습니다. 둘째, 『젊은 과학의 전선』에서 라투르는 비인간 존재자들을 포함하지만, 이것들은 행위소로 개념화됩니다. 제가 아는 한, 행위소에 대한 정의는 그것이 그 대변자의 역할을 수행하는 과학자에 의해 (정치적 의미에서) 대표되는 한에서만 객관적인 존재자입니다.

하먼 그 점에 동의하지 않습니다. 행위소는 단적으로 그것이 무엇이든 행위하는 것이며, 그런 행위들은 인간 대변자에 의한 대표를 수반할 필요가 없습니다.

데란다 여기서 이 점을 명확히 하기 위해 '행위소'에 대한 라투르의 정의를 소개합니다. "말할 줄 아는 사람뿐만 아니라 말 못 하는 사물도 대변자가 있다. 나는 그것이 무엇이든 〔대변자에 의해〕 그렇게 대표되는 것을 행위소라고 일컬을 것이다."[10] 그런데 라투르의 나중 작업에 관하여 당신은 저보다 더 많이 알고 있지만, 『젊은 과학의 전선』 이후에 그가 행위소를 "그것이 무엇이든 행위하는 것"으로 정의했다면 그는 그 정의를 철저히 바꾼 셈이고, 따라서 이제 그는 동일한 신조어를 사용하여 완전히 상이한 개념을 가리키고 있습니다. 그래서 모든 것이 더욱더 엉망진창이 될 따름입니다.

하먼 글쎄요. 당신은 자신의 논점을 뒷받침할 좋은 구절을 찾아냈습니다. 그런데 그것은 단지 나중 작업의 문제가 아닙니다. 1984년에 프랑스어로 출간된 파스퇴르에 관한 책에 덧붙여진 철학적 부록 『비환원』에서, 이미 행위소는 그것이 무엇이든 어떤 종류의 영향을 미치는 것으로 정의됩니다.[11] 그렇지만 라

---

10. Latour, *Science in Action*, 84. [라투르, 『젊은 과학의 전선』.]

투르가 종종 더 인간 중심적인 판본의 개념으로 빠져든다는 것은 사실입니다.

하지만 저의 경우에 라투르 이론의 주요한 약점은 그가 사물을 그것의 행위와 효과로 한정한다는 것이며, 그런 의미에서 그는 동일한 견해를 제시하는 화이트헤드와 마찬가지로 나쁜 점이 있습니다. 화이트헤드의 경우에 현실적 존재자는 그것의 '파악들' 또는 관계들로 완전히 분석될 수 있습니다. 그런데 화이트헤드는 인간이 관여하지 않는 관계들을 비롯하여 온갖 종류의 관계를 자신의 존재론에 포함하기를 잊지 않는 반면에, 라투르의 거의 모든 사례들은 논의 중인 네트워크가 무엇이든 간에 인간을 행위자 중 하나로서 포함합니다(드물지만 멋진 예외 사례들도 일부 있습니다). 우리는 화이트헤드의 자연철학에 관해서는 질문할 수 있지만, 누군가가 라투르의 자연철학에 관해 질문을 한다면 이상하게 들릴 것입니다. 왜냐하면 라투르는 사실상 자연철학이라기보다는 오히려 과학철학만을 갖추고 있을 뿐이기 때문입니다.

그런데 라투르와 관련하여 제 마음에 드는 것은 그의 존재론의 대담함입니다. 근대 존재론은 본질적으로 우주에는 두 가지 기본적인 **종류**의 사물들 – 인간의 마음들과 그 밖의 모

---

11. Latour, "Irreductions."

든 것으로, 각각은 아주 다른 존재론으로 다루어져야 마땅합니다 — 이 존재한다고 주장하는 하나의 **분류학**입니다. (이것은 사실상 한편으로는 창조주가 있고 다른 한편으로는 창조된 모든 것이 있는 중세 존재론의 후예일 따름입니다.) 근대 존재론을 지워 버리기 위해 라투르는 모든 것을 동일한 평평한 존재론적 발판 위에 두고자 했습니다. 제가 보기에 이런 시도는 아무 문제가 없고, 당신 역시 같은 생각이라고 짐작합니다. 문제는 라투르가 모든 사물의 실재성에 대한 기준으로 **행위** 또는 **효과**를 선택했다는 사실입니다. 객체는 하나의 **행위자**가 되는데, 신에서부터 중성자, 도마뱀, **뽀빠이**, 코카콜라 광고에 이르기까지 모든 것이 포함됩니다. 이것 역시 화이트헤드에게서 이미 찾아볼 수 있는 생각이지만, 라투르는 화이트헤드보다 존재자들의 상이한 크기와 규모를 더 잘 인정합니다. 화이트헤드의 추종자들은 언제나 화이트헤드를 매우 작은 '모나드적' 존재자들의 철학자로 해석합니다. 저는 이것이 화이트헤드 자신의 언설에 대한 오독이라고 생각하지만 나와 같이 생각하는 독해자는 매우 소수입니다. 그리고 화이트헤드가 모나드적 독해에 자신을 열어두고 있다는 것은 분명합니다.

라투르는 때때로 화이트헤드를 너무 철저히 따름으로써 곤경에 처하게 됩니다. 화이트헤드의 가장 유명한 불평 중 하나는 그가 "자연의 이분화"라고 일컫는 것과 관련이 있습니다.

"자연의 이분화"란 우리가 태양에서 일어나는 핵반응에 관한 과학적 사실은 존중하도록 배웠지만 석양의 아름다움은 한낱 인간에 의해 추가된 현상에 불과한 것으로 간주하는 경향이 있음을 뜻합니다. 이것은 사실상 제1성질과 제2성질의 구분에 대한 로크의 비판에 해당합니다.[12] 그런데 라투르는 결국 이런 '자연의 이분화'를 양립 불가능한 두 가지 다른 방식으로 공격하게 됩니다. 한편으로, 제가 보기에 라투르는 '자연'과 '문화' 사이의 분류학적 구분을 파괴합니다. 부분적으로 그 이유는 어떤 존재자가 어디에 속하는지 판별하기가 매우 어렵게 되어가고 있기 때문입니다. 오존층 구멍이 자연에 속하는지 아니면 문화에 속하는지 서술하기 어려운 이유는 그것이 지구 자체에 속하면서도 인간 활동으로 창출되었기 때문입니다.[13] 여기서 라투르는 철저히 공평하며, 자연적인 것으로 추정되는 사물과 문화적인 것으로 추정되는 사물이 대칭적으로 다루어져야 하는 동등한 행위자들이라고 간주하는 자신의 평평한 존재론을 고수하고자 합니다.

그런데도 또한 그는 암묵적으로 자연을 '사물-자체'와 동일

---

12. John Locke, *An Essay Concerning Human Understanding*. [존 로크, 『인간지성론 1·2』.]
13. Bruno Latour, *We Have Never Been Modern*. [브뤼노 라투르, 『우리는 결코 근대인이었던 적이 없다』.]

시하고 문화적인 것을 '우리에-대한-사물'과 동일시합니다. 이것이 타당하지 않은 이유는, 『새로운 사회철학』에서 당신이 지적했듯이, 사회가 전자電子에 못지않게 그것에 관한 우리의 지식과 별개로 그것 특유의 명확한 특질을 지니고 있기 때문입니다. 그리고 모든 관계를 본질적 관계로 간주하는 라투르의 존재론을 참작하면 그는 자연과학의 대상('자연')을 문화보다 격하시킬 수밖에 없습니다. 왜냐하면 그는 자연을 자신의 본질적 관계들의 존재론이 수용할 수 없는 물자체와 동일시하기 때문입니다. 바로 여기서 라투르의 공평한 대칭성은 끝나게 됩니다. 자연과 문화의 분류학을 폐기한 후에도 라투르는 계속해서 '문화' 쪽을 선호합니다. 라투르가 문화를 선호하는 이유는 단지 그의 관계적 존재론이 다루기 더 쉬운 대상이 문화이기 때문입니다. 이렇게 해서 라투르는, 람세스 2세가 자동 무기로 살해당할 수 없었던 것과 마찬가지로 결핵으로도 사망할 수 없었다는 진술처럼, 조금도 수용할 수 없는 몇몇 주장을 개진하게 됩니다.[14] 물론 당신은 여기에 문제가 되는 미심쩍은 점이 있다는 것에 동의할 것입니다. 그리고 우리는 둘 다 어떤 한 질병이 사회적으로 인정받기 전에 그 질병으로 사망하는 일

---

14. Bruno Latour, "On the Partial Existence of Existing *and* Non-Existing Objects."

이 일어날 수 있다는 점에 동의할 것입니다. 그런 까닭에 우리는 둘 다 사물이 현존하기 위해 인간에게 인정받을 필요가 없다고 주장하는 실재론자인 반면에 라투르의 경우에는 사실상 인간에 대하여 현존하게 하는 사회적 협상의 외부에는 아무것도 현존하지 않습니다.

데란다 라투르에 대한 제 평가는 덜 관대합니다. 그의 존재론은 대담한 것일지 모르지만, 관념론적 존재론에 비해서 대담할 따름입니다. 게다가 불행하게도 라투르는 단지 이른바 '과학학' 분야의 많은 사람 중 하나일 뿐입니다. 한 가지 예외(앤드루 피커링)를 제외하면 그 분야 전체가 절망적으로 잘못 인도된 것처럼 보입니다. 이런 혐의는 종종 자기준거적 비정합성에 의거하여 제기되었습니다. 과학사회학이라는 그 분야의 한 갈래는 유한주의로 일컬어지는 일단의 원리에 근거를 두고 있습니다. 자세하게 말씀드릴 수는 없지만, 최초의 세 가지 유한주의적 테제는 의미(또는 의미론적 내용)와 관련되어 있고, 의미들이 아주 많이 바뀌어서 우리는 과거 언표들의 의미, 또는 현재 언표들의 미래 의미, 또는 심지어 현재 언표들의 현재 의미의 안정성에 대해서 결코 확신할 수 없다고 진술합니다. 그런데 물론 당신이 이 상황을 뒤집는 순간, 그리고 그런 유한주의적 테제들이 수십 년 전에 공표되었다는 사실을 고려하면, 우리가 오늘날 이 테제들이 무엇을 뜻하는지 정말로 알지 못할 것이라는 결론이 도출될 것입니다. 그런데 우리가 그것들의 의미에 대하여 확신할 수 없다면 그것들이 참이라고 계속 주장하는 것은 비정합적인 태도입니다.[15] 마찬가지로, 과학적 언표들의 인지적 유효성이 단적으로 협상의 산물이라면, 『실험실 생활』에서 개진된 언표들은 단지 라투르와 울거가 자체적으로 협상해 낸 것에 불과하기에 그런 맥락을 벗어나면 아무 유효성도 없다는 결론이 도출됩니다.

하먼 라투르는 우리가 오직 실재론의 문제와 관련하여 그를 판단할 때만 실재론자들에게 잘못된 것처럼 보입니다. 그런데 언제나 반실재론자였던 라투르보다도 훨씬 더 극단적인 반실재론자였던 후설의 경우에도 사정은 마찬가지입니다.

데란다 그렇습니다. 저에게 그들은 둘 다 잘못된 것처럼 보입니다.

하먼 하지만 그 두 저자는 여전히 그 밖의 전선들에서는 풍성한 관념들을 제공합니다. 후설은 '성질들의 다발' 이론들

---

15. Barry Barnes, David Bloor, and John Henry, *Scientific Knowledge*.

이 오랫동안 지배한 감각적 영역 내에서도 객체/성질 차이가 작동하고 있음을 인지함으로써 그런 이론들을 넘어서는 결정적인 진전을 이룹니다. 라투르의 경우에는 실재적인 것에서 허구적인 것, 자연적인 것, 문화적인 것에 이르기까지 **모든 존재자를 포괄하는 어떤 전체적인 번역 이론**(또는 당신이 선호하는 용어를 사용하면 **변환 이론**)을 제시합니다. 어떤 선험적인 분류학적 결정들, 예컨대 갈릴레오 이전의 우주론 및 그것에 의한 지상 물리학과 천상 물리학 사이의 분열과 마찬가지로 인간은 하나의 존재론을 부여받을 자격이 있고 모든 비인간 사물은 또 하나의 존재론을 부여받을 자격이 있다고 하는 진술 같은 결정들을 내림으로써 주사위를 미리 던지는 것보다는, 라투르의 이론이 훨씬 더 낫다는 것은 분명합니다. 라투르는 거의 이십 년 동안 저의 개인적인 친구였습니다. 그 시기 동안 우리는 서너 번의 정말로 불쾌한 논쟁을 벌였습니다. 이 논쟁들은 모두 실재론과 비관계적 존재자들 – 그는 이것들을 인정하지 않았고 절대 인정하지 않을 것입니다 – 에 관한 의문을 둘러싸고 벌어졌습니다. 그런데 평평한 존재론에 관한 한, 저는 그가 위대한 인물 중 한 사람이라고 생각합니다.

자기준거적 비정합성에 관한 의문에 대해서 제 생각은 다릅니다. 제가 보기에 당신의 논점은, 라투르가 과학적 지식은 현존하지 않는다는 지식을 갖추고 있다고 주장한다는 것입니다. 저에게 이 문제는 오직 우리가 유일한 선택지들이 지식과 비#지식이라고 가정하는 경우에만 발생합니다. 이것은 소크라테스적 필로소피아philosophia가 이의를 제기하고자 한 바로 그것입니다. 라투르는 우리가 아무것도 알 수 없다고 말하고 있는 것이 정말로 아닙니다. 왜냐하면 당연히 우리는 무언가를 알 수 있기 때문입니다. 오히려 라투르는 과학자들이 번역 과정을 뛰어넘어서 모든 번역 너머에 현존하는 무언가에 도달할 수 있다는 관념에 이의를 제기하고 있습니다. 왜냐하면 라투르에게 이것은 그가 거부하는 물자체일 것이기 때문입니다. 자연스럽게도 여기서 저는 그의 추론에 부분적으로 동의하지 않습니다. 왜냐하면 저는 무언가를 드러내고자 하는 과정과 별개로 즉자적인 것이 존재한다고 생각하기 때문입니다. 그런데 여기서 저는 칸트에 대한 독일 관념론의 비판을 떠올리게 됩니다. "그는 사유의 외부에 무언가가 존재함을 안다고 주장하지만, 이것은 그 자체로 사유를 포함하는 지식-주장이다." 이 비판이 놓치는 것은 '지식'이라는 낱말이 두 가지 다른 방식으로 사용되고 있다는 점입니다. 한편으로, 소크라테스는 결국 덕, 우정, 또는 정의가 무엇인지 알지 못한 채로 있게 됩니다. 이것들 중 어느 것도 직서적이고 담론적이며 명제적으로 접근 가능한 성질들의 목록으로 결코 환언할 수 없다는 의미에서 말입니다. 그런데 또 다른 한편으로, 소크라테스는 그런 성질들의 어떤 목록도 자신이 추구하는 것을 포착하지 못한다는 것을 목격함으로써 덕, 우정, 그리고 정의 같은 것들이 [그 자체로] 존재한다는 사실을 상당히 잘 알 수 있습니다. 그런 까닭에 철학은 지식의 한 형태가 아니라 오히려 담론적 용어들로 결코 적절히 번역될 수 없는 객체들을 갖춘 예술 같은 것입니다. 그리고 예술을 자기준거적 비정합성을 이유로 비난하는 사람은 결코 없다는 사실에 주목합시다.

요컨대 자기준거성에 대한 일반적인 이의는 결국 이렇게 됩니다. 지식이 획득될 수 없다는 모든 주장은 하나의 지식-주장으로 간주될 수 있고, 따라서 그것은 지독한 모순입니다. 제 답변은 철학이란 지식-주장이 아니라는 것입니다. 이것에 의거하여 소크라테스와 그의 계보는 철학자들이라기보다는 사실상 과학자들이었던 소크라테스 이전 철학자들과 구분됩니다. 소크라테스 이전의 철학자들은 세계가 실제로 무엇으로 이루어져 있는지에 대한 실증적인 지식-주장들을 개진했습니다.

데란다 제 생각은 다릅니다. 진리를 진술하는 데 사용되는 모든 선언적 문장은 어떤 지식-주장을 개진합니다. 유일한 차이는 그 주장이 선험적인지 아니면 후험적인지 여부입니다. 철학자들은 선험적 주장을 좋아하고 과학자들은 후험적 주장을 좋아하지만, 모두 주장을 개진하고 있습니다. 그들에게 유리한 증거를 산출함으로써 확정될 수 있는 주장은 아닐지라도 말입니다. 그런데 또한 저는 과학(또는 예술)의 인지적 내용이 명제적으로 코드화된 담론적 지식으로 망라되지 않는다는 점에 동의합니다. 이것은 중요한 논점이기에 한 가지 사례, 즉 서술적 언표와 설명적 언표 사이의 차이를 제시하겠습니다. 전자는 "그 사물은 무엇인가?" 같은 질문들에 대한 답변인 경향이 있는 반면에 후자는 "그 사건은 왜 발생했는가?" 같은 질문들에 대한 답변입니다. 그런데 잘 제기된 '왜?'의 질문은 상이한 성분들 — 그것의 전제(문제적이거나 설명이 필요한 것으로 여겨지지 않는 것), 그 질문 자체, 그리고 그것의 대조 공간 — 을 갖추고 있습니다. 후자는 예시를 통해 정의될 수 있습니다. 한 성직자가 감독에 갇힌 은행 강도에게 "은행을 터는 이유가 무엇입니까?"라고 질문합니다. 그러자 그 은행 강도는 "왜냐하면 그곳에 돈이 있기 때문입니다"라고 대답합니다. 물론 그 성직자는 그 답변이 부적절하다고 깨닫습니다. 왜냐하면 그의 질문은 "강도질을 절대 하지 않겠다고 다짐하기보다는 은행을 터는 강도질을 저지르는 이유가 무엇입니까?"였던 반면에 그 범죄자에게 그 질문은 "주유소나 잡화점 대신에 은행을 터는 이유가 무엇입니까?"였기 때문입니다. '대신에'로 시작하는 구절은 '왜' 질문의 대조 공간(연관된 대안들)을 규정합니다. 그런데 서술적 언표는 문제의 형식화에 (전제를 규정하는 수단으로) 편입되지만 하나의 성분일 따름입니다. 그리고 진실 외에 문제가 얼마나 잘 제기되었는지 같은 적합성의 형태들이 고려되어야 합니다. 전제들의 목록은 완전합니까? 질문은 올바른 대조 공간을 포함하고 있습니까? 자신이 실행하고 있는 일은 오로지 '간편한 서술'을 산출하고 있는 것일 뿐이라고 주장하는 경험론적 과학자들은 모든 인지적 내용을 명제적으로 코드화되는 내용으로 환원하는 잘못을 저지르고 있습니다.

하지만 저는 인식론보다 존재론과 더 관련이 있는 다른 한 논점을 제기하겠습니다. 제가 과학학에서 가장 반대할 만한 것이라고 인식하는 것 중 하나는 '자연'과 '문화' 같은 낱말들을 사용하는 것입니다. 과학자들은 '자연'을 연구하는 것이 아니라 객관적 현상들의 영역을 연구합니다. 그중 많은 것이 실험실에서 생성되며, 실험실의 외부에서는 자발적으로 일어나지 않습니다. 라투르는 '실험실 사실'을 언급함으로써 이 논점을 흐리게 하는 경향이 있습니다만, '사실'이라는 용어는 사실상 아무것도 가리키지 않습니다. 그것은, 콰인이 말하듯이, 의미론적 상승을 위한 용어, 즉 메타-층위로 이동하는 데 사용되는 용어입니다. 그러므로 하나의 실험실 결과물을 사실이라고 일컫는 것은 그 결과물을 서술하는 언표가 참이라고 말하는 것일 뿐입니다. '자연'을 어떤 구체적인 영역으로 대체함으로써 우리는 변경 불가능한 소여로 여겨질 수 있는 '자연'과 달리 역사가 있는 존재자를 다룰 수 있게 됩니다. 그러므로 화학물질들과 화학 반응들로 이루어진 화학적 영역은 18세기 초에는 규모가 작았습니다(대충 그것은 세 가지 산과 세 가지 알칼리를 포함했습니다). 그러나 새로운 다양한 산과 알칼리가 합성되었을 뿐만 아니라 또한 이것들이 서로 반응함으로써 곧 연구의 핵심 대상이 된 또 다른 종류의 화학물질인 중성염들로 변환됨에 따라, 화학적 영역의 규모는 빠르게 증대되기 시작했습니다. 또 다른 일례가 도움이 될 수 있을 것입니다. 18세기 대부분 동안 기본 물질들은 소수에 지나지 않는다(흙, 물, 공기, 불, 그리고 그 밖의 몇 가지 것)고 여겨졌습니다. 하지만 18세기가 진전됨에 따라, 그리고 특히 19세기에 접어들면서 화학적 분석 역량이 연속적인 전류의 가용성으로 크게 향상되었고, 그리하여 알려진 기본 물질들의 수가 폭발적으로 늘어나게 되었습니다. 이것들은 한 영역에서 발생하는 사건들이고 과학자들의 실천에 중대한 영향을 미치지만, 우리가 과학자들을 '자연'을 연구하는 사람들로 묘사한다면 보이지 않게 됩니다.

그리고 '문화'의 경우에도 사정은 비슷합니다. 제가 쓴 책 중 하나에서 저는 공동체나 제도적 조직체 같은 사회적 존재자들이 우리 마음과는 독립적이지 않을 것이지만 우리 마음의 내용과는 독립적이라고, 즉 그것들에 관한 우리의 구상과는 독립적이라고 주장했습니다.[16] 공동체와 조직체가 작동하는 방식(그것들이 자신의 창발적 특성들을 획득하는 방식, 그것들이 시간이 흐름에 따라 자신의 정체성을 유지하는 방식)은 경험적인 의문입니다. 그리고 우리는 그 의문과 관련하여 큰 실수를 저지를 수 있습니다(그리고 지금까지 그랬습니다). 특히, 모든 공동체와 조직체를 '문화'로, 또는 그 문제에 관한 '전체 사회'로 명명되는 단일한 존재자로 융합하는 것은 사회적 현상을 분석할 때 우리를 엉뚱한 길로 들어서게 합니다. 그러므로 과학적 실천을 다룰 때 저는 실험실에서 왕립학회에 이르기까지 명확한 권위 구조를 갖춘 특정한 조직체들을 형성할 뿐만 아니라 우편(그리고 덜 빈번하게도 국제 학술회의들)으로 연계된 과학자들의 구체적인 공동체에 대하여 이야기합니다.

하먼 그렇지만 여기서 당신과 라투르의 견해는 사실상 완전히 일치합니다. 그 밖의 논점들에 대해서는 상당히 불일치함에도 말입니다. 라투르는 자연과 문화 같은 영역들이 실제로 존재한다고 말하고 있지 않습니다. 그의 핵심은 그런 영역들

---

16. DeLanda, *A New Philosophy of Society*. [데란다, 『새로운 사회철학』.]

을 해체하고 언제나 구체적인 사례들을 살펴보아야 한다는 점을 보여주는 것입니다. 이런 까닭에 당신과 라투르는 둘 다 브로델을 대단히 즐겨 읽습니다. 그리고 똑같이 '사회', '자본주의', 그리고 그 밖의 그런 용어들과 같은 크고 모호한 추상물들을 못마땅하게 여깁니다.

데란다 어쩌면 그럴지도 모르지만, 저는 자연과 문화처럼 사물화된 일반적인 것들을 '분해하는' 라투르의 방식이 저의 방식과 어떤 관계가 있다고 생각할 수 없습니다. 결국 그는 과학을 기입물들, 블랙박스들, 협상들, 기타 등등으로 분해했지만, 이것은 그런 일을 수행하는 잘못된 방식임이 분명합니다.

하먼 주제를 바꿔 봅시다. 최근에 출간된 『철학적 화학』이라는 당신의 책과 관련된 이유로 인해 저는 토머스 쿤을 통해 우회해 보고 싶습니다. 분석철학자들 사이에서는 격렬한 반反쿤주의적 문헌들이 있습니다. 하지만 대륙철학자들은, 그들 중 다수가 쿤의 가장 유명한 책조차 읽지 않았다는 것도 사실입니다만, 그의 기본적인 관념에 대해서는 거의 이의를 제기하지 않습니다. 결국, 대체로 대륙철학은 정확히 규정된 문제들에 관한 점진적인 진전보다 주요한 역사적 이행들을 우선시하는 모형에 기반을 두고 있습니다. 심지어 저는, 브렌타노가 1890년대의 한 탁월한 강연에서 예시했듯이[17], 이것이 단적으로 분석철학과 대륙철학의 분열이라고 말하고 싶습니다. 여기서 저는, 제가 쿤에 의한 '정상' 과학과 '패러다임을 이행하는' 과학 사이의 구분에 대체로 설득되었으며, 전자를 명제적 언어와 동일시하고 후자를 그런 언어로부터 언제나 물러서는 것과 동일시하는 경향이 있음을 털어놓습니다. 그런데 쿤에 대한 당신의 비판은 흥미롭습니다. 여기서 그 비판을 간략히 말씀해 주신다면 우리의 대화를 진전하는 데 도움이 될 것입니다.

데란다 좋습니다. 패러다임이라는 개념은 전체론적 개념입니다. 우리가 과학자들이 그런 매끈한 총체의 내부에서 작업한다고 가정하면, 그것에서 벗어나는 유일한 방식은 (라부아지에가 실행했다고 가정되듯이) 어떤 대안적 패러다임을 창안한 다음에 당신의 동료가 종교적 개종을 하게 만들어서 당신의 편으로 전향시키는 것입니다. 왜 개종일까요? 왜냐하면 어떤 특정한 패러다임에서 각각의 인지적 항목의 정체성이 그 항목이 여타의 모든 항목과 맺은 관계에서 도출된다면, 그 패러다임 밖에서 조리 있는 논변을 사용해 당신의 동료를 납득시

---

17. Franz Brentano, "The Four Phases of Philosophy."

킬 방법은 전혀 없기 때문입니다. 당신이 사용할 좋은 논변의 바로 그 기준이 그 패러다임의 구성요소입니다. 이 테제의 효력은 두 가지 방식으로 없앨 수 있습니다. 첫째, 우리는 어떤 특정한 지식체의 인지적 성분들이 비교적 독립적이고 외부와 관련이 있다는 것을 보여주어야 합니다. 둘째, 우리는 실제 논쟁(예를 들면, 라부아지에 대 프리스틀리)에 연루된 행위자들이 경쟁하는 자신들의 이론들에서 중첩되는 영역을 갖고 있었고, 그렇기 때문에 실제로는 서로 상이한, 통약이 불가능한 세계들에 살고 있지 않았다는 역사적 증거를 찾아내야 합니다. 첫 번째 조치는 인지적 항목들(참된 언표들뿐만 아니라 또한 문제들, 설명들, 분류학들)의 수를 증식하는 것과 더불어 그것들 사이의 관계들이 구성적이지 않음을 보여주는 것을 포함합니다. 언표의 경우에 그 조치는, 총체적 이론들을 제외하고 오직 개별적 언표들과 관련지어 '진리'의 개념을 수용하는 행위를 포함할 뿐만 아니라, 어떤 한 언표가 참이거나 거짓인 것은 단지 총체적 이론의 맥락에서일 뿐이라는 관념을 거부하는 행위도 포함합니다. 두 번째 조치는 대다수 거대 논쟁(즉, '혁명적' 과학의 일화)에서는 동의의 영역들이 있었다는 것과 참여자들 사이에 총체적인 소통 단절이 결코 없었다는 것을 보여주는 역사적 연구를 필요로 합니다. 라부아지에와 프리스틀리는 산소 또는 플로지스톤phlogiston이 연소에 연루된 물질인지 여부에 대해서는 의견이 몹시 달랐지만, 그것이 무엇이든 연루된 것은 어떤 화학물질이어야 한다는 사실과 그것이 어떤 화학물질로 판명되든 간에 그것의 화학적 변환은 친화성(오늘날에는 화학 퍼텐셜로 일컬어지는 것)의 힘으로 설명되어야 한다는 사실에는 동의했습니다. 게다가 쿤은, 혁명적 과학의 이런 일화들을 벗어나면 과학자들이 단지 수수께끼 풀기(정상 과학 또는 일상적 과학)를 실행하고 있을 뿐이라고 주장했습니다. 『철학적 화학』에서 저는 다양한 화학자 공동체의 구성원들이 매우 다양한 실천에 관여하면서 전혀 일상적이지 않은 다양한 노선을 따라 창조적인 작업을 수행했음을 보여줄 수 있었습니다.

하먼 그 책의 논변은 강력하고 참신합니다. 그 책을 이해하려면 저는 몇 번 더 읽어야 하겠지만, 이 대담에서는 당신의 요약만으로 충분합니다. 물론 저는 지식의 어떤 전체론도 반대하는 당신의 태도에 전적으로 공감합니다. 동일한 분야에서 동시에 공존하는 다수의 패러다임이 있을 수 있으며, 그리고 한 패러다임이 그 밖의 모든 패러다임을 타파하는 데는 종종 상당히 오랜 시간이 걸린다고 지적한 사람들도 있었습니다. 종교적 개종은 전반적으로 나쁜 모형인 것처럼 보입니다. 그런데 제가 쿤에게서 취하기로 선택한 것은, 비록 어쩌면 이것이 쿤보다 OOO에 관하여 더 많은 것을 알려줄지라도, 전체론도 아니고 그의 과학사의 이른바 사회학주의도 아닙니다. 오히려 저는 패러다임과 수수께끼 사이의 구분을 객체와 성질 사이의 구분과 유사한 것으로 해석했습니다. 달리 진술하면, 정상 과학적 작업은 대체로 존재자의 특성들을 결정하는 데 몰입하는 반면에 기저의 그 존재자 자체는 패러다임에 의해 상정됩니다. 예를 들어 보어의 원자 모형을 살펴봅시다. 시간이 흐름에 따라 최초의 판본에 대한 개선이 여러 번 이루어졌지만, 한 개의 핵 주위를 공전하는 이산적인 궤도들을 점유하는 전자들이라는 기본적인 패러다임은 물리학의 격변기에 얼마 동안 지속하였습니다. 그것은 궁극적으로 양자역학으로 인해 쓸모없어질 때까지 방출 스펙트럼과 주기율표의 구조를 비롯하여 많은 것을 성공적으로 설명했습니다. 보어 원자 모형이 당대의 모든 물리학을 전체적으로 결정하지는 않았더라도 저는 그것을 패러다임이라고 일컫는 것이 전혀 문제가 없다고 생각합니다. 왜냐하면 그것은 교체되지 않고 존속하는 동안에 세부적인 변화를 겪으면서 비교적 오래 견딘 모형(패러다임)이었기 때문입니다.

데란다 그렇습니다. 당신이 진술하고 있는 것에는 중요한 무언가가 있습니다. 한 철학자는 쿤의 책에서 '패러다임'이라는 낱말이 십여 개의 상이한 의미를 띤다고 적었습니다.[18] 그러한 의미 중 하나는 **모범적 성취로서의** 패러다임입니다. 이것은 새로운 연구 노선에의 길, 특별한 방식으로 이론적 사유를 인도하는 강력한 개념에의 길, 또는 여러 현상(스펙트럼 구조)을 설명하는 데 성공적이었던 모형에의 길을 가리키는 주목할 만한 실험 기법을 지칭할 수도 있습니다. 저는 당신이 염두에 두고 있는 패러다임의 의미가 모든 상이한 의미 가운데 가장 이의가 적은, 바로 그런 모범 사례로서의 의미라고 믿고 있습니다.

하먼 앞서 저는 과학적 개선을 언급했는데, 조금 전 당신의 설명에는 포함되지 않았지만 당신의 화학책은 개선 가능성에 관한 물음에 집중합니다. 과학 이론은 개선 가능성이 있어야 한다는 것이 매우 중요한 이유를 말씀해 주시겠습니까?

데란다 저는 과학적 진보, 즉 과학 전체가 자연에 대한 어떤 최종적인 설명을 향해 거침없이 움직이는 방식에 관한 어떤 전체론적 개념도 제거하기를 원했습니다. 저의 경우에 문제는 사물화된 일반 지식을 대단히 이질적이고 열린 일단의 개별적인

---

18. Margaret Masterman, "The Nature of a Paradigm."

인지적 도구로 대체할 방법과 과학적 진보를 그런 도구들에 대한 일련의 개선으로 대체할 방법이었습니다. 이것이 작동하려면, 제가 논의한 인지적 도구들 각각에 대한 개선 가능성의 **국소적 규준**이 분명히 규정되어야 했습니다. 예를 들면, 화학에서 개념들은 그 영역 속 항목들(화학물질들과 그것들의 변환들)을 가리킬 뿐만 아니라 이 항목들의 특성들과 성향들도 가리키는 경향이 있습니다. 여기서 지시는 핵심적인 관계이며, 문제는 어떤 특정한 개념의 지시대상을 고정할 방법입니다. 개념의 의미가 그것의 지시대상을 결정한다는 칸트주의적 견해들과는 달리, 유물론자 집단(예를 들면, 힐러리 퍼트넘)에서 지시는 실재에의 개입으로 고정됩니다. 이 금속 조각이 '금'이라는 개념의 지시대상인지 알려면, 우리는 사전적 정의를 참조하지 않고 오히려 왕수(질산과 염산의 혼합물)를 그것에 부어서 그 금속이 용해되는지를 살펴본 다음에 별개의 염산에서도 질산에서도 용해되지 않는지를 살펴봅니다. 이런 이중 시험을 통과하면 그 금속은 금입니다. 수 세기 전부터 시금자들은 이 시험을 적용하는 방법을 알았습니다. 한 개념의 지시대상을 더 정확히 고정할 수 있는 진전은 무엇이든 국소적 개선입니다.

언표는 다양한 국소적 방식으로 개선될 수 있습니다. 한 가지 방식은 **일반화**입니다. "알칼리와 반응하는 산은 중성염으로 변환된다"라는 언표는 일찍이 1700년대에 이미 참인 것으로 인정되었습니다만, 18세기 중엽에 그것은 개선되어 "알칼리 또는 금속과 반응하는 산은 중성염으로 변환된다"라는 언표가 되었습니다. 개선에 대한 또 하나의 국소적 규준은 **정성적 언표**에서 **정량적 언표**로의 이행입니다. 그러므로 "물은 수소와 산소로 구성되어 있다"라는 언표는 개선되어 "물은 체적의 비가 2:1인 수소와 산소로 구성되어 있다"라는 언표가 될 수 있을 것입니다. 앞서 저는 '왜'라는 물음으로 모형화될 수 있는 문제들을 언급했으며, 그리고 이런 문제들은 전제들뿐만 아니라 대조 공간도 갖추고 있다고 말씀드렸습니다. 여기서 개선은 가정들의 목록을 더 완전하게 하거나 불필요한 가정들을 제거하거나 또는 대조 공간을 명료하게 함으로써 이루어질 수 있습니다. 그러므로 "왜 물질 A와 B가 반응하여 C가 아닌 물질이 되지 않고 오히려 물질 C가 되는가?"라는 문제는 우리가 그것을 "왜 물질 A와 B가 반응하여 물질 D가 되지 않고 오히려 물질 C가 되는가?"라는 문제로 바꾸면 개선될 수 있습니다. 수학적 모형, 설명 도식, 화학 공식, 시뮬레이션의 경우에도 사정은 비슷합니다. 국소적 개선들을 추적하는 것은 각각의 인지적 도구가 상이한 시점에 독자적인 견지에서 더 잘 작동하는 방식을 보여줌으로써 실행 가능하고, 그리하여 우리는 개별적 분야들의 역사를 우연적인 것으로 간주할 수 있게 됩니다. 이 개선은 이 실천자에 의해 이루어졌지만(그리고 나중에 교과서에 편입되어 공동체 전체로 보급되었지만), 그것은 이루어지지 않았을 수도 있었습니다(또는 보급되지 못했을 수도 있었습니다). 그러므로 한 분야의 역사를 되돌아보면서 국소적 개선들을 추적하는 것은 휘그주의적 작업이 아닙니다. 그런 추적 작업은 어떤 최종 진리를 향한 목적론적 추동력이 전혀 존재하지 않는다는 가정 아래서 이루어집니다. 저는 저의 책이 개선에 덧붙여 혁신, 즉 그 분야에 속하지 않았던 개념, 언표, 문제 등의 도입과 더불어 19세기에 도입된 다양한 (경험적·합리적·구조적) 화학 공식 같은 신규의 인지적 도구의 발명도 다룬다고 말씀드리고 싶습니다.

하먼 과학에 관한 당신의 반反전체론적 구상이 쿤에게 일격을 가한다고 저는 생각합니다. 그것은 저로 하여금 임레 라카토슈를 얼핏 떠올리게 합니다.[19] 라카토슈는, 아인슈타인이 뉴턴의 중력 이론을 대체하기 이전에도 그 이론에는 비정상적인 것이 상당히 많이 있었다고 주장합니다. 제 기억이 맞는다면, 200개 이상이 있다고 주장했습니다. 가장 유명한 것은 수성 궤도의 근일점과 관련된 문제입니다. 라카토슈는 이것이

---

19. Imre Lakatos, *The Methodology of Scientific Research Programs*.

아인슈타인이 그것을 소급하여 설명할 수 있게 되고 나서야 뉴턴의 모형에 대한 특별히 곤란한 문제인 것으로 여겨지게 되었다고 지적합니다. 라카토슈에 따르면, 아인슈타인을 실제로 유명 인사로 만든 사건은 포퍼적 의미에서 뉴턴 이론이 반증된 사건이 아니라 오히려 일식이 일어나는 동안 에딩턴이 별빛이 휘어지는 현상을 관측함으로써 일반 상대성을 입증한 사건이었습니다. 그리고 물론 라카토슈는 더 일반적으로 과학에서 반증보다 입증을 훨씬 더 중시합니다. 아인슈타인 사례는 단지 한 가지 실례일 뿐입니다. 당신의 고유한 비非전체론적 과학관을 고려하면, 저는 당신이 반증의 역할[20]에 대하여 어떤 생각을 품고 있는지가 궁금합니다. 그것은 어쨌든 과학적 개선에 관한 당신의 이론과 관련되어 있습니까, 아니면 무언가 다른 것입니까?

데란다 일식이 일어나는 동안 수집된 사진 증거가 무언가를 입증했다는 것은 사실이지만, 그것이 무엇인지는 답변하기 쉽지 않습니다. 제가 추측하기에 입증된 것은 "시공간은 우리의 마음과 독립적으로 현존한다" 같은 언표가 아니라 오히려 "태양의 중력은 그 주변의 공간을 구부린다" 같은 언표이었다

---

20. Karl Popper, *The Logic of Scientific Discovery*.

는 것입니다. 우리는 후자의 언표에는 동의하지만 전자의 언표에는 동의하지 않을 수 있습니다. 그 이유는 바로 상대성 이론이 일반적으로 생각하는 것보다 더 불균질한 존재자이기 때문입니다. 반증 가능성과 입증 가능성은 총체적 이론들에 적용되는 경우와 개별적 언표들에 적용되는 경우에 상이한 역할을 수행합니다. 과학적 언표들은 반증 가능해야 한다고 말하는 것은 그것들이 후험적으로 참 아니면 거짓이어야 한다고 말하는 것에 해당합니다. 하지만 총체적 이론들에 대하여 이것을 단언하는 것은 어떤 '이론들의 이론'을 전제로 합니다. 그런데 과학적 이론에 대하여 수용된 모형은 논리실증주의자들이 제시한 모형입니다. 이론은 서로 논리적으로 연관된 일단의 언표로, 그중 일부는 예외 없는 일반화입니다. 우리는 (관찰 가능한 결과를 표현하는) 다른 언표들을 연역적으로 도출한 다음에 이것들을 실험실에서 이루어진 관찰 결과를 보고하는 언표들과 비교함으로써 한 이론을 시험할 수 있습니다. '이론'이란 무엇인가에 대한 이런 구상에 반증 가능성의 관념을 적용하면 우리는 비정합적인 결과를, 반실재론자들에게 유리한 정보를 제공하는 비정합성을 얻게 됩니다. 그러므로 우리가 이론적 언표들에서 관찰 언표들을 도출하는 경우에 다른 언표들은 보조적인 가정들을 전제로 하게 된다고 이의를 제기하는 반실재론자가 있을 수 있습니다. 그리하여 어떤 예측된 관찰이 실험실 관찰에 부합하지 않는 경우에 우리는 그 이론을 폐기할 필요가 없고 단지 많은 보조적인 언표 중 하나를 폐기하기만 하면 됩니다. 이것이 관찰에 의한 이론의 과소결정이라는 유명한 문제입니다. 제가 '이론'이라는 개념을 거부하고 그것을 인지적 도구들의 불균질한 집성체로 대체한 부분적인 이유는 바로 이 문제에서 벗어나고자 한 것이었습니다. 그리고 저는 '관찰'을 일단의 다양한 비담론적 개입 행위 – 두 물질을 반응하게 만들기, 반응 속도 또는 반응 온도를 측정하기, 생산물의 조성을 확인하기 위해 생산물을 성분들로 분해하기 등 – 로 대체했습니다.

하먼 우리는 이 대화를 훨씬 더 자세히 부연할 수 있음이 확실하지만, 이제 합의한 제한 시간에 이르렀습니다. 이제 제가 보기에 우리의 견해들이 지닌 가장 큰 차이점들이 무엇인지를 먼저 열거하겠습니다. 그다음에 마무리 발언을 할 기회를 당신께 넘기겠습니다. 제가 보기에는 우리 각자의 견해들 사이에는 어쩌면 네 가지 주요한 차이점이 있을 것입니다.

첫째, 당신은 존재자들에 대한 역동적인 구상을 선호하는 경향이 있는데, 이는 당신으로 하여금 유지 과정을 중시하게 합니다. 반면에 저는 변화를 간헐적인 것으로 간주하며, 그리고 객체들이 대단한 관성을 지니고 있다고 간주하기에 그것들이 변화하게 하는 부담은 다른 객체들이 지게 됩니다. 어쩌면 이것이 제가 아리스토텔레스, 라투르, 그리고 심지어 화이트헤드를 당신이 애호하는 것보다 훨씬 더 애호하는 이유일 것입니다. 그들의 차이점들에 불구하고 이들 세 저자는 모두 개별자들에 중요한 역할을 부여합니다. 이것은 어쩌면 생겨나는 모든 것에 대한 이유는 어떤 현실적 존재자의 특질에서 발견되어야 한다고 진술하는 화이트헤드의 '존재론적 원리'로 가장 분명히 부각될 것입니다. 달리 말씀드리자면, 변화의 원리는 존재자들 자체의 외부에서 전혀 발견될 수 없습니다.

두 번째 차이점은 자연과학이, 철학이 무엇에 관한 것인지에 대한 당신의 사유의 바로 그 중심에 자리하고 있다는 것입니다. 게다가 당신은 철학을 과학의 작업과 그다지 다르지 않은 지식 형태로 간주합니다. 저의 경우에는 모범 사례가 미학입니다. 왜냐하면 저는 "나는 아무것도 모른다"라는 소크라테스의 주장을 진지하게 여기기에 저에게 처음부터 철학은 과학보다 예술과 더 유사한 인지적 활동이기 때문입니다(소크라테스 이전 철학자들은 초기 과학자들이었지, 초기 철학자들이 아니었습니다).

세 번째 차이점은 제가 가장 큰 관심을 기울이는 것이며, 어쩌면 그것은 거듭해서 저를 당신의 글로 끌어들인 원인일 것입니다. 저의 경우에는 화이트헤드의 존재론적 원리가 옳습니다. 모든 것은 어떤 존재자 또는 존재자들로 인해 생겨납니다. 그런데 당신의 경우에는 개별적 존재자들의 외부에 자리하고 있는 다양한 인자가 있습니다. 특히 위상 공간, 끌개 등이 있습니다. 저의 존재론에서는 이 인자들에 대한 자리가 확보되어 있지 않지만, 저는 계속해서 그것들이 기묘하게 유혹적이라고 깨닫습니다. 어쩌면 그 이유는 그것들이 실재적이기 위해 현실화될 필요가 없는 비관계적 실재이기 때문일 것입니다.

네 번째 차이점은 이 대화의 와중에 당신이 그것을 부각한 이후에야 떠올리게 된 것입니다. 저에게 형상인이 중요한 이유는 이것이 객체의 다양한 효과의 배후에 감춰져 있는 본유적 특질을 가리키기 때문입니다. 그런데 당신의 경우에는 목적인이 중요합니다. 비록 당신은 어떤 필연성도 연루되지 않는다고 강조함으로써 그것을 전통적인 판본의 목적인과 분명히 구분하지만 말입니다. 일반적으로 어떤 체계이든 가능한 끌개들이 다수 존재합니다. 따라서 가능한 결과도 많이 존재합니다.

방금 제 마음을 스쳐 지나간 그 밖의 것들이 몇 가지 더 있습니다. 하지만 위에 언급한 네 가지가 이제 마무리되고 있는 이 논의에서뿐만 아니라 제가 당신의 저작을 읽을 때도 언제나 마주치는 지적 불화의 두드러진 논점들입니다.

데란다 이와 같은 지적 교류가 입증하는 바는 두 가지 접근법을 실제로 자세히 비교함으로써만 그 접근법들 사이의 거리에 대한 감각을 얻을 수 있다는 점입니다. 제가 물질의 존재도 시간의 존재도 믿지 않는 어떤 한 철학자의 견해와 제 견해를 [아무 대화 없이] 비교해야 한다는 제안을 받았었더라면, 저는 그 제안을 듣는 즉시 일축했을 것이 분명합니다. 그런데 이런 교류에 참여함으로써 이제 저는 우리를 분리시키는 경향이 있는 것과 더불어 정반대의 경향을 보이는 것에 대하여 훨씬 더 잘 알게 되었습니다. 형태 대 물질, 형상인 대 작용인과 목적인, 선험적 지식 대 후험적 지식, 이것들은 모두 우리의 실재론들이 서로 달라지게 하는 요인들입니다. 하지만 R7에 대한 당신의 강한 헌신, 즉 인간-객체 상호작용과 객체-객체 상호작용 사이의 어떤 체계적인 비대칭성도 회피하는 것에 대한 당신의 헌신은 전반적인 수렴 효과를 낳습니다. 그러므로 저의 존재론에는 물자체(마음-독립성 + 가지성)를 위한 자리가 마련되어 있지 않지만, R7은 '가지성'이라는 용어에서 (인간에 의한) 가지성이라는 그 용어의 유해한 의미를 추방하는 한편, 그 용어의 의미를 (인간이든 비인간이든 간에) 모든 존재자가 성공적으로 상호작용하기 위해서는 다른 존재자들에 관해 '알' 필요가 있는 비인식적 한계로 만드는 결과를 초래합니다. 저는 공교롭게도 이 한계를 근본적인 물러섬의 견지에서 설명하지 않고 물질적인 견지에서 설명합니다만(모든 존재자는 단지 다른 존재자들의 표면에 접근할 수 있을 뿐입니다), 그런데도 두 개의 가닥을 엮는 것은 R7입니다.

그리고 객관적 시간의 경우에도 사정은 마찬가지입니다. 객관적 시간이 현존함을 부인하는 것은 한 객체의 역사가 그것의 현행 정체성에 중요하다고 역설하는 저 자신과 같은 사람에게 저주나 다름없습니다. 그런데 R7이 구조합니다. 당신은 시간을 인간적으로 주관적인 것으로 만들지 않고 오히려 모든 비인간 객체와 그것들의 서로에 대한 '한정된 경험'의 일부로 만듭니다. 저는 여전히 이것에 대한 이의를 품고 있지만, 이것은 이제 전면적인 거부가 아니라 세부적인 이의가 되었습니다.

그러므로 R7이 제공하는 것은 두 가지 매우 상이한 실재론 학파 사이를 잇는 일종의 다리입니다. 그리하여 한 접근법의 주장은 그 내용을 그다지 훼손하지 않은 채로 나머지 다른 한 접근법의 용어들로 환언될 수 있습니다. 이것은 동의를 보증하지는 않을 것이지만(결국 자신의 존재론에서 가장 중요한 존재자들이 환언되어 버릴 때 기뻐할 사람이 누가 있겠습니까), 오직 종교적 개종만이 연결할 수 있을 그런 종류의 철저한 통약 불가능성은 방지할 것입니다.

참고문헌

Alexander, Samuel, *Space, Time, and Deity : The Gifford Lectures at Glasgow, 1916-18*, 2 vols. (London : Macmillan & Co., 1920).

Badiou, Alain, *Being and Event*, trans. Oliver Feltham (London : Continuum, 2007). [알랭 바디우, 『존재와 사건』, 조형준 옮김, 새물결, 2013.]

Barad, Karen, *Meeting the Universe Halfway : Quantum Physics and the Entanglement of Matter and Meaning* (Durham : Duke University Press, 2007).

Barnes, Barry, David Bloor, and John Henry, *Scientific Knowledge : A Sociological Analysis* (Chicago : University of Chicago Press, 1996).

Bennett, Jane, *Vibrant Matter : A Political Ecology of Things* (Durham : Duke University Press, 2010). [제인 베넷, 『생동하는 물질 : 사물에 대한 정치생태학』, 문성재 옮김, 현실문화, 2020.]

―――, "Systems and Things : A Response to Graham Harman and Timothy Morton," *New Literary History*, vol.43, no. 2 (2012) : 225~33.

Bergen, Benjamin, *Louder Than Words : The New Science of How the Mind Makes Meaning* (New York : Basic Books, 2012).

Bhaskar, Roy, *A Realist Theory of Science* (London : Verso, 1997).

Black, Max, "Metaphor," in *Models and Metaphors* (Ithaca : Cornell University Press, 1962).

Boghossian, Paul, *Fear of Knowledge : Against Relativism and Constructivism* (Oxford : Oxford University Press, 2006).

Brassier, Ray, "Concepts and Objects," in *The Speculative Turn : Continental Materialism and Realism*, ed. Levi R. Bryant, Nick Srnicek, and Graham Harman (Melbourne : re.press, 2011), 47~65.

Brassier, Ray, Iain Hamilton Grant, Graham Harman, and Quentin Meillassoux, "Speculative Realism," *Collapse*, vol. III (2007) : 306~449.

Braudel, Fernand, *Civilization and Capitalism, 15th-18th Century : The Structure of Everyday Life*, trans. Sian Reynold (Berkeley : University of California Press, 1992). [페르낭 브로델, 『물질문명과 자본주의 I — 1·2 : 일상생활의 구조』, 주경철 옮김, 까치, 1995.]

Braver, Lee, *A Thing of This World : A History of Continental Anti-Realism* (Evanston : Northwestern University Press, 1992).

_____, "A Brief History of Continental Realism," *Continental Philosophy Review*, vol. 45, no. 2 (2012) : 261~89.

_____, "On Not Settling the Issue of Realism," *Speculations*, vol. IV (2013) : 9~14.

Brentano, Franz, *Psychology from an Empirical Standpoint*, trans. Antos C. Rancurello, D. B. Terrell, and Linda L. McAlister (New York : Routledge, 1995).

_____, "The Four Phases of Philosophy," in Balázs M. Mezei and Barry Smith, *The Four Phases of Philosophy* (Amsterdam : Rodopi, 1998).

Brooks, Cleanth, *The Well Wrought Urn : Studies in the Structure of Poetry* (New York : Harcourt, Brace, and World, 1947). [클리언스 브룩스, 『잘 빚어진 항아리』, 이경수 옮김, 문예출판사, 1997.]

Bryant, Levi R., *The Democracy of Objects* (Ann Arbor : Open Humanities Press, 2011). [레비 R. 브라이언트, 『객체들의 민주주의』, 김효진 옮김, 갈무리, 2021.]

_____, *Onto-Cartography : An Ontology of Machines and Media* (Edinburgh : Edinburgh University Press, 2014). [레비 R. 브라이언트, 『존재의 지도 : 기계와 매체의 존재론』, 김효진 옮김, 갈무리, 2020.]

Bunge, Mario, *Causality and Modern Science*, 3rd rev. edn. (Mineola : Dover, 1979).

Cartwright, Nancy, *How the Laws of Physics Lie* (Oxford : Oxford University Press, 1983).

_____, *The Dappled World : A Study of the Boundaries of Science* (Cambridge : Cambridge University Press, 1999).

Cole, Andrew, "Those Obscure Objects of Desire : On the Uses of Abuses of Object-Oriented Ontology and Speculative Realism," *ArtForum*, Summmer (2015) : 318~23.

DeLanda, Manuel, *War in the Age of Intelligent Machines* (New York : Zone

Books, 1991). [마누엘 데란다, 『지능기계 시대의 전쟁』, 김민훈 옮김, 그린비, 2020.]

_____, *A Thousand Years of Nonlinear History* (New York : Zone Books, 1997).

_____, *Intensive Science and Virtual Philosophy* (London : Continuum, 2002). [마누엘 데란다, 『강도의 과학과 잠재성의 철학 : 잠재성에서 현실성으로』, 김영범·이정우 옮김, 그린비, 2009.]

_____, *A New Philosophy of Society : Assemblage Theory and Social Complexity* (London : Continuum, 2006). [마누엘 데란다, 『새로운 사회철학 : 배치 이론과 사회적 복합성』, 김영범 옮김, 그린비, 2019.]

_____, Personal Communication, email to Graham Harman, January 30, 2007.

_____, *Philosophy and Simulation : The Emergence of Synthetic Reason* (London : Continuum, 2011).

_____, *Philosophical Chemistry : Genealogy of a Scientific Field* (London : Bloomsburty, 2015).

Deleuze, Gilles, *Empiricism and Subjectivity : An Essay on Hume's Theory of Human Nature*, trans. Constantin V. Boundas (New York : Columbia University Press, 1991). [질 들뢰즈, 『경험주의와 주체성 : 흄에 따른 인간본성에 관한 시론』, 한정헌·정유경 옮김, 난장, 2012.]

_____, *The Logic of Sense*, trans. Mark Lester and Charles Stivale (New York : Columbia University Press, 1995). [질 들뢰즈, 『의미의 논리』, 이정우 옮김, 한길사, 1999.]

_____, *Difference and Repetition*, trans. Paul Patton (New York : Columbia University Press, 1993). [질 들뢰즈, 『차이와 반복』, 김상환 옮김, 민음사, 2004.]

Dennett, Daniel C., *Intuition Pumps and Other Tools for Thinking* (New York : Norton, 2013). [대니얼 C. 데닛, 『직관펌프, 생각을 열다 : 대니얼 데닛의 77가지 생각도구』, 노승영 옮김, 동아시아, 2015.]

Derrida, Jacques, *Of Grammatology*, trans. Gayatri Spivak (Baltimore : Johns Hopkins University Press, 2016). [자크 데리다, 『그라마톨로지』, 김성도 옮김, 민음사, 2010.]

Dreyfus, Hubert, *Being-in-the-World : A Commentary on Heidegger's* Being and Time, *Division* I (1990).

Duhem, Pierre, *The Aim and Structure of Physical Theory*, trans. Philip P. Wiener (Princeton : Princeton University Press, 1991).

Ferraris, Maurizio, *Introduction to New Realism* (London : Bloomsbury, 2015).

Fried, Michael, "Art and Objecthood," in *Art and Objecthood : Essays and Reviews* (Chicago : University of Chicago Press, 1998).

Gabriel, Markus, *Fields of Sense : A New Realist Ontology* (Edinburgh : Edinburgh University Press, 2015).

Galloway, Alexander, "The Poverty of Philosophy : Realism and Post-Fordism," *Critical Inquiry*, vol. 39, no. 2 (2013) : 347~66.

Gibson, James J., *The Senses Considered as Perceptual Systems* (Westport : Greenwood Press, 1983). [제임스 깁슨, 『지각체계로 본 감각』, 박형생·오성주·박창호 옮김, 아카넷, 2016.]

Goodman, Nelson, *Ways of World Making* (Indianapolis : Hackett Publishing, 1978).

Hacking, Ian, *Representing and Intervening : Introductory Topics in the Philosophy of Natural Science* (Cambridge : Cambridge University Press, 1983). [이언 해킹, 『표상하기와 개입하기 : 자연과학철학의 입문적 주제들』, 이상원 옮김, 한울, 2020.]

Harman, Graham, *Tool-Being : Heidegger and the Metaphysics of Objects* (Chicago : Open Court, 2002).

_____, *Guerrilla Metaphysics : Phenomenology and the Carpentry of Things* (Chicago : Open Court, 2005).

_____, "A Festival of Anti-Realism : Braver's History of Continental Thought," *Philosophy Today*, vol. 52, no. 2 (2008) : 197~210.

_____, "I Am Also of the Opinion that Materialism Must Be Destroyed," *Environment and Planning D : Society and Space*, vol. 28, no. 5 (2010) : 772~90.

_____, "Time, Space, Essence, and Eidos : A New Theory of Causation," *Cosmos and History*, vol. 6, no. 1 (2010) : 1~17.

_____, *The Quadruple Object* (Winchester : Zero Books, 2011). [그레이엄 하먼, 『쿼드러플 오브젝트』, 주대중 옮김, 현실문화, 2019.]

_____, "Undermining, Overmining, Duomining," in *ADD Metaphysics,* ed. Jenna

Sutela (Aalto : Aalto University Design Research Laboratory, 2013), 40~51.

―――, "The Revenge of the Surface : Heidegger, McLuhan, Greenberg," *Paletten*, vol. 291/292 (2013) : 66~73.

―――, "Objects and Orientalism," in *The Agon of Interpretations : Towards a Critical Intercultural Hermeneutics,* ed. Ming Xie (Toronto : University of Toronto Press, 2014), 123~39.

―――, "Fear of Reality : Realism and Infra-Realism," *The Monist*, vol. 98, no. 2 (2015) : 126~44.

―――, *Immaterialism : Objects and Social Theory* (Cambridge : Polity, 2016). [그레이엄 하먼, 『비유물론 : 객체와 사회 이론』, 김효진 옮김, 갈무리, 2020.]

―――, *Dante's Broken Hammer : The Ethics, Aesthetics, and Metaphysics of Love* (London : Repeater Books, 2016).

Heidegger, Martin, *Being and Time*, trans. John Macquarrie and Edward Robinson (New York : Harper & Row, 1962). [마르틴 하이데거, 『존재와 시간』, 이기상 옮김, 까치, 1998.]

―――, *History of the Concept of Time : Prolegomena*, trans. Theodore Kisiel (Bloomington : Indiana University Press, 1992).

―――, "Insight Into That Which Is," in *Bremen and Freiburg Lectures : Insight Into That Which Is and Basic Principles of Thinking*, trans. Andrew Mitchell (Bloomington : Indiana University Press, 2012).

Hume, David, *A Treatise of Human Nature* (Oxford : Oxford University Press, 1978).

Husserl, Edmund, *Logical Investigations*, 2vols., trans. J. N. Findlay (London : Routledge & Kegan Paul, 1970). [에드문트 후설, 『논리 연구 1·2』, 이종훈 옮김, 민음사, 2018.]

―――, "Intentional Objects," in *Early Writings in the Philosophy of Logic and Mathematics*, trans. Dallas Willard (Dordrecht : Kluwer, 1993).

Koffka, Kurt, *Principles of Gestalt Psychology* (London : Routledge & Kegan Paul, 1955).

Köhler, Wolfgang, *Gestalt Psychology : The Definitive Statement of the Gestalt Theory* (New York : Liveright Publishing, 1970).

Kripke, Saul, *Naming and Necessity* (Cambridge: Harvard University Press, 1996). [솔 크립키, 『이름과 필연』, 정대현·김영주 옮김, 필로소픽, 2014.]

Kuhn, Thomas S., *The Structure of Scientific Revolution*, 3rd edn. (Chicago: University of Chicago Press, 1996). [토머스 새뮤얼 쿤, 『과학혁명의 구조』, 김명자·홍성욱 옮김, 까치, 2013.]

Ladyman, James and Don Loss, *Everything Must Go: Metaphysics Naturalized* (Oxford: Oxford University Press, 2007).

Lakatos, Imre, *The Methodology of Scientific Research Programs: Philosophical Papers*, Volume 1 (Cambridge: Cambridge University Press, 1980).

Latour, Bruno, *Science in Action: How to Follow Scientists and Engineers Through Society* (Cambridge: Harvard University Press, 1987). [브뤼노 라투르, 『젊은 과학의 전선: 테크노사이언스와 행위자-연결망의 구축』, 황희숙 옮김, 아카넷, 2016.]

─────, "Irreductions," trans. John Law, in *The Pasteurization of France*, trans. Alan Sheridan and John Law (Cambridge: Harvard University Press, 1980).

─────, *We Have Never Been Modern*, trans. Catherine Porter (Cambridge: Harvard University Press, 1993). [브뤼노 라투르, 『우리는 결코 근대인이었던 적이 없다』, 홍철기 옮김, 갈무리, 2009.]

─────, *Pandora's Hope: Essays on the Reality of Science Studies* (Cambridge: Harvard University Press, 1993). [브뤼노 라투르, 『판도라의 희망: 과학기술학의 참모습에 관한 에세이』, 장하원·홍성욱 옮김, 휴머니스트, 2018.]

─────, "On the Partial Existence of Existing and Non-Existing Objects," in *Biographies of Scientific Objects*, ed. Lorraine Daston (Chicago: University of Chicago Press, 2000), 247~69.

─────, *Reassembling the Social: An Introduction to Act-Network Theory* (Oxford: Oxford University Press, 2007).

─────, *An Inquiry Into Modes of Existence: An Anthropology of the Moderns*, trans. Catherine Porter (Cambridge: Harvard University Press, 2013). [브뤼노 라투르, 『존재양식의 탐구: 근대인의 인류학』, 황장진 옮김, 사월의 책, 2023.]

Latour, Bruno and Steve Woolgar, *Laboratory Life: The Construction of Scientific Facts* (Princeton: Princeton University Press, 1986). [브뤼노 라투르·스티브 울

거, 『실험실 생활: 과학적 사실의 구성』, 이상원 옮김, 한울, 2019.]

Latour, Bruno and Peter Weibel, *Making Things Public: Atmospheres of Democracy* (Cambridge: MIT Press, 2005).

Leibniz, G. W., "Monadology," in *Philosophical Essays*, trans. Roger Ariew and Daniel Garber (Indianapolis: Hackett, 1989). [G. W. 라이프니츠, 『모나드론 외』, 배선복 옮김, 책세상, 2007.]

Leibniz, G. W. and Samuel Clarke, *Correspondence*, ed. Roger Ariew (Indianapolis: Hackett, 2000).

Levinas, Emmanuel, *Existence and Existents*, trans. Alphonso Lingis (Bloomington: Indiana University Press, 1988). [에마뉘엘 레비나스, 『존재에서 존재자로』, 서동욱 옮김, 민음사, 2003.]

Lingis, Alphonso, *The Imperative* (Bloomington: Indiana University Press, 1998).

Locke, John, *An Essay Concerning Human Understanding*, 2 vols. (Mineola: Dover Books, 1959). [존 로크, 『인간지성론 1·2』, 정병훈·이재영·양선숙 옮김, 한길사, 2014.]

Luhmann, Niklas, *Social Systems*, trams. John Bednarz Jr. with Dirk Baecker (Palto Alto: Stanford University Press, 1996). [니클라스 루만, 『사회적 체계들: 일반이론의 개요』, 이철·박여성 옮김, 한길사, 2020.]

Marx, Karl, *Capital, Volume 1: A Critique of Political Economy* (London: Penguin, 1992). [카를 마르크스, 『자본론 1 — 상·하: 정치경제학 비판』, 김수행 옮김, 비봉출판사, 2015.]

Masterman, Margaret, "The Nature of a Paradigm," in *Criticism and the Growth of Knowledge: Proceedings of the International Colloquium in the Philosophy of Science, London, 1965*, Vol. 4. ed. Imre Lakatos and Alan Musgrave (Cambridge: Cambridge University Press, 1970), 59~90.

Maturana, Humberto and Francisco Varela, *Autopoiesis and Cognition: the Realization of the Living* (Dordecht: D. Reidel Publishing, 1980). [움베르또 R. 마뚜라나·프란시스코 J. 바렐라, 『자기생성과 인지: 살아있음의 실현』, 정현주 옮김, 갈무리, 2023.]

McLuhan, Marshall and Eric McLuhan, *Laws of Media: The New Science* (Toronto : University of Toronto Press, 1988).

Meillassoux, Quentin, *After Finitude : An Essay on the Necessity of Contingency* (London : Continuum, 2008). [퀑탱 메이야수, 『유한성 이후 : 우연성의 필연성에 관한 시론』, 정지은 옮김, 비(도서출판b), 2010.]

―――, "Iteration, Reiteration, Repetition : A Speculative Analysis of the Meaningless Sign," trans. Robin Mackay. http://oursecretblog.com/txt/QMpaperApr12.pdf.

Meinong, Alexius, *On Assumptions*, trans. James Heanue (Berkeley : University of California Press, 1983).

Merleau-Ponty, Maurice, *The Visible and the Invisible*, trans. Alphonso Lingis (Evanston : Northwestern University Press, 1968). [모리스 메를로-퐁티, 『보이는 것과 보이지 않는 것』, 남수인 옮김, 동문선, 2004.]

―――, *Phenomenology of Perception*, trans. Colin Smith (London : Routledge, 2002). [모리스 메를로-퐁티, 『지각의 현상학』, 류의근 옮김, 문학과지성사, 2002.]

―――, *Nature : Course Notes from the Collège de France*, trans. Robert Vallier (Evanston : Northwestern University Press, 2003).

Metzinger, Thomas, *Being No One : The Self-Model Theory of Subjectivity* (Cambridge : MIT Press, 2003).

Molnar, George, *Powers : A Study in Metaphysics* (Oxford : Clarendon Press, 2003).

Nancy, Jean-Luc, "Corpus," in *The Birth of Presence*, trans. Brian Holmes et al. (Stanford : Stanford University Press, 1993).

Noë, Alva, *Action in Perception* (Cambridge : MIT Press, 2004).

Ortega y Gasset, José, "An Essay in Esthetics by Way of a Preface," in *Phenomenology and Art*, trans. Philip Silver (New York : Norton, 1975).

Peirce, Charles Sanders, *The Essential Peirce : Selected Philosophical Writings (1893-1913)* (Bloomington : Indiana University Press, 1998).

Petitot, Jean, Francisco Valera, Bernard Pachaud, and Jean-Michel Roy, *Naturalizing Phenomenology : Issues in Contemporary Phenomenology and Cognitive Science* (Stanford : Stanford University Press, 1999).

Popper, Karl, *The Logic of Scientific Discovery* (New York : Basic Books, 1959).

Proust, Marcel, *In Search of Lost Time, Volume 1 : Swann's Way*, trans. C. K. Scott Moncrieff and Terence Kilmartin (New York : Random House, 2003). [마르셀 프루스트, 『잃어버린 시간을 찾아서 1·2 : 스완네 집 쪽으로』, 김희영 옮김, 민음사, 2012.]

Putnum, Hilary, "The Meaning of Meaning," *Minnesota Studies in the Philosophy of Science*, vol. 7 (1975) : 131~93.

Quine, Willard van Orman, "Two Dogmas of Empiricism," "On What There Is," in *From a Logical Point of View : Nine Logico-Philosophical Essays* (Cambridge : Harvard University Press, 1980).

Rhodes, Richard, *The Making of the Atomic Bomb* (New York : Touchstone, 1986). [리처드 로즈, 『원자 폭탄 만들기 1·2』, 문신행 옮김, 사이언스북스, 2003.]

Russell, Bertrand, "On Denoting," *Mind*, vol. 14, no. 56 (1905) : 479~93.

Ryle, Gilbert, *The Concept of Mind* (Chicago : University of Chicago Press, 1949). [길버트 라일, 『마음의 개념』, 이한우 옮김, 문예출판사, 1994.]

Said, Edward, *Orientalism* (New York : Vintage, 1979). [에드워드 W. 사이드, 『오리엔탈리즘』, 박홍규 옮김, 교보문고, 2015.]

Searle, John, "Proper Names," *Mind*, vol. 67, no. 266 (1958) : 166~73.

Serres, Michel and Bruno Latour, *Conversations on Science, Culture, and Time*, trans. Roxanne Lapidus (Ann Arbor, University of Michigan Press, 1995).

Simondon, Gilbert, *L'Individuation à la lumière des notios de forme et d'information* (Grenoble : Millon, 2005). [질베르 시몽동, 『형태와 정보 개념에 비추어 본 개체화』, 황수영 옮김, 그린비, 2017.]

Smolin, Lee, *Time Reborn : From the Crisis in Physics to the Future of the Universe* (New York : Mariner Books, 2013). [리 스몰린, 『리 스몰린의 시간의 물리학 : 실재하는 시간을 찾아 떠나는 물리학의 모험』, 강형구 옮김, 김영사, 2022.]

Soames, Scott, *The Analytic Tradition in Philosophy, Volume 1 : The Founding Giants* (Princeton : Princeton University Press, 2014).

Sohn-Rethel, Alfred, *Intellectual and Manuel Labour : Critique of Epistemology* (London : Macmillanm 1978).

Sokal, Alan and Jean-Luc Bricmont, *Fashionable Nonsense : Postmodern Intellectuals' Abuse of Science* (New York : Picador, 1999). [앨런 소칼·장 브리크몽, 『지적 사기 : 포스트모던 사상가들은 과학을 어떻게 남용했는가』, 이희재 옮김, 한국경제신문, 2014.]

Thompson, Evan, *Mind in Life : Biology, Phenomenology, and the Science of the Mind* (Cambridge : Belknap Press, 2010). [에반 톰슨, 『생명 속의 마음 : 생물학, 현상학, 심리과학』, 박인성 옮김, 비(도서출판b), 2016.]

Tola, Fernando and Carmen Dragonetti, *Nagarjuna's Refutation of Logic (Nyaya) : Vaidalyaprakarana* (Delhi : Motilal Banardidass, 2004).

Twardowski, Kasimir, *On the Content and Object of Presentations*, trans. Reinhard Grossmann (The Hague : Martinus Nijhoff, 1977).

Uexküll, Jakob von, *A Foray into the Worlds of Animals and Humans* with *A Theory of Meaning*, trans. Joseph D. O'Neil (Minneapolis : University of Minnesota Press, 2010). [야콥 폰 윅스퀼, 『동물들의 세계와 인간의 세계 : 보이지 않는 세계의 그림책』, 정지은 옮김, 비(도서출판b), 2012.]

van Brakel, Jaap, *Philosophy of Chemistry : Between the Manifest and the Scientific Image* (Leuven, Leuven University Press, 2000).

van Fraassen, Bas, *The Scientific Image* (Oxford : Clarendon Press, 1980).

Vattimo, Gianni, *The End of Modernity : Nihilism and Hermeneutic in Postmodern Culture* (Baltimore : Johns Hopkins University Press, 1991). [지안니 바티모, 『근대성의 종말』, 박상진 옮김, 경성대학교출판부, 2003.]

Wertheimer, Max, "Gestalt Theory," in *A Source Book of Gestalt Psychology*, ed. W. D. Ellis (London : Routledge & Kegan Paul, 1938), 1~11.

Whitehead, Alfred North, *Process and Reality* (New York : Free Press, 1978). [알프레드 노스 화이트헤드, 『과정과 실재 : 유기체적 세계관의 구상』, 오영환 옮김, 민음사, 2003.]

Zahavi, Dan, "The End of What? Phenomenology vs. Speculative Realism," *International Journal of Philosophical Studies*, vol. 24, no. 3 (2016) : 289~309.

Žižek, Slavoj, *The Sublime Object of Ideology* (London : Verso, 1989). [슬라보예 지젝, 『이데올로기의 숭고한 대상』, 이수련 옮김, 새물결, 2013.]

_____, *The Parallax View* (Cambridge : MIT Press, 2006). [슬라보예 지젝, 『시차

적 관점 : 현대 철학이 처한 교착 상태를 돌파하려는 지젝의 도전』, 김서영 옮김, 마티, 2009.]

Žižek, Slavoj and Glyn Daly, *Conversations with Žižek* (Cambridge : Polity, 2004).

Zubíri, Xavier, *On Essence*, trans. A. Robert Caponigri (Washington : Catholic University Press, 1980).

:: 인명 찾아보기

ㄱ

가브리엘, 마르쿠스(Gabriel, Markus) 17
갈릴레오(Galileo) 273
갤러웨이, 알렉산더(Galloway, Alexander) 25
굿맨, 넬슨(Goodman, Nelson) 27, 86, 87, 128
깁슨, 제임스(Gibson, James) 198, 199

ㄴ

나가르주나(Nagarjuma) 94
낭시, 장-뤽(Nancy, Jean-Luc) 159
노에, 알바(Noë, Alva) 227~229
뉴턴, 아이작(Newton, Issac) 42, 247, 250, 288, 289
니체, 프리드리히(Nietzsche, Friedrich) 62, 66
닉슨, 리처드(Nixon, Richard) 130

ㄷ

다윈, 찰스(Darwin, Charles) 80
대처, 마거릿(Thatcher, Margaret) 105
데리다, 자크(Derrida, Jacques) 6, 62, 70, 72~75, 173
데카르트, 르네(Descartes, René) 47, 82, 98, 175
뒤르켐, 에밀(Durkheim, Émile) 116
드레이퍼스, 휴버트(Dreyfus, Hubert) 7, 210, 228
들뢰즈, 질(Deleuze, Gilles) 5~8, 15, 16, 43, 67, 100, 120, 122, 123, 138, 139, 143, 171, 255, 256
디오게네스(Diogenes) 22

ㄹ

라부아지에, 앙투안(Lavoisier, Antoine) 135, 281, 282
라이프니츠, G. W.(Leibniz, G. W.) 41, 42, 97, 98, 108, 161, 215, 241, 247, 250, 251, 254
라일, 길버트(Ryle, Gilbert) 100, 206
라카토슈, 임레(Laktos, Imre) 288, 289
라캉, 자크(Lacan, Jacques) 19, 23
라투르, 브뤼노(Latour, Bruno) 10,

69, 70, 115, 116, 127, 165, 178, 187~189, 260~274, 277, 279, 280, 292
래디먼, 제임스(Ladyman, James) 167
러더퍼드, 어니스트(Rutherford, Ernest) 29
러셀, 버트런드(Russell, Bertrand) 15, 27, 28, 91, 96, 196
레비나스, 에마뉘엘(Levinas, Emmanuel) 159
로벨리, 카를로(Rovelli, Carlo) 262
로스, 돈(Ross, Don) 167
로크, 존(Locke, John) 269
루만, 니클라스(Luhmann, Niklas) 119
루이스, 데이비드(Lewis, David) 129
릴케, 라이너 마리아(Rilke, Rainer Maria) 111

ㅁ

마뚜라나, 움베르또(Maturana, Humberto) 118, 119
마이농, 알렉시우스(Meinong, Alexius) 96
말로, 크리스토퍼(Marlowe, Christopher) 141, 142
매클루언, 마셜(McLuhan, Marshall) 48
메를로-퐁티, 모리스(Merleau-Ponty, Maurice) 116, 193, 227~236
메이야수, 퀑탱(Meillassoux, Quentin) 16, 40, 96, 173~175, 186, 259
메칭거, 토마스(Metzinger, Thomas) 220
몰나르, 조지(Molnar, George) 143
무어, G. E.(Moore, G. E.) 15, 28, 96
미드, 마거릿(Mead, Margaret) 265
민코프스키, 헤르만(Minkowski, Hermann) 249

ㅂ

바디우, 알랭(Badiou, Alan) 19, 20, 185~187
바렐라, 프란시스코(Varela, Francisco) 118, 119, 177, 224
바스카, 로이(Bhaskar, Roy) 28, 127, 130, 173
바티모, 지안니(Vattimo, Gianni) 6, 17
반 프라센, 바스(van Fraassen, Bas) 27, 184, 248
버라드, 캐런(Barad, Karen) 10, 19, 26, 29, 69, 70, 117
버클리, 조지(Berkeley, George) 77, 82, 88, 98, 186
번지, 마리오(Bunge, Mario) 166
베게너, 알프레트(Wegener, Alfred) 201
베넷, 제인(Bennett, Jane) 122, 123, 259
베르그손, 앙리(Bergson, Henri) 125, 138, 255, 257

보고시안, 폴(Boghossian, Paul) 87
보르헤스, 호르헤 루이스(Borges, Jorge Luis) 25, 26
보바리, 샤를(Bovary, Charles) 32
보어, 닐스(Bohr, Niels) 19, 132, 284
브라이언트, 레비 R.(Bryant, Levi R.) 29, 30, 123, 124, 143
브라켈, 야프 반(Brakel, Jaap van) 131
브래들리, F. H.(Bradley, F. H.) 15
브레이버, 리(Braver, Lee) 6, 62~64, 70, 74, 96, 99, 118, 177, 178
브렌타노, 프란츠(Brentano, Franz) 77, 121, 215~217, 280, 281
브로델, 페르낭(Braudel, Fernand) 116, 280
브루노, 조르다노(Bruno, Giordano) 22

ㅅ

사이드, 에드워드(Said, Edward) 105
설, 존(Searle, John) 196, 197
세르, 미셸(Serres, Michel) 262
소칼, 앨런(Sokal, Alan) 261
소크라테스(Socrates) 28, 36, 37, 51, 164, 165, 274, 275, 292
수비리, 하비에르(Zubíri, Xavier) 108, 161, 162
슈뢰딩거, 에르빈(Schrödinger, Erwin) 26
스몰린, 리(Smolin, Lee) 249
스피노자, 바뤼흐(Spinoza, Baruch) 98
시몽동, 질베르(Simondon, Gilbert) 157

ㅇ

아리스토텔레스(Aristotle) 34~37, 42, 75, 106~109, 124, 158, 159, 171, 255~257, 292
아비센나(Avicenna) 215
아인슈타인, 알베르트(Einstein, Albert) 41, 248~250, 254, 288, 289
엥겔스, 프리드리히(Engels, Friedrich) 22, 134
오일러, 레온하르트(Euler, Leonhard) 45, 46, 147, 149~151
와인버그, 스티븐(Weinberg, Steven) 262
울거, 스티브(Woolgar, Steve) 263, 264, 272
유클리드(Euclid) 42, 95

ㅈ

자하비, 단(Zahavi, Dan) 14
제임스, 윌리엄(James, William) 31
존-레텔, 알프레드(Sohn-Rethel, Alfred) 24
지젝, 슬라보예(Žižek, Slavoj) 19~24, 29, 174

ㅊ

차일링거, 안톤(Zeilinger, Anton) 262

ㅋ

카레니나, 안나(Karenina, Anna) 32
카트라이트, 낸시(Cartwright, Nancy) 142, 168
칸트, 임마누엘(Kant, Immanuel) 23, 42, 48, 59, 62, 65, 67, 72, 95~99, 175, 201, 214, 217, 231, 274
코리스코스(Corsicus) 35~37
콜, 앤드루(Cole, Andrew) 25
콰인, W. V. O.(Quine, W. V. O.) 27, 93, 128, 141, 146, 277
쿤, 토머스(Kuhn, Thomas) 280, 281, 283, 284, 288
크립키, 솔(Kripke, Saul) 91, 129, 131, 132, 162, 196
클라크, 새뮤얼(Clarke, Samuel) 247, 250
키르케고르, 쇠렌(Kierkegaard, Søren) 178

ㅌ

톰슨, 에반(Thompson, Evan) 176, 177, 224
트라클, 게오르크(Trakl, Georg) 111
트바르도프스키, 카지미에르츠(Twardowski, Kasimierz) 216

ㅍ

파인만, 리처드(Feynman, Richard) 263
퍼트넘, 힐러리(Putnam, Hillary) 286
페라리스, 마우리치오(Ferraris, Maurizio) 6, 16, 17
폰 노이만, 존(von Neumann, John) 26
폰 윅스퀼, 야콥 요한(von Uexküll, Jacob Johann) 119
푸앵카레, 앙리(Poincaré, Henri) 46, 149, 150
푸코, 미셸(Foucault, Michel) 25, 26, 62
프로테비, 존(Protevi, John) 123
프루스트, 마르셀(Proust, Marcel) 197
프리드, 마이클(Fried, Michael) 85
프리스틀리, 조지프(Priestley, Joseph) 282
플라톤(Plato) 35, 37, 106, 214
피저, 잉그램(Fizer, Ingram) 142
피커링, 앤드루(Pickering, Andrew) 271
피히테, J. G.(Fichte, J. G.) 83

ㅎ

하이데거, 마르틴(Heidegger, Martin) 6~8, 14, 16, 41, 48, 62, 64~66, 68,

72, 73, 81~83, 106, 107, 110~114, 173, 193, 210, 212, 228, 233, 240, 252

해킹, 이언(Hacking, Ian) 83

헤겔, G. W. F.(Hegel, G. W. F.) 23, 62, 97, 233, 234

호킹, 스티븐(Hawking, Stephen) 262

화이트헤드, 알프레드 노스(Whitehead, Alfred North) 69, 70, 82, 93, 94, 188, 235, 267, 268, 292

횔덜린, 프리드리히(Hölderlin, Friedrich) 111

후설, 에드문트(Husserl, Edmund) 6, 14, 41, 42, 72~78, 83, 105~107, 111~113, 121, 124, 152, 173, 176, 177, 192~194, 214~220, 233~235, 240, 242, 256, 272

흄, 데이비드(Hume, David) 67, 77, 91, 98~100, 124, 196, 263

:: 용어 찾아보기

ㄱ

가능태(possibility) 124, 125, 133~135, 137, 138, 140, 142, 143, 145~148, 151, 171, 172, 179, 197
가능태 공간(possibility space) 134, 135, 138, 147, 148, 151, 171, 172
가지성(knowability) 104, 117, 125, 200, 202, 203, 294
가치론(theory of value) 25
감각적 객체(sensual object, SO) 59, 79, 106, 108, 123, 135, 146, 178, 181, 214, 219~224, 226~228, 231, 236, 237, 240~242, 249, 252, 255, 259
감각적 성질(sensual quality, SQ) 219, 240, 241, 249, 250, 252
감각적 형태(sensual form) 57, 58
감각질(qualia) 75
강도(intensity) 253, 254, 256
『강도의 과학과 잠재성의 철학』(*Intensive Science and Virtual Philosophy*, 데란다) 6, 8, 16, 21, 43, 138, 149, 156, 243
개별자(individual) 35, 36, 44, 112, 120, 121, 159, 171, 292
개체화(individuation) 123, 157~159, 170
객관적 시간(objective time) 243, 245, 255~257, 295
『객체들의 민주주의』(*The Democracy of Objects*, 브라이언트) 123, 143
객체성(objectivity) 107, 114, 216
객체지향 존재론(object-oriented ontology, OOO) 8, 10, 57, 59, 125, 152, 153, 157, 163, 172, 228, 232, 241, 245, 284
거시-환원주의(macro-reductionism) 166, 169, 179
『게릴라 형이상학』(*Guerrilla Metaphysics*, 하먼) 233
게슈탈트 심리학(Gestalt psychology) 218
경향(tendency) 5, 10, 23, 41, 43~47, 49, 50, 74, 93, 94, 124, 125, 133, 139, 140, 147~155, 203, 208, 231, 243, 269, 276, 277, 281, 286, 291, 294
경험(experience) 40, 56, 65, 70, 71, 75, 77, 80, 82, 100, 107, 114, 126, 146,

178, 179, 184, 185, 199, 213, 214, 218, 221, 228, 233, 236, 237, 241, 242, 255, 295
경험론(empiricism) 28, 173, 176, 216, 263, 277
공간(space) 17, 21, 41, 42, 65, 95, 101, 134, 135, 138, 147, 148, 150, 151, 163, 164, 171, 172, 224, 241, 242, 244~254, 257, 276, 277, 287, 289, 293
공간화(spatialization) 248, 249, 258
과소결정(underdetermination) 93, 291
과학적 유물론(scientific materialism) 165
과학주의(scientism) 129, 162, 221, 261, 262
과학학(science studies) 263, 271, 277
관계(relation) 5, 20, 27, 32, 34, 38, 40, 43, 56, 64~74, 80, 82, 86, 87, 89, 97, 98, 104, 106, 113, 118, 119, 127, 129, 140, 144, 145, 152, 153, 159~162, 164, 165, 169, 170, 172, 175, 178, 179, 188~192, 194, 208, 210, 211, 216, 217, 221, 231, 235, 240, 241, 244~247, 249~254, 256~258, 262, 267, 270, 280~282, 286
관계주의(relationism) 68~70, 127
관념론(idealism) 15, 19, 20, 23, 26, 28, 58, 74, 83, 97, 99, 107, 171, 200, 202, 217, 236, 260, 271, 274
관찰가능량(observable) 176
관찰자(observer) 26, 29, 33, 55, 85, 95, 117, 159, 167, 193, 207, 228, 231, 242~244, 247
국소적 표현(local manifestation) 123, 124
『그라마톨로지』(*Of Grammatology*, 데리다) 72, 73
기호(sign) 33, 190, 222, 223
기호학(semiotics) 190
기회원인론(occasionalism) 98, 99
끌개(attractor) 6, 149~151, 177, 293

ㄴ

내부성(interiority) 68, 73, 160, 169, 231
내부-작용(infra-action) 117
내재성의 평면(plane of immanence) 138
『논리 연구』(*Logical Investigations*, 후설) 113
눈-앞에-있음(present-at-hand) 110

ㄷ

다윈주의(Darwinism) 80
대륙철학(continental philosophy) 5, 6, 8, 9, 11, 12, 14, 16, 63, 96, 129, 220, 280, 281

대상성(aboutness) 222
대응(correspondence) 63, 79, 86~88, 129, 191, 247
대조 공간(contrast space) 276, 277, 287
『도구-존재』(*Tool-Being*, 하먼) 7, 8, 16
도상(icon) 190, 191, 222
독일 관념론(German Idealism) 19, 20, 97, 274
동시성(simultaneity) 246, 257

ㅁ

맑스주의(Marxism) 18, 21, 22, 27, 30
『모나드론』(*Monadology*, 라이프니츠) 215
『모든 것은 사라져야 한다』(*Every Thing Must Go*, 래디먼로스) 167
목적인(final cause) 46, 49, 50, 56, 57, 151, 293, 294
물러섬(withdrawal) 57, 203, 212, 240, 294
『물리학 법칙은 어떻게 거짓말을 하는가』(*How the Laws of Physics Lie*, 카트라이트) 168
물자체(thing-in-itself) 19, 23, 65, 72, 97, 117, 118, 200~202, 217, 270, 274, 294
물질(matter) 17, 18, 28, 29, 31, 32, 34, 47~57, 122, 136, 137, 144, 149, 173~177, 186, 187, 190, 199, 225, 278, 282, 287, 291, 294
물질성(materiality) 47, 53
물질-에너지(matter-energy) 32, 34, 56, 122, 199
미시-환원주의(micro-reductionism) 166, 179

ㅂ

반실재론(anti-realism) 6, 10, 15, 20, 23~25, 59, 62~64, 67, 68, 70, 73, 93~95, 104, 130, 262
반증(falsification) 289, 290
반-현실화(counter-actualization) 139
방법론적 개체론(methodological individualism) 169
방법론적 전체론(methodological holism) 169
배치(configuration) 153, 163
번역(translation) 187~192, 273, 274
범주적 직관(categorial intuition) 113, 192, 194
변증법적 유물론(dialectical materialism) 21
변환(transformation) 145, 154, 189~194, 198~200, 205, 209, 244, 273, 283, 286
보편자(universal) 36, 109
본질(essence) 6, 34, 35, 37, 43, 45, 48, 74, 75, 104~116, 119, 129~132, 139,

151, 153, 161, 162, 180, 185, 187,
193, 195, 198, 202, 203, 211, 213,
214, 219, 241

『본질에 관하여』(*On Essence*, 수비리)
108

본질적 관계(intrinsic relation) 68, 74,
160, 179, 188, 270

본질주의(essentialism) 104, 105, 131,
162

본체(noumenon) 66, 73, 97, 117, 125,
206

분석철학(analytic philosophy) 5, 7, 15,
27, 28, 96, 129, 142, 173, 262, 281

불변자(invariant) 78, 189, 192, 193,
195, 197~199, 205, 209, 213, 214,
218, 222, 224, 226, 236, 243

비본질적 관계(extrinsic relation) 68,
70, 106, 179, 245

『비환원』(*Irreductions*, 라투르) 127,
266, 267

ㅅ

사건(event) 27, 67, 98, 121, 123, 135,
139, 140, 142, 159, 160, 162~165,
174, 175, 205, 243~246, 248, 257,
258, 261, 276, 278, 289

사고 실험(thought experiment) 41, 42

사물(thing) 28, 29, 35, 36, 40, 48, 53,
54, 57, 81, 91, 93, 96~98, 104, 107,
108, 111, 113, 116, 117, 120, 121,
123, 126, 140, 143, 146, 156, 157,
159, 161, 162, 164, 166, 171, 178,
186, 196, 200, 202, 205, 212, 215,
235, 236, 240~242, 250, 251, 256,
266~271, 273, 276

사변적 실재론(speculative realism)
16, 85

사회구성주의(social constructivism)
18, 27

상변화(phase change) 158

상징(symbol) 190, 191, 222

상품 물신주의(commodity fetishism)
24, 30

『새로운 사회철학』(*A New Philosophy of Society*, 데란다) 47, 85, 144, 172,
270, 279

생성(becoming) 34, 38, 39, 50, 112,
115, 122, 123, 155, 157, 158, 179,
180, 244

선험적 분석(analytic a priori) 41, 42

선험적 종합(synthesis a priori) 27, 42

선험적 지식(a priori knowledge) 36,
40, 42, 112, 116, 139, 294

성질(quality) 37, 77, 91, 107, 123, 124,
152, 196, 197, 206, 213, 215~219,
224~226, 240, 241, 249, 252, 269,
272~274, 284

성향(disposition) 43, 56, 124~126,
132, 133, 138~140, 147, 149, 166,
172, 180, 227, 265, 286

성향주의(dispositionalism) 127

세포 자동자(cellular automata) 33, 148

속성(attribute) 91, 109

습관화(habituation) 225

시간(time) 12, 23, 35, 41, 46, 50, 65, 72, 89, 95, 121~124, 134, 146, 148, 151, 153, 180, 201, 205, 222, 228, 241~250, 255~258, 263, 279, 283, 284, 291, 294, 295

『시간 개념의 역사』(*History of the Concept of Time*, 하이데거) 112

시공간(space-time) 231, 248, 249, 289

시뮬레이션(simulation) 33, 42, 195, 209, 287

『시차적 관점』(*The Parallax View*, 지젝) 22

신경망(neural net) 195~197

신실재론(New Realism) 17

신유물론(neo-materialism) 21, 22, 30, 34, 59, 190

실재(reality) 6, 19, 20, 24, 47, 54, 55, 70, 72, 77, 86, 88~90, 93, 106, 114, 116, 120, 122, 127, 149, 152, 158, 165, 167, 174, 176, 188, 201, 216, 229, 286, 293

실재론(realism) 5~8, 10, 11, 14~21, 23, 24, 28, 30, 34, 35, 44, 62~65, 67, 70, 83, 85, 86, 93, 94, 96, 97, 99, 104, 116, 123, 125, 127, 138, 139, 154, 158, 166, 169, 178, 179, 184, 189, 200, 217, 234, 236, 272, 273, 294, 295

『실재론적 과학 이론』(*A Realist Theory of Science*, 바스카) 28, 127, 172

실재적 객체(real object, RO) 59, 74, 106, 123, 124, 146, 153, 154, 163, 165, 178, 220, 223, 237, 240~243, 249, 250, 252, 255, 256

실재적 성질(real quality, RQ) 219, 240, 241

실재적 형태(real form) 57, 58

실체(substance) 33, 35~37, 107, 159, 256

실체적 형상(substantial form) 47, 48

『실험실 생활』(*Laboratory Life*, 라투르·울거) 263, 264, 272

쌍갈림(bifurcation) 158, 162

ㅇ

아래로 환원하기(undermining) 29, 164~166, 179

양상 논리(modal logic) 128

양자론(quantum theory) 19

에너지(energy) 17, 18, 32, 34, 46, 50, 56, 122, 151, 177, 199

역능(power) 29, 55, 56, 88, 89, 140, 254, 258

역량(capacity) 73, 83, 84, 88, 95, 96, 124, 140~145, 147, 148, 161, 177, 206, 219, 225, 230, 252, 278

역량 형이상학(capacity metaphysics)

124, 142, 143
연속체(continuum) 120, 158~160, 242, 247~249, 251, 255, 256
영국 관념론(British Idealism) 15, 28
「예술과 객체성」(Art and Objecthood, 프리드) 85
외부성(exteriority) 68, 140
외양(appearance) 55, 75, 76, 78, 100, 218, 222, 228, 236, 242
『우주와 중간에서 만나기』(*Meeting the Universe Halfway*, 버라드) 10, 117
원형(prototype) 195~198
위로 환원하기(overmining) 164~166, 169, 179
위상 공간(phase space) 150, 151, 163, 164, 293
유물론(materialism) 18~21, 23, 24, 27~32, 44, 49, 52, 53, 134, 165, 171, 172, 226, 231, 237, 286
유한성(finitude) 40, 59, 97, 201, 303
유한주의(finitism) 271
유효성(validity) 104, 260, 272
음영(adumbration) 75, 77~79, 107, 214, 217, 218, 220, 222, 223, 227, 228, 235, 240, 242
『의미의 논리』(*Logic of Sense*, 들뢰즈) 138, 256, 298
의미작용(signification) 71, 72
의인화(anthropomorphism) 259
『이 세계라는 것 : 대륙적 반실재론의 역사』(*A Thing of This World : A History of Continental Anti-Realism*, 브레이버) 6, 62, 178
이것임(thisness) 109, 112
이상화(idealization) 168, 186, 192, 195
이원론(dualism) 33, 175, 208, 217
이중 환원하기(duomining) 164, 165
인간중심주의(anthropocentrism) 259
인과율(causality) 55, 66, 67, 95, 110
인식론(epistemology) 44, 73, 88, 105, 109, 112, 114, 184, 187, 200, 202, 205, 207, 208, 277
인접성(proximity) 246, 251
인지(cognition) 10, 181, 184, 258, 262
일반자(generality) 115
일반적 본질(general essence) 45, 109, 112, 115, 187, 202, 213
입증(verification) 289, 290
잉여적 인과관계(redundant causation) 156

ㅈ

자기조직화(self-organization) 176, 177
자기준거성(self-referentiality) 275
자기준거적 비정합성(self-referential incoherence) 271, 273, 275
『자연학』(*Physics*, 아리스토텔레스) 158, 255, 257

작용인(efficient cause) 46, 47, 57, 151, 294
작용적 인과율(efficient causality) 55
잠재적 고유 존재(virtual proper being) 123
잠재태(virtuality) 135, 138, 141
적합성(rightness of fit) 86, 209~211, 223, 240, 277
전체론(holism) 67, 74, 80~82, 169, 189, 252, 254, 281, 283~285, 288, 289
『젊은 과학의 전선』(*Science in Action*, 라투르) 264~266
정보(information) 32, 38, 40, 49, 165, 187, 190, 198, 199, 204, 205, 290
정상 과학(normal science) 281, 283, 284
정체성(identity) 39, 40, 49, 50, 52, 53, 68, 77, 100, 101, 108, 109, 114, 130, 134~136, 140, 153, 155, 158~160, 162, 169, 179, 180, 199, 203~205, 211, 242, 279, 281, 295
존재론(ontology) 6~8, 10, 25, 29, 32~36, 43~47, 56, 57, 66, 67, 69, 73, 79, 81, 83, 88, 94, 96, 97, 105, 109, 110, 112, 114, 115, 120, 121, 125, 127~129, 132~134, 137~139, 142, 147~150, 152~155, 158, 159, 161, 163, 164, 167, 169~176, 178, 179, 181, 184, 185, 187, 200, 202, 207, 208, 214, 230, 231, 233, 234, 259, 260, 263, 267~271, 273, 277, 292~295
존재분류학(onto-taxonomy) 173
존재신학(onto-theology) 173
주관적 시간(subjective time) 246, 255
주의집중(attention) 223, 227
주체(subject) 29, 64, 68, 71, 73, 74, 76, 80, 94, 95, 97, 100, 173, 178, 199, 213, 218, 227, 231, 234, 236, 237, 240, 242, 258
주체성(subjectivity) 99~101, 298
주체적 지향(subjective aim) 69
죽은 물질(dead matter) 144, 173, 175, 176, 186
중대성(cruciality) 198
『지각의 현상학』(*Phenomenology of Perception*, 메를로-퐁티) 116, 193, 233~235, 303
지시대상(referent) 70, 86, 190~192, 209, 286
지식(knowledge) 26, 36, 40, 42, 43, 64, 79, 83, 87, 94, 95, 100, 112~114, 116, 129, 134, 139, 164, 185, 192, 193, 200, 201, 203~206, 209, 211, 212, 216, 221, 228, 260, 264, 270, 273~276, 283, 285, 292, 294
『지식의 두려움』(*Fear of Knowledge*, 보고시안) 87
지표(index) 190, 191, 210, 222~224
지향성(intentionality) 77, 113, 215, 222, 223, 225, 226, 229

지향적 객체(intentional object) 74, 77, 107, 113, 152, 154, 215, 217~219, 234, 235
집적체 이론(cluster theory) 196

ㅊ

참신성(novelty) 203, 211, 230
창발(emergence) 39, 51, 56, 90, 100, 156, 166, 180, 194, 211, 221
창발적 특성(emergent property) 33, 55, 137, 160, 166, 179, 180, 279
『천 년의 비선형적 역사』(*A Thousand Years of Non-Linear History*, 데란다) 122, 157
『철학과 시뮬레이션』(*Philosophy and Simulation*, 데란다) 52, 148
『철학적 화학』(*Philosophical Chemistry*, 데란다) 280, 283
친화성(affinity) 283

ㅋ

코펜하겐 해석(Copenhagen Interpretation) 10, 19

ㅌ

타당성(plausibility) 80~83
탈신체화(disembodiment) 32, 95, 115, 149, 151, 199, 207, 248

탈은폐(unveiling) 106, 110, 112
통약 불가능성(incommensurability) 295
특성(property) 28, 33, 39, 43, 45, 48, 49, 55, 56, 68, 75, 83, 89, 91, 92, 95, 112, 114, 115, 124, 125, 131, 133~135, 137, 140, 142, 144, 152, 155, 156, 160, 166, 168, 171, 172, 176, 179, 180, 187, 190~192, 194~197, 202, 212, 213, 248, 252~254, 279, 284, 286
특이성(singularity) 111, 138, 139
특이점(singularity) 45, 46, 49, 50, 56, 57, 147~151, 154, 171, 172, 177
특이한 본질(singular essence) 109, 112, 114, 180, 202, 203, 211, 214

ㅍ

『판도라의 희망』(*Pandora's Hope*, 라투르) 69, 188
패러다임(paradigm) 281~285
평평한 존재론(flat ontology) 172, 173, 176, 260, 268, 269, 273
포스트구조주의(poststructuralism) 22
포스트모더니즘(postmodernism) 23, 261
『표상의 내용과 대상에 관하여』(*On the Content and Object of Presentations*, 트바르도프스키) 216

ㅎ

행위소(actant) 265, 266
행위자-네트워크 이론(actor-network theory) 127, 165
행위자(actor) 10, 69, 98, 120, 127, 165, 176, 209, 267~269, 282, 301
행위적 실재론(agential realism) 19
현상(phenomenon) 43
현상학(phenomenology) 14, 30, 73, 74, 107, 110, 113, 116, 152, 193, 219, 221, 228, 233~235, 303, 305
현실주의(actualism) 135
현실태(actuality) 138
현실화(actualization) 120, 126, 138~140, 142, 150, 151, 293
현전(presence) 110, 240
현존(existence) 5, 17, 21, 27, 32, 46~48, 75, 77, 81, 82, 84, 85, 88, 93, 109, 120, 128, 129, 131, 134, 147, 153, 156~158, 177, 190, 209, 221~223, 225
협상(negotiation) 189, 260, 271, 272, 280
형상인(formal cause) 47, 50, 57, 58, 187, 293, 294
『형이상학』(*Metaphysics*, 아리스토텔레스) 35, 36, 158
형태(form) 18, 19, 27, 28, 31~33, 40, 47~53, 55~59, 64, 76, 80, 93, 97, 119, 137, 150, 175, 177, 187, 188, 190, 191, 199, 206, 209, 223, 225, 226, 244, 262, 275, 277, 292, 294
화학물질(chemical substance) 243, 278, 283, 286
환원주의(reductionism) 18, 27
회집체(assemblage) 243
횡단적 실재론(Transgressive Realism) 178
후험적 지식(a posteriori knowledge) 294
흐름(flow) 17, 18, 122, 199, 213, 242
흔적(trace) 38~40, 190, 191, 204, 211